Vicens Vives
Educación Secundaria

Geografía e Historia

Geografía

en Red GH 1.1

CONTIENE LICENCIA DIGITAL

Cristina Gatell Arimont (Coordinación)
Catedrática de Secundaria de Geografía e Historia

Rafael de Miguel González
Profesor de Didáctica de la Geografía
Presidente de EUROGEO

Jesús Domínguez Castillo
Catedrático de Secundaria de Geografía e Historia

Joaquín García Andrés
Profesor de Secundaria de Geografía e Historia

José Antonio Lucero Martínez
Profesor de Secundaria de Geografía e Historia
Youtuber en "La cuna de Halicarnaso"

Diego Sobrino López
Profesor de Secundaria de Geografía e Historia

en Red

Cómo es GH en Red

El objetivo principal de este proyecto es desarrollar en el alumnado las capacidades imprescindibles para favorecer la construcción del conocimiento a través de **metodologías interactivas**, **dinámicas** y **motivadoras**, centradas en el estudio de problemáticas sociales relevantes.

De esta forma se fomenta el interés por la investigación y el conocimiento, con el objetivo de que el alumnado adquiera hábitos de **reflexión** y **pensamiento crítico**, habilidades para el **trabajo en equipo**, el **aprendizaje autónomo**, la **iniciativa personal**, etc., todo ello basado en el desarrollo de la conciencia de sus competencias e intereses.

Pilares del proyecto

- Competencias de pensamiento histórico y geográfico
- Integración de las TIC
- Aprendizaje colaborativo
- Recursos para el profesorado
- Objetivos de Desarrollo Sostenible

En este proyecto encontrarás:

Audios	Vídeos	Recursos gráficos
Audiolibro para escuchar los contenidos de los apartados.	Vídeos motivadores para aplicar la Flipped Classroom.	Elementos gráficos para focalizar la atención e interpretar los contenidos.

edubook BASIC

Activa la licencia impresa en este libro en **activa.vicensvives.com** y accede a:

- Contenidos digitales
- Vídeos motivadores
- Actividades digitales
- Animaciones digitales e infografías

La propuesta de ejercicios, actividades y tareas va dirigida a favorecer el desarrollo competencial y los procesos cognitivos que se trabajan. Se indican de la forma siguiente:

Competencias clave

- Comunicación lingüística
- Matemática y ciencias y tecnología
- Aprender a aprender
- Conciencia y expresiones culturales
- Sentido de iniciativa y espíritu emprendedor
- Sociales* y cívicas
- Digital

* En este libro no se indican las competencias sociales y cívicas porque son las propias del área.

Procesos cognitivos

Conocer: en estas actividades, el alumnado trabaja directamente el contenido.

Aplicar: estas actividades relacionan el contenido trabajado con los conocimientos previos del alumnado y con el entorno, es decir, que trabajan con el contexto.

Razonar: estas actividades tienen como objetivo que el alumnado reflexione, explique y razone los porqués de sus respuestas.

Cada tema se estructura en tres fases pedagógicas

Empiezo

La fase de presentación incluye unos elementos gráficos que se trabajan con una rutina de pensamiento que permite al alumnado activar sus conocimientos previos.

Título interrogativo.

Ilustraciones relacionadas con conceptos clave del tema.

Aprenderé: puntos clave del tema.

Imagen de un aspecto concreto del tema.

Imagen central del tema.

Vídeo motivador.

Rutina de pensamiento: Observo, Pienso, Me pregunto.

Pienso geográficamente

En esta segunda fase se desarrollan los contenidos por medio de distintos tipos de actividades, clasificadas según los procesos cognitivos, las competencias clave y las competencias de pensamiento geográfico.

Título del apartado en formato de pregunta.

Actividades clasificadas según los procesos cognitivos: conocer aplicar y razonar.

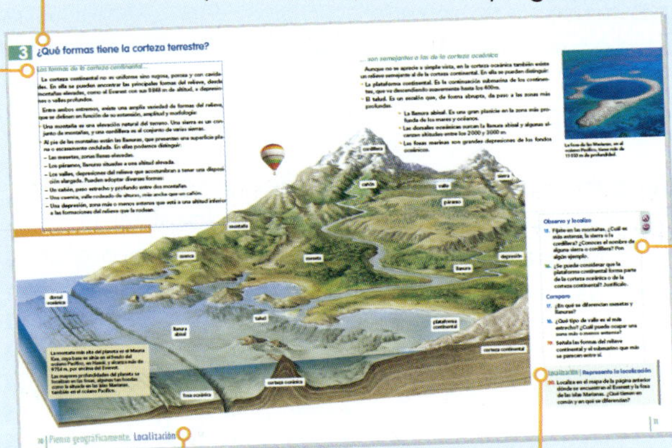

Competencias geográficas

- Localización
- Fuentes de información geográficas
- Causas múltiples
- Procesos geográficos
- Patrimonio ambiental y desarrollo sostenible
- Pensamiento crítico
- Compromiso cívico

Títulos de los subapartados en forma de frase.

Competencias geográficas

Actividades que permiten al alumnado actuar en base a sus experiencias y analizar, representar e interpretar información para adquirir conciencia del espacio geográfico donde viven.

Textos explicativos que complementan los contenidos del apartado.

Tiching.

Contenidos distribuidos en bloques, con algunos documentos para estructurar la información.

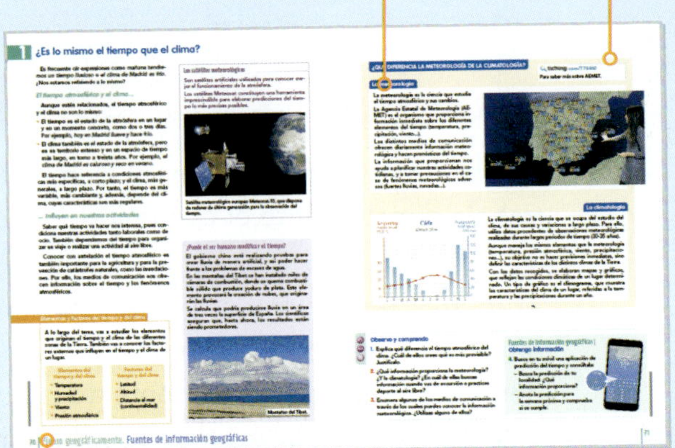

Fuentes de información geográfica que se representan en distintos tipos de documentos: mapas, ilustraciones, gráficos, esquemas, etc.

Documentos que amplían o complementan contenidos del apartado.

Me evalúo

En la última fase se incluyen actividades para que el alumnado sintetice y consolide los conocimientos y competencias desarrollados a lo largo del tema.

Resumen y mapa conceptual.

Actividades para consolidar lo aprendido.

Actividades competenciales.

Desarrollo de un procedimiento.

Análisis de un vídeo del interior del tema.

Colaboro y comunico

Actividades para desarrollar el trabajo colaborativo en el aula.

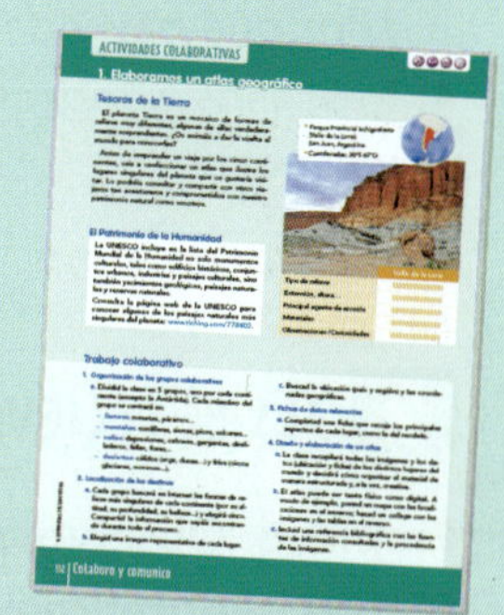

Proyecto digital

Contenidos del proyecto en formato digital, distribuidos en diapositivas que se estructuran según estas fases pedagógicas:

edubook BASIC

»

»

»

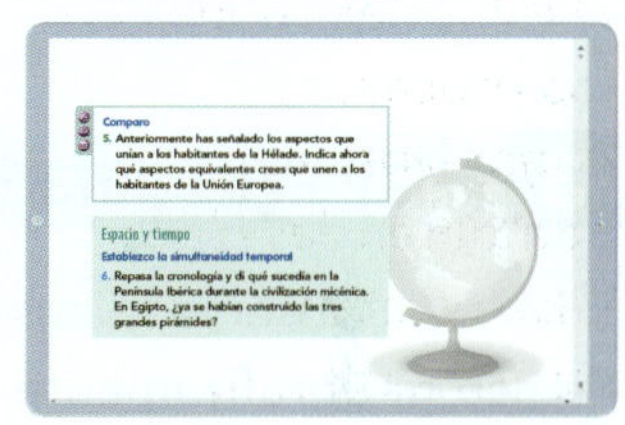

Vídeos

Vídeo motivador que introduce el tema y activa los conocimientos previos.

Vídeo que explica un aspecto del tema, con actividades para consolidar los conocimientos.

Actividades digitales

Actividades digitales autocorrectivas para reforzar los procesos de aprendizaje.

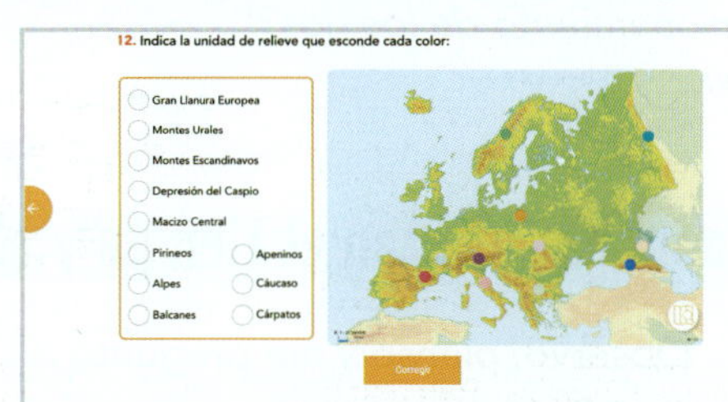

tiching.com

Enlaces a Internet que permiten ampliar algún contenido del tema.

Índice

1 ¿La Tierra, un planeta vivo? 2

Empiezo. Observo, pienso y me pregunto

Pienso geográficamente.

1. **Procesos geográficos.** *¿Qué es y cómo surgió el Universo?*
2. **Pensamiento crítico.** *¿Cómo es nuestro Sistema Solar?*
3. **Patrimonio ambiental y desarrollo sostenible.** *¿Por qué hay vida en la Tierra?*
4. **Procesos geográficos.** *¿Por qué se suceden el día y la noche?*
5. **Causas múltiples.** *¿Por qué hay diversas estaciones?*
6. **Localización.** *¿Cómo sabemos donde estamos?*
7. **Fuentes de información geográficas.** *¿Cómo representamos la Tierra sobre una superficie plana?*
8. **Fuentes de información geográficas.** *¿Cómo se lee un mapa?*

Me evalúo. Sintetizo la información | Consolido lo aprendido | Aplico mis competencias. *Interpretar el Mapa Topográfico Nacional*

2 ¿Es el relieve un factor clave en la vida del planeta Tierra? 24

Empiezo. Observo, pienso y me pregunto

Pienso geográficamente.

1. **Localización.** *¿Qué estructura tiene la Tierra?*
2. **Localización.** *¿Cómo se distribuyen los continentes y océanos?*
3. **Localización.** *¿Qué formas tiene la corteza terrestre?*
4. **Procesos geográficos.** *¿Cómo se forma el relieve?*
5. **Causas múltiples.** *¿Cómo se transforma el relieve?*
6. **Localización.** *¿Cuáles son las principales formas del relieve terrestre?*
7. **Localización.** *¿Cómo es el relieve de Europa?*
8. **Pensamiento crítico.** *¿Quién puede más: el ser humano o la Tierra?*

Me evalúo. Sintetizo la información | Consolido lo aprendido | Aplico mis competencias. *Elaborar un perfil topográfico*

3 ¿Hay agua para todos y para todo? 46

Empiezo. Observo, pienso y me pregunto

Pienso geográficamente.

1. **Causas múltiples.** *¿Es la Tierra un planeta de agua?*
2. **Procesos geográficos.** *¿Cómo funcionan los océanos y los mares?*
3. **Localización.** *¿Cuántos océanos hay en el mundo?*
4. **Pensamiento crítico.** *¿De qué modo conocemos el funcionamiento de los ríos?*
5. **Localización.** *¿Cuáles son los principales ríos del mundo?*
6. **Localización.** *¿Cuáles son los principales ríos de Europa?*
7. **Pensamiento crítico.** *¿Es el agua un bien escaso?*
8. **Patrimonio ambiental y desarrollo sostenible.** *¿Habrá suficiente agua en el futuro?*

Me evalúo. Sintetizo la información | Consolido lo aprendido | Aplico mis competencias. *Analizar información gráfica*

4 ¿Cómo nos afectan el tiempo y el clima? 68

Empiezo. Observo, pienso y me pregunto

Pienso geográficamente.

1. **Fuentes de información geográficas.** *¿Es lo mismo el tiempo que el clima?*
2. **Localización.** *¿Dónde tienen lugar los fenómenos meteorológicos?*
3. **Causas múltiples.** *¿Qué elementos determinan el clima? (I)*
4. **Causas múltiples.** *¿Qué elementos determinan el clima? (II)*
5. **Procesos geográficos.** *¿Qué nos dicen los mapas del tiempo?*
6. **Compromiso cívico.** *¿Se puede evitar el cambio climático?*

Me evalúo. Sintetizo la información | Consolido lo aprendido | Aplico mis competencias. *Elaborar un climograma*

5 ¿Por qué son tan diferentes los paisajes de la Tierra? 86

Empiezo. Observo, pienso y me pregunto

Pienso geográficamente.

1. Patrimonio ambiental y desarrollo sostenible. *¿Qué entendemos por paisaje?*
2. Causas múltiples.*¿Por qué es tan importante el bioclima ecuatorial?*
3. Patrimonio ambiental y desarrollo sostenible. *¿Qué diversidad presenta el bioclima tropical?*
4. Compromiso cívico. *¿A qué se debe la aridez del bioclima desértico?*
5. Causas múltiples. *El bioclima mediterráneo: ¿un paisaje muy humanizado?*
6. Causas múltiples. *¿Cómo influye el mar en el bioclima oceánico?*
7. Procesos geográficos. *¿Cuáles son los grandes contrastes del bioclima continental?*
8. Fuentes de información geográficas. *¿Cuáles son los bioclimas de las regiones más frías?*
9. Compromiso cívico. *¿Por qué los bosques son fundamentales para el planeta?*

Me evalúo. Sintetizo la información | Consolido lo aprendido | Aplico mis competencias. *Comentar un paisaje humanizado.*

6 ¿Cómo es el medio físico de España? 110

Empiezo. Observo, pienso y me pregunto

Pienso geográficamente.

1. Localización. *¿Cómo es el relieve de España?*
2. Localización.*Las costas y los ríos de España*
3. Causas múltiples. *¿Por qué son tan variados los climas de España?*
4. Patrimonio ambiental y desarrollo sostenible. *El paisaje de bioclima oceánico*
5. Pensamiento crítico. *El paisaje de bioclima mediterráneo*
6. Patrimonio ambiental y desarrollo sostenible. *El paisaje de bioclima mediterráneo continental*
7. Patrimonio ambiental y desarrollo sostenible. *El paisaje de bioclima de montaña*
8. Causas múltiples. *El paisaje de bioclima subtropical*

Me evalúo. Sintetizo la información | Consolido lo aprendido | Aplico mis competencias. *Analizar un mapa temático*

Colaboro y comunico 132

Elaboramos un atlas geográfico. *Tesoros de la Tierra*

Lanzamos una campaña para el ahorro de agua: *El uso sostenible del agua*

Elaboramos un decálogo contra el cambio climático. *La cumbre del clima*

Montamos una exposición. *Paisajes del mundo y biodiversidad*

Atlas Geográfico del Mundo 137

7 ¿Cómo evolucionaron nuestros antepasados prehistóricos? 136

Empiezo. Observo, pienso y me pregunto

Pienso históricamente.

1. **Cambio y continuidad.** *¿Qué cambios nos hicieron humanos?*
2. **Empatía.** *Una sociedad depredadora y nómada*
3. **Causalidad.** *¿La agricultura hizo productor y sedentario al ser humano?*
4. **Fuentes históricas.** *¿Qué nos enseña la arqueología?*
5. **Cambio y continuidad.** *Los poblados de la Edad de los Metales*
6. **Pensamiento crítico.** *La Prehistoria: ¿la primera revolución tecnológica?*
7. **Patrimonio histórico y artístico.** *¿Por qué pintaban en las paredes de las cuevas?*
8. **Espacio y tiempo.** *¿Qué vestigios prehistóricos tiene la Península Ibérica?*

Me evalúo. Sintetizo la información | Consolido lo aprendido | Aplico mis competencias. *Comprender la cronología*

8 ¿Cómo se gobernaban Mesopotamia y Egipto? 158

Empiezo. Observo, pienso y me pregunto

Pienso históricamente.

1. **Pasado y presente.** *Mesopotamia y Egipto, ¿dos civilizaciones hidráulicas?*
2. **Causalidad.** *¿Para qué se inventó la escritura?*
3. **Cambio y continuidad.** *Mesopotamia: las primeras ciudades-Estado*
4. **Patrimonio histórico y artístico.** *¿Cómo era el arte mesopotámico?*
5. **Pensamiento crítico.** *¿Cómo se unificaron las tierras de Egipto?*
6. **Empatía.** *¿Cómo era la sociedad egipcia?*
7. **Fuentes históricas.** *¿Dónde vivían los dioses?*
8. **Empatía.** *¿Por qué los egipcios momificaban a los muertos?*
9. **Patrimonio histórico y artístico.** *¿Cuál era la finalidad del arte egipcio?*

Me evalúo. Sintetizo la información | Consolido lo aprendido | Aplico mis competencias. *Comentar un texto histórico*

9 ¿Crearon los griegos la democracia? 182

Empiezo. Observo, pienso y me pregunto

Pienso históricamente.

1. **Espacio y tiempo.** *¿Qué unía a los habitantes de la Hélade?*
2. **Pasado y presente.** *¿Todas las polis eran similares?*
3. **Causalidad.** *¿Por qué emigraron los griegos?*
4. **Pensamiento crítico.** *¿Cómo era la democracia ateniense?*
5. **Empatía.** *¿La vida familiar era igual para hombres y mujeres?*
6. **Fuentes históricas.** *¿Por qué se enfrentaron Atenas y Esparta?*
7. **Fuentes históricas.** *¿Realizó Alejandro su sueño de crear un imperio helenístico?*
8. **Cambio y continuidad.** *Colonizadores e indoeuropeos en la Península*

Me evalúo. Sintetizo la información | Consolido lo aprendido | Aplico mis competencias. *Analizar un mapa histórico*

10 ¿Cómo se convirtió Roma en un gran Imperio? 204

Empiezo. Observo, pienso y me pregunto

Pienso históricamente.

1. **Fuentes históricas.** *¿Fundaron Rómulo y Remo la ciudad de Roma?*
2. **Pensamiento crítico.** *¿Cómo se organizó la República de Roma?*
3. **Causalidad.** *¿Cómo se conquistó un gran imperio?*
4. **Cambio y continuidad.** *¿Cómo se gobernaba y administraba el Imperio?*
5. **Empatía.** *¿Un imperio de ciudades?*
6. **Cambio y continuidad.** *¿Cómo vivían los romanos y las romanas?*
7. **Causalidad.** *¿Por qué cayó el Imperio romano?*

Me evalúo. Sintetizo la información | Consolido lo aprendido | Aplico mis competencias. *Elaborar un esquema*

11 ¿Qué hemos heredado de la Antigüedad clásica? 224

Empiezo. Observo, pienso y me pregunto

Pienso históricamente.

1. **Pasado y presente.** *¿Nos enseñaron los griegos a pensar racionalmente?*
2. **Pensamiento crítico.** *¿Son nuestra lengua y cultura herederas de la Antigüedad clásica?*
3. **Empatía.** *¿Una religión de dioses y leyendas fascinantes?*
4. **Patrimonio histórico y artístico.** *¿Sabrías distinguir entre la arquitectura griega y la romana?*
5. **Pasado y presente.** *¿Qué grandes espacios de ocio construyeron?*
6. **Patrimonio histórico y artístico.** *La búsqueda de la belleza. ¿Cómo eran la escultura y la pintura griegas?*
7. **Empatía.** *El sentido de lo práctico. ¿Cómo eran la escultura y la pintura romanas?*
8. **Fuentes históricas.** *¿Cómo nació y se difundió el cristianismo?*
9. **Cambio y continuidad.** *¿Es el arte cristiano continuidad del romano?*

Me evalúo. Sintetizo la información | Consolido lo aprendido | Aplico mis competencias. *Analizar una obra arquitectónica*

12 ¿Cómo transformaron Hispania los romanos? 248

Empiezo. Observo, pienso y me pregunto

Pienso históricamente.

1. **Empatía.** *¿Cómo eran las tribus ibéricas?*
2. **Patrimonio histórico y artístico.** *¿Qué finalidad tenían la religión y el arte ibérico?*
3. **Cambio y continuidad.** *¿Cómo vivían los pueblos celtas y celtíberos?*
4. **Causalidad.** *¿Qué interés tenía Roma en conquistar la Península Ibérica?*
5. **Cambio y continuidad.** *¿Cómo controlaron los romanos Hispania?*
6. **Fuentes históricas.** *¿Por qué Hispania era importante para Roma?*
7. **Empatía.** *¿Todos los hispanos eran ciudadanos romanos?*
8. **Patrimonio histórico y artístico.** *¿Qué se conserva de nuestro pasado romano?*

Me evalúo. Sintetizo la información | Consolido lo aprendido | Aplico mis competencias. *Analizar un plano urbano*

Colaboro y comunico 270

Creamos y jugamos. *ArqueoGAME, el juego del arqueólogo sagaz*

Debatimos en clase. *¿Qué castigo merece la ciudad de Mitilene?*

Elaboramos un cuento clásico. *Los trabajos de Hércules*

Presentamos una campaña en favor del patrimonio. *Un descubrimiento arqueológico*

1 ¿La Tierra, un planeta vivo?

En este tema aprenderás:

- Cómo son el Universo y el Sistema Solar.
- Que en la Tierra se dan unas condiciones astronómicas y geográficas únicas que permiten el desarrollo de la vida.
- Cómo determinar coordenadas geográficas y calcular distancias.
- Cómo podemos representar la Tierra.
- Cómo se interpreta el Mapa Topográfico Nacional.

La Tierra desde la Estación Espacial Internacional.

Empiezo

Observo...

- ¿Qué cuerpos celestes observas en la ilustración principal?
- Si contemplamos la Tierra desde el espacio, ¿qué partes se distinguen?
- ¿Qué colores aprecias en los continentes de la Tierra?

Big Bang.

Sistema Solar.

Elementos de la Tierra.

Coordenadas geográficas.

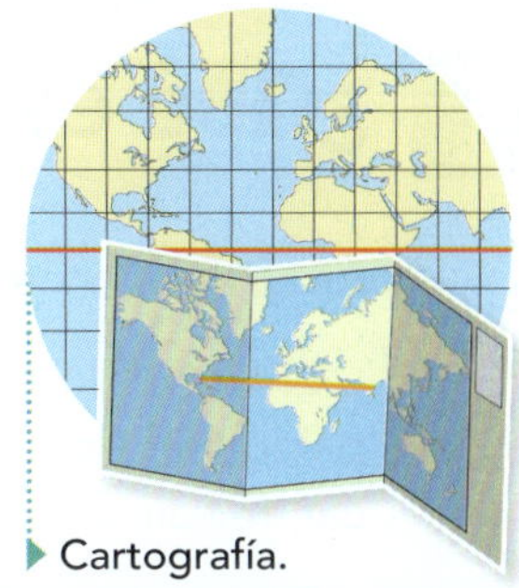
Cartografía.

La Tierra en el Universo.

... pienso...

- Nuestro planeta es el único del Sistema Solar que tiene agua y vida. ¿Sabes por qué?
- El agua y la atmósfera... ¿son las únicas condiciones para que exista vida en la Tierra?
- ¿De qué manera podemos localizar un lugar en la Tierra?

... y me pregunto

Después de ver el vídeo, plantea dos preguntas que te parezcan interesantes sobre los **Objetivos de Desarrollo Sostenible (ODS)**, y ponlas en común con el resto de la clase.

OBJETIVOS DE DESARROLLO SOSTENIBLE

1 ¿Qué es y cómo surgió el Universo?

El Universo es todo lo que existe...

El Universo es la totalidad de la materia, la energía, el espacio y el tiempo, es decir, de todo aquello que se puede tocar, medir o detectar.

El Universo está formado por galaxias, constelaciones, estrellas, planetas, satélites, cometas, asteroides, meteoritos, etc.

... y las galaxias forman parte del Universo

Las **galaxias** son los cuerpos celestes más grandes del Universo y las hay de distintos tipos y tamaños.

Están compuestas por conjuntos de estrellas, planetas, materia oscura, nubes formadas de gas, polvo cósmico y energían unidos por la fuerza de la gravedad.

Los astrónomos calculan que en el Universo hay alrededor de dos billones de galaxias.

Un año luz

Se trata de una unidad de longitud que se utiliza para indicar distancias astronómicas, como la distancia entre estrellas y galaxias.

Un año luz equivale a la distancia que la luz recorre en un año, que es aproximadamente de 9,46 billones de kilómetros.

La velocidad de la luz tiene un valor cercano a los 300 000 km por segundo.

La teoría del Big Bang

Para la mayor parte de los científicos, la teoría más aceptada sobre el origen del Universo es la del **Big Bang** o la **gran explosión**, que tuvo lugar hace unos 13 800 millones de años y que lanzó materia en todas direcciones y causó que el espacio por sí mismo se expandiera.

Cuando el Universo se enfrió, la materia se condensó para formar los diversos **cuerpos celestes**.

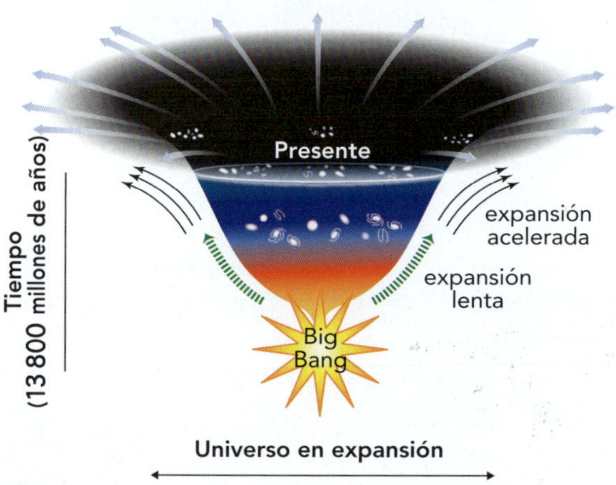

Nuestra galaxia es la Vía Láctea

En el Universo hay cientos de miles de millones de galaxias, que forman grupos unas con otras. La **Vía Láctea** pertenece a un grupo de más de cuarenta galaxias, que constituye el llamado **Grupo Local**. De este conjunto, la más cercana a nosotros es **Andrómeda**.

La **Vía Láctea** tiene forma de espiral, con distintos brazos que giran alrededor de su centro, y agrupa multitud de estrellas, entre 100 000 y 400 000 millones. Una de ellas es el Sol.

El diámetro de la Vía Láctea es de unos 200 000 años luz, es decir, que tardaríamos en cruzarla 200 000 años a la velocidad de la luz.

En uno de los brazos de la Vía Láctea está el **Sistema Solar**, formado por una estrella central, el Sol, y un gran número de cuerpos celestes que giran a su alrededor unidos por la fuerza de la gravedad.

El planeta Tierra y su satélite, la Luna, forman parte del Sistema Solar.

Comprendo

1. Ordena de mayor a menor tamaño los cuerpos celestes siguientes: *estrella*, *galaxia*, *planeta* y *satélite*.
2. ¿Qué es una galaxia? ¿En qué galaxia está la Tierra?
3. ¿Cómo se miden las distancias en el Universo?
4. Señala las diferencias entre la Vía Láctea y el Sistema Solar y qué relación existe entre ellos.

Investigo

5. ¿La teoría del Big Bang es la única que explica el origen del Universo? Busca en Internet otras teorías que describan su origen.
6. Averigua qué otros tipos de galaxias existen según su forma.

Procesos geográficos | Interpreto los cambios

7. Observa el dibujo y contesta: ¿tardaron lo mismo en formarse las estrellas, los planetas, los seres vivos y los seres humanos?

2 ¿Cómo es nuestro Sistema Solar?

El Sistema Solar está formado por el Sol...

El Sistema Solar se organiza en torno al Sol, que es una **estrella de la Vía Láctea**.

El Sol está compuesto en su mayor parte por hidrógeno (92 %) y helio (7,8 %), y produce la energía, la luz y el calor necesarios para la vida.

... los planetas...

El Sistema Solar está formado por ocho planetas principales:

- Los cuatro **planetas más cercanos al Sol** son relativamente **pequeños** y **rocosos**: Mercurio, Venus, Tierra y Marte.
- Los cuatro **planetas más alejados del Sol** son de **mayor tamaño** y **gaseosos**: Júpiter, Saturno, Urano y Neptuno.

Los planetas giran alrededor del Sol describiendo una órbita elíptica que es mayor cuanta más distancia existe. Así, Mercurio –el planeta más cercano al Sol– tarda 88 días en completar una vuelta, mientras que Neptuno –el planeta más alejado del Sol– tarda casi 165 años.

... los satélites y otros cuerpos celestes menores

Algunos planetas tienen uno o varios **satélites** que giran en torno a ellos. La Luna es el satélite que gira alrededor de la Tierra. Otros cuerpos celestes menores del Sistema Solar son:

- Los **asteroides**, cuerpos celestes rocosos más pequeños que un planeta. La mayoría giran alrededor del Sol formando cinturones; otros cruzan las órbitas de los planetas.
- Los **cometas**, formados por hielo, polvo y rocas, y visibles cuando se acercan al Sol.
- Los **meteoroides**, trozos de asteroides o cometas que viajan por el espacio.

¿Hay agua en la Luna? ¿Y en Marte?

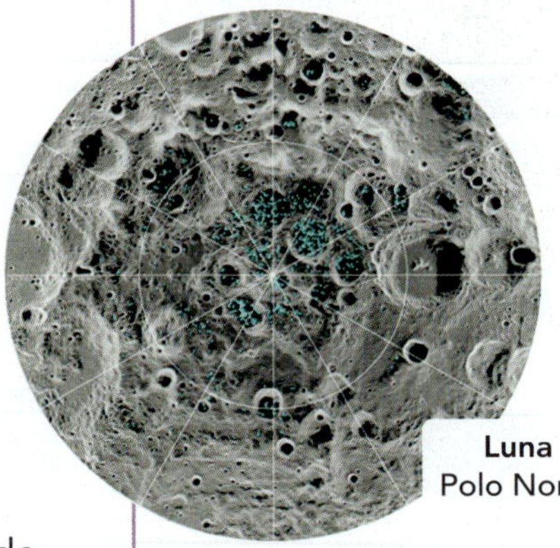

Luna
Polo Norte

En 2018 se confirmó la presencia de agua tanto en nuestro satélite como en el planeta, como puedes comprobar en estas imágenes.

Luna
Polo Sur

La agencia espacial de los Estados Unidos (NASA) ha confirmado evidencias de hielo en ambos polos de la Luna, como puedes comprobar por las manchitas azules de estas fotografías.

Marte

En Marte ya se había demostrado previamente la presencia de agua, aunque ahora se ha anunciado el descubrimiento de un lago de agua líquida bajo el hielo del Polo Sur de Marte.

Observo y comprendo

8. Distingue entre planetas mayores y planetas menores, y explica sus diferencias.
9. ¿Qué planeta realiza su movimiento de rotación de forma más lenta? ¿Y más rápida?
10. Ordena los planetas del Sistema Solar por: *tamaño* (diámetro de su Ecuador), *peso* (masa) y *duración de su periodo de rotación*.

Pensamiento crítico | Distingo datos de opiniones

11. La existencia de agua en la Luna y en Marte: ¿Es un dato comprobado? ¿Cómo lo han conocido los científicos?
12. ¿Se ha comprobado también la existencia de vida, aunque sean organismos de tamaño microscópico? En tu opinión, ¿crees que es posible? ¿Por qué?

LOS PLANETAS DEL SISTEMA SOLAR					
Planeta	Distancia al Sol en km	Diámetro de su Ecuador (veces el de la Tierra)	Veces la masa de la Tierra	Periodo de rotación (días)	Periodo de traslación (años)
Mercurio	57 910 000	0,382	0,06	58,6	0,241
Venus	108 200 000	0,949	0,82	243	0,615
Tierra	149 600 000	1,00	1,00	1,00	1,00
Marte	227 940 000	0,53	0,11	1,03	1,88
Júpiter	778 330 000	11,2	318	0,414	11,86
Saturno	1 429 400 000	9,41	95	0,426	29,46
Urano	2 870 990 000	3,98	14,6	0,718	84,01
Neptuno	4 504 300 000	3,81	17,2	0,671	164,79

3 ¿Por qué hay vida en la Tierra?

Condiciones de la Tierra que permiten la vida

Porque hay agua...

La Tierra dispone de **reservas de agua**, tanto salada como dulce, que se encuentra en sus tres estados físicos: sólido, líquido y gaseoso.

El **agua es esencial para la vida**, en especial el agua dulce líquida. Sin la presencia de agua, no se habrían desarrollado los primeros organismos vivos en este planeta, ni se podría mantener la especie humana.

... porque la atmósfera es rica en oxígeno...

La atmósfera es una capa gaseosa que protege a la Tierra de **las radiaciones solares nocivas**, ya que las filtra principalmente por medio de la capa de ozono.

La atmósfera también **permite que no haya grandes contrastes térmicos** porque regula la temperatura gracias al efecto invernadero natural.

Además, contiene una serie de gases necesarios para el desarrollo de las funciones vitales de los seres vivos, como el **oxígeno** y el **nitrógeno**.

... porque recibe luz y energía del Sol...

La distancia de la Tierra al Sol hace que la **luz**, el **calor** y la **energía** del Sol que llegan a la atmósfera no sean extremos.

Además, el campo magnético de la Tierra protege al planeta de los vientos solares y, en especial, a la capa de ozono.

La sucesión de días y noches, así como de estaciones, también contribuye a este equilibrio térmico en la Tierra.

... y por los ciclos naturales

La Tierra está formada por tres elementos que tienen una composición química muy variada:

- La **atmósfera**, la capa gaseosa que rodea la Tierra, se compone de nitrógeno, oxígeno, argón...
- La **hidrosfera**, el conjunto de aguas de la Tierra, está formada por hidrógeno, oxígeno...
- La **litosfera**, la corteza terrestre, reúne hierro, oxígeno, silicio, magnesio...

Estos tres elementos se relacionan entre sí creando **ciclos naturales** que son imprescindibles para que **haya vida en la Tierra** y son claves para la **biosfera**, que es el sistema formado por el conjunto de seres vivos de la Tierra.

Los ciclos naturales son los procesos físicos y químicos que se producen cuando interactúan los elementos que componen la Tierra para redistribuir el agua y los nutrientes necesarios para la vida.

Los principales ciclos naturales son: el **ciclo del carbono** y el **ciclo del agua**, que analizaremos en el tema 3.

Los elementos de la Tierra

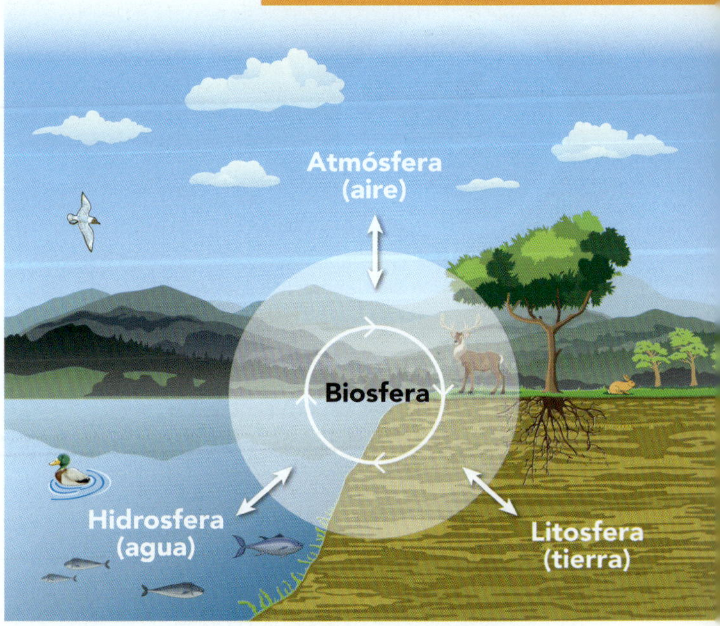

Los elementos que componen la Tierra mantienen complejas relaciones entre sí, de forma que, si uno se modifica, el resto se ve afectado.

El ciclo natural del carbono

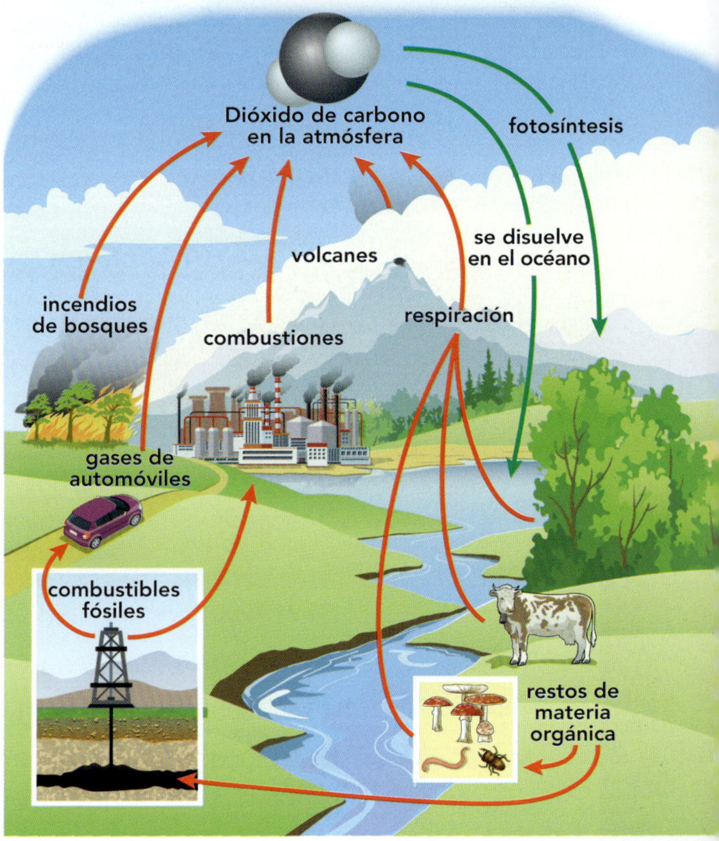

El carbono circula a través de la atmósfera como dióxido de carbono (CO_2); en la hidrosfera, en forma de carbonato; y en la litosfera, por ejemplo, en el carbón y el petróleo. Una interrupción de este ciclo comportaría grandes problemas para los seres vivos.

EL FUTURO DE LA VIDA EN LA TIERRA

El futuro de la vida en la Tierra pasa por lograr un **desarrollo sostenible**, capaz de satisfacer las necesidades actuales de los seres humanos sin comprometer los recursos y posibilidades de las futuras generaciones.

Con el fin de alcanzar un desarrollo sostenible, la Organización de las Naciones Unidas (ONU) ha elaborado los **Objetivos de Desarrollo Sostenible (ODS)**, un conjunto de objetivos globales para erradicar la pobreza, proteger el planeta y asegurar la prosperidad para todos.

Cada objetivo tiene metas específicas que deben alcanzarse en los próximos 15 años con la participación de todo el mundo.

Comprendo

13. ¿Por qué el oxígeno y el agua son dos elementos imprescindibles para la vida?

14. ¿Cuáles son los tres elementos de la Tierra? Explica en qué consiste cada uno de ellos. ¿Qué es la biosfera?

Razono

15. ¿Qué papel juega la atmósfera en la protección de la biosfera?

Patrimonio ambiental y desarrollo sostenible | Comprendo los ODS

16. ¿Cuáles son los Objetivos para el Desarrollo Sostenible directamente relacionados con la biosfera? ¿Y con la atmósfera? ¿Y con la hidrosfera?

17. Organizaos en parejas y elegid un ODS. Después, buscad información en Internet y explicad cuáles son las metas del ODS que habéis elegido.

4 ¿Por qué se suceden el día y la noche?

El movimiento de rotación

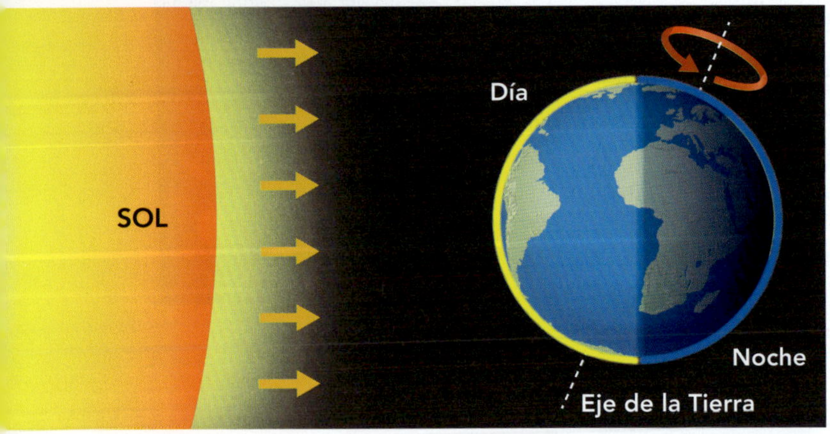

La posición del Sol

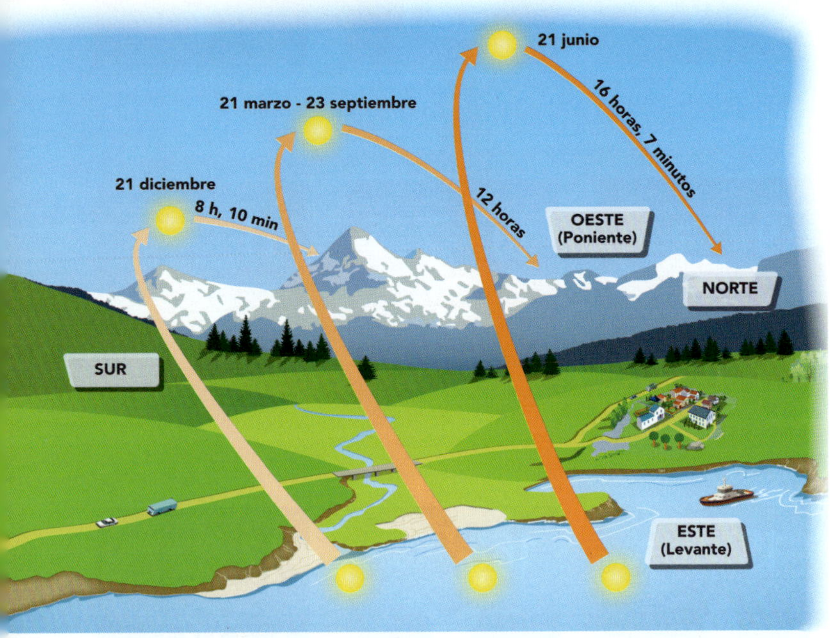

La dirección por la que sale y se pone el Sol nos ayuda a orientarnos cuando estamos al aire libre durante el día.

El movimiento de rotación de la Tierra...

La Tierra gira sobre sí misma en un **movimiento de rotación**, que consiste en dar una vuelta completa alrededor del eje de la Tierra y en sentido contrario a las agujas del reloj, de **Oeste a Este**.

El Sol sale siempre por el Este (por Oriente o por Levante) y se pone por el Oeste (por Occidente o por Poniente).

... da lugar a los días y a las noches...

La Tierra tarda **24 horas**, es decir, un día, en dar una vuelta completa sobre su eje a una velocidad de 1 670 km por hora en el Ecuador, mientras que en los polos es casi de cero.

La sucesión del día y de la noche permite que la luz y la energía lleguen a todas las partes del planeta. Este hecho contribuye al **equilibrio térmico de la Tierra**, tan necesario para la vida, de manera que medio planeta se enfría por la noche mientras que el otro medio se calienta por el día.

... a las mareas...

El movimiento de rotación de la Tierra, sincronizado con el de rotación de la Luna, también tiene un efecto directo en los **cambios del nivel del mar**: las mareas.

Las mareas son ascensos y descensos del agua del mar provocados por la atracción de la Luna y, en menor medida, del Sol.

... y a las diferencias horarias

El movimiento de rotación también es responsable de las **diferencias horarias**. Por eso amanece primero en los lugares situados hacia el Este, la dirección por donde vemos salir el Sol.

Observo y comprendo

18. ¿En qué dirección gira la Tierra? ¿Qué fenómenos se derivan de la rotación? ¿Qué sucedería si la Tierra no rotase sobre sí misma?
19. ¿Por qué en las islas Canarias es una hora menos que en el resto de España?

Razono

20. ¿En qué parte de la Tierra hay más diferencia entre el día y la noche: en los polos o en el Ecuador?
21. Averigua por qué el personaje de Phileas Fogg en la obra de Julio Verne dio la vuelta al mundo hacia el Este en 80 días, pero en el calendario solo había avanzado 79 días.

Procesos geográficos | Interpreto los cambios

22. Busca el horario escolar de un país del Norte de Europa, por ejemplo, Finlandia, y compáralo con el de España. Los horarios: ¿son iguales o no? ¿Y las horas de comer o cenar? ¿A qué se deben las diferencias horarias?

LOS HUSOS HORARIOS

La Tierra se encuentra dividida en 24 husos horarios.

Un huso horario es cada uno de los 24 sectores en que se fracciona la superficie de la Tierra por un meridiano, y resulta de repartir los 360° de la esfera terrestre entre las 24 horas que tarda la Tierra en dar una vuelta completa sobre su eje.

tiching.com/778357

Para saber más sobre la hora real alrededor del mundo.

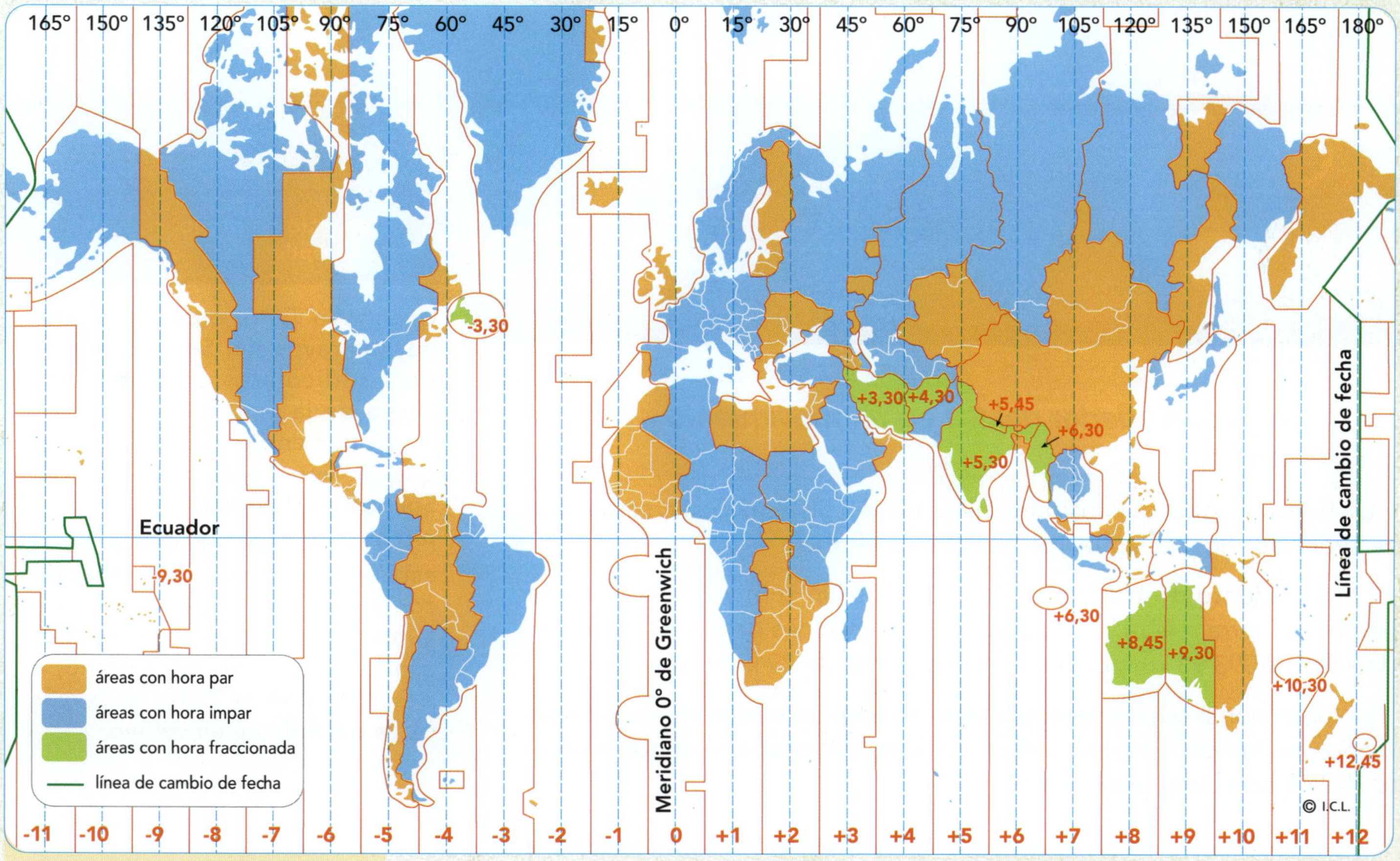

Cada huso horario representa una hora del día, y entre un huso y el siguiente existe la diferencia de una hora.

Todos los lugares situados en un mismo huso horario tienen la misma hora. La hora cambia cuando nos desplazamos hacia el Este o hacia el Oeste. Si viajamos hacia el Este, añadimos horas; y si viajamos hacia el Oeste, las restamos.

El cambio de hora

La hora oficial de un país no siempre coincide con la que le corresponde según los husos horarios.

Los gobiernos establecen los horarios oficiales a partir del huso horario en que se halla la capital y los modifican en primavera y otoño.

5 ¿Por qué hay diversas estaciones?

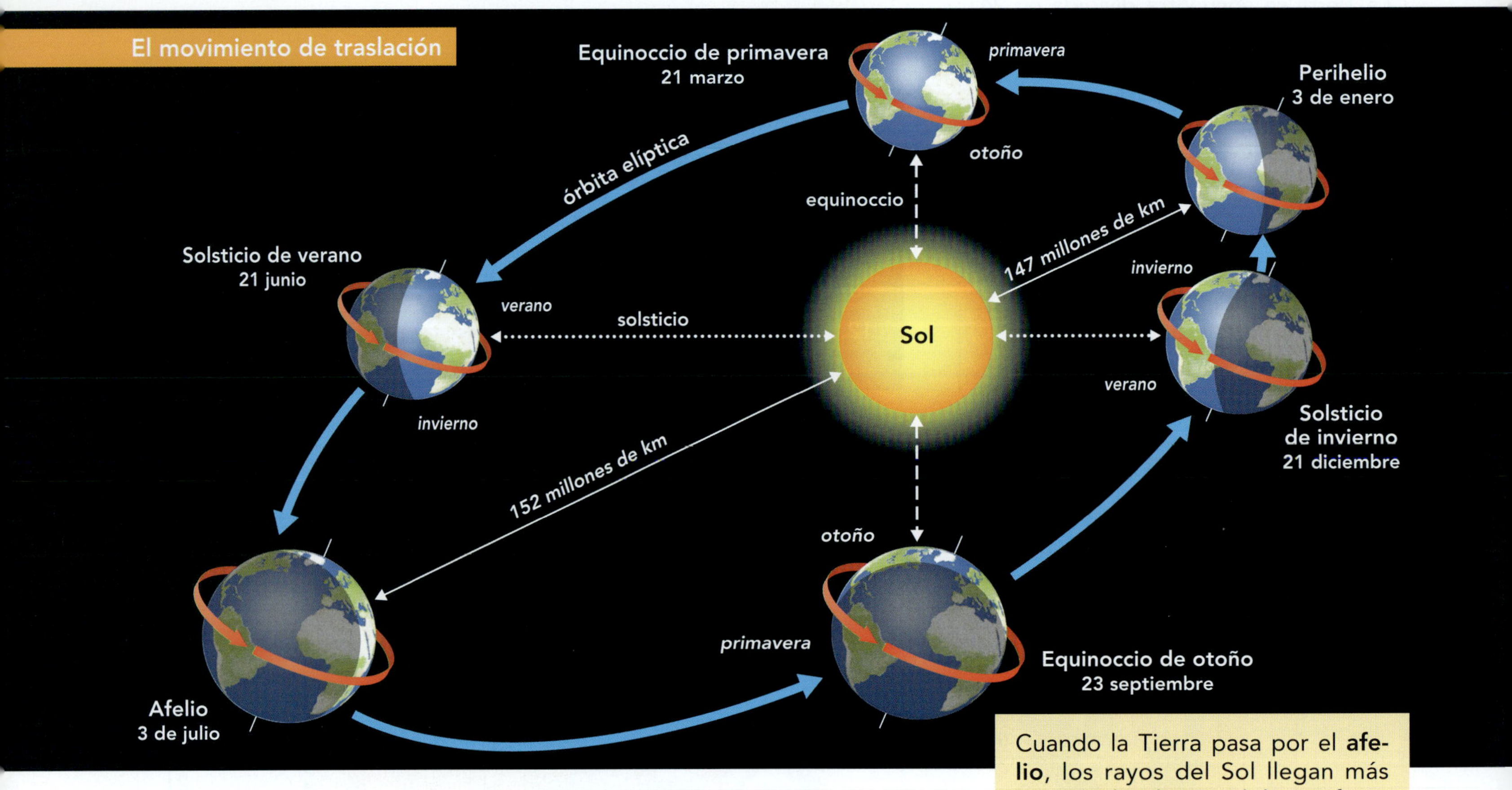

Cuando la Tierra pasa por el **afelio**, los rayos del Sol llegan más perpendiculares al hemisferio Norte de la Tierra. Por eso hace más calor en verano, a pesar de que la Tierra está más lejos del Sol que en invierno.

Por el contrario, cuando la Tierra está en el **perihelio**, la inclinación con la que los rayos del Sol llegan al hemisferio Norte es mayor. Por eso hace más frío en invierno, a pesar de que la Tierra está más cerca del Sol que en verano.

La Tierra gira alrededor del Sol en un movimiento de traslación...

La Tierra, al igual que los otros planetas del Sistema Solar, se desplaza alrededor del Sol siguiendo una **órbita elíptica**.

El **movimiento de traslación** dura 365 días (un año) y 6 horas. En ese tiempo la Tierra realiza un recorrido de 930 millones de km a una velocidad de 106 093,98 km por hora, esto es, a más de 29 km por segundo.

La razón por la que no se nota el movimiento de traslación –del mismo modo que tampoco notamos el movimiento de rotación– es por el efecto de la fuerza de la gravedad.

... pero la Tierra no está siempre a la misma distancia del Sol

El Sol no ocupa el centro de la elipse, por lo que la distancia entre la Tierra y el Sol varía a lo largo del movimiento de traslación:

- La Tierra se encuentra en su punto más cercano al Sol el 3 de enero, en el **perihelio**, a 147 millones de km.
- La Tierra está más alejada del Sol el 3 de julio, en el **afelio**, a 152 millones de km.

Si tenemos en cuenta la distancia de la Tierra al Sol, nos podemos preguntar: ¿la estación más fría es cuando la Tierra está más cerca del Sol? ¿No debería ser al revés? La respuesta es no, porque a pesar de que el movimiento de traslación explica la sucesión de las cuatro estaciones climatológicas, importa más el modo en que los rayos solares inciden sobre la Tierra que la distancia entre la Tierra y el Sol.

Los años bisiestos

Para corregir las seis horas de desfase que tarda la Tierra en dar una vuelta al Sol, cada cuatro años añadimos un día más al mes de febrero, que pasa a tener 29. Cuando esto sucede, decimos que es un **año bisiesto**.

Los años bisiestos tienen 366 días, uno más que los ordinarios.

¿DE QUÉ DEPENDEN LAS ESTACIONES CLIMÁTICAS?

La incidencia de los rayos solares y la inclinación del eje terrestre (23,5°) dan lugar a las cuatro estaciones climáticas: **primavera, verano, otoño** e **invierno**.

En el hemisferio Sur, las estaciones están invertidas respecto al hemisferio Norte; así, cuando en España es verano, en Argentina es invierno, y viceversa.

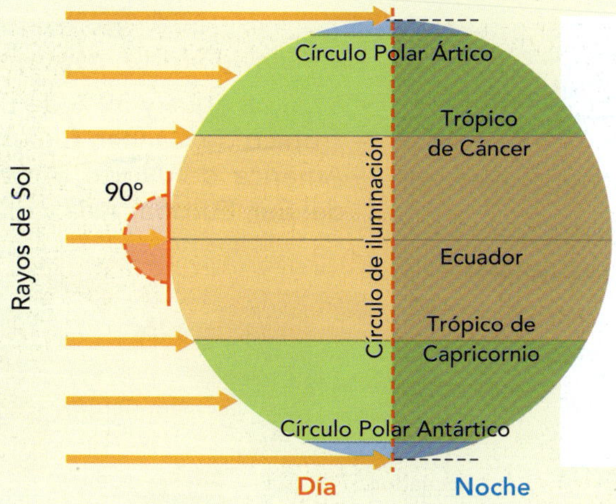

1. Equinoccios de primavera y de otoño

En los **equinoccios de primavera (21 de marzo)** y de **otoño (23 de septiembre)**, los rayos solares llegan de manera perpendicular al Ecuador de la Tierra, es decir, a 90° de inclinación respecto al eje terrestre. En los equinoccios, el día tiene la misma duración que la noche.

2. Solsticio de verano

En el **solsticio de verano (21 de junio)**, la insolación es perpendicular en zonas del hemisferio Norte. Por eso en verano los días son más largos que las noches.

En las fechas próximas al solsticio de verano, al Norte del Círculo Polar Ártico y al Sur del Círculo Polar Antártico, el Sol es visible las 24 horas del día. Este fenómeno natural se conoce como el **sol de medianoche** o **día polar**.

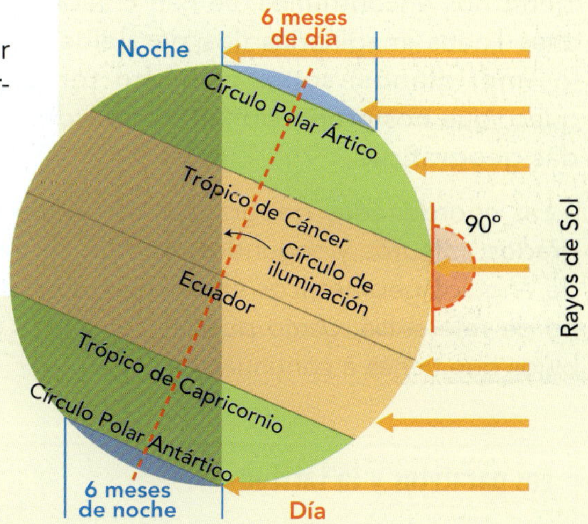

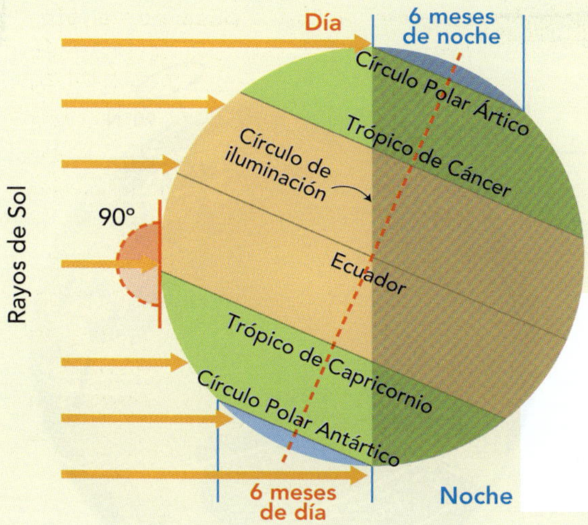

3. Solsticio de invierno

En el **solsticio de invierno (21 de diciembre)**, los rayos solares inciden de manera oblicua sobre la Tierra en el hemisferio Norte, por lo que calienta poco a pesar de estar más cerca del Sol. En invierno, los días son más cortos y las noches son más largas.

Observo y comprendo

23. Explica en qué consiste el movimiento de traslación de la Tierra, qué son los solsticios y equinocios, y en qué día se da cada uno de ellos.

Razono

24. ¿Por qué el verano no se corresponde con la posición más cercana entre el Sol y la Tierra?

25. ¿Por qué en diciembre hace frío en el hemisferio Norte y calor en el hemisferio Sur?

26. ¿Por qué existen los años bisiestos?

27. Entra en www.tiching.com/778358. Compara la posición solar y la duración de la luz en algún punto de la Península en los solsticios y los equinoccios.

Causas múltiples | Identifico factores

28. Explica la diferente duración de la luz solar entre los días y las noches en las distintas estaciones del año.

29. Imagina cómo sería la sucesión de estaciones en el planeta en su movimiento de traslación si la Tierra no tuviera el eje inclinado.

6 ¿Cómo sabemos dónde estamos?

Conocer el hemisferio...

La superficie de la Tierra está repartida entre un 71 % de tierras sumergidas (mares y océanos) y un 29 % de tierras emergidas (continentes).

Si cortáramos el planeta Tierra por la mitad, es decir, por el Ecuador, quedaría dividido en dos hemisferios, Norte y Sur, de características diferentes.

Hemisferio Norte, septentrional o boreal:
- 61 % de agua y 39 % de tierras emergidas.
- Trópico de Cáncer, Círculo Polar Ártico, Polo Norte.
- América del Norte, América Central y parte de América del Sur, Europa, Asia y gran parte de África.

Hemisferio Sur, meridional o austral:
- 81 % de agua y 19 % de tierras emergidas.
- Trópico de Capricornio, Círculo Polar Antártico, Polo Sur.
- La mayor parte de América del Sur, África austral, Oceanía y la Antártida.

... y las coordenadas geográficas

Para saber en qué punto exacto de la Tierra nos encontramos, se han creado unas líneas imaginarias (los **paralelos** y los **meridianos**) sobre el globo terráqueo, que nos proporcionan las **coordenadas geográficas**.

Las coordenadas geográficas se miden en grados, minutos y segundos, ya que se trata de ángulos geométricos en relación a un plano de referencia, como puedes ver en los dibujos que tienes a continuación.

Los paralelos y la latitud

Los **paralelos** son círculos imaginarios trazados en paralelo al **Ecuador** de la Tierra, y perpendiculares a los meridianos. Conforme nos acercamos a los polos, dichos círculos son más pequeños.

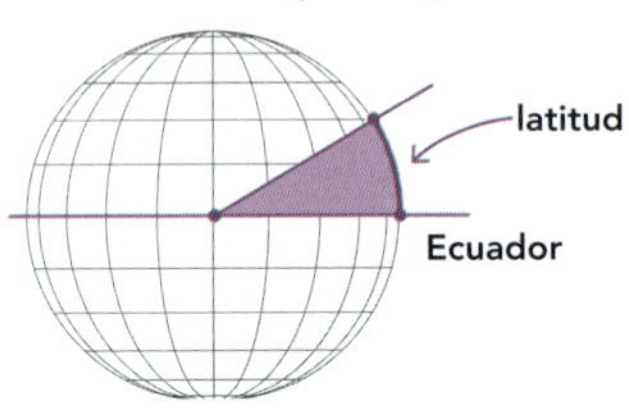

La **latitud es la distancia angular** que existe entre cualquier punto de la superficie terrestre y el paralelo cero o Ecuador. La latitud máxima es de 90°, Norte o Sur, dependiendo de que sea el Polo Norte o el Polo Sur.

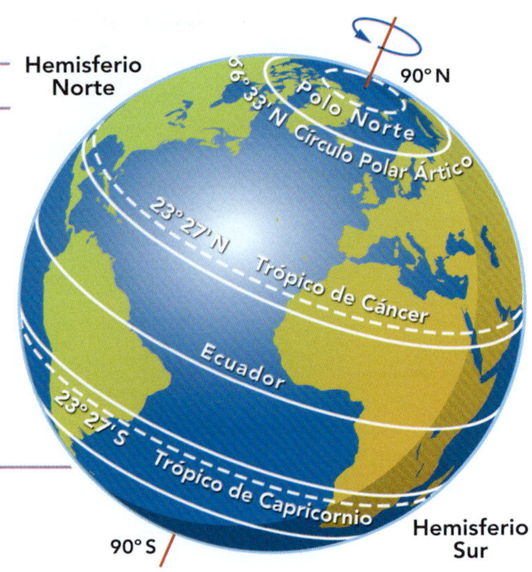

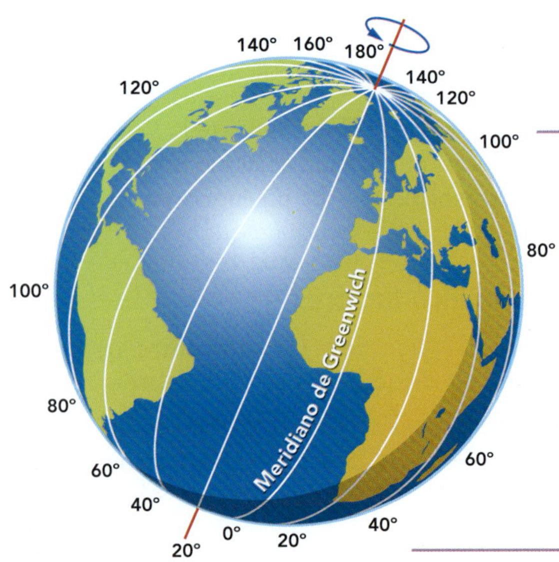

Los meridianos y la longitud

Los **meridianos** son semicírculos imaginarios, trazados desde el Polo Norte hasta el Polo Sur, y perpendiculares a los paralelos. A diferencia de los paralelos, todos los meridianos tienen el mismo tamaño.

El **meridiano cero**, que se emplea como referencia, es el **meridiano de Greenwich**, que debe su nombre al observatorio astronómico de Londres por donde pasa.

La **longitud es la distancia angular** que existe entre cualquier punto de la superficie terrestre y el meridiano cero o de Greenwich. La longitud máxima es de 180°, Este u Oeste.

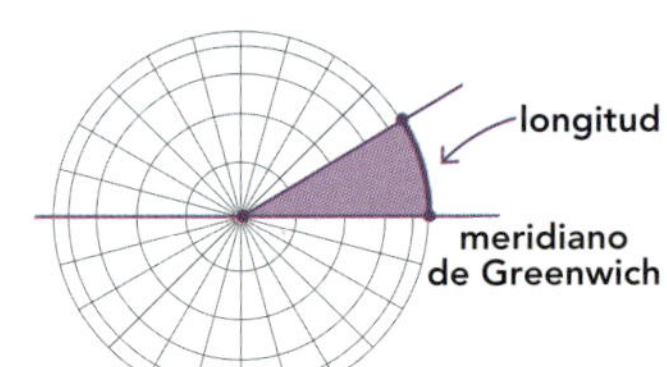

¿CÓMO PODEMOS MEDIR LAS COORDENADAS GEOGRÁFICAS?

En el mapa adjunto de España puedes ver que Madrid se encuentra situada entre los paralelos 40° y 41° de latitud Norte, y los meridianos 3° y 4° de longitud Oeste.

Para saber la localización exacta de un lugar, existen aplicaciones informáticas como Google Earth o Iberpix, que nos facilitan las coordenadas precisas.

40°, 24' y 4'' Norte y 3° 41' y 7'' Oeste

Si utilizamos **Google Earth**, la localización exacta de Madrid aparece en la parte inferior de la imagen: 40°, 24' y 4'' Norte y 3° 41' y 7'' Oeste.

Además, nos da también la altitud, de forma que disponemos de la medida de las tres coordenadas sobre la superficie terrestre.

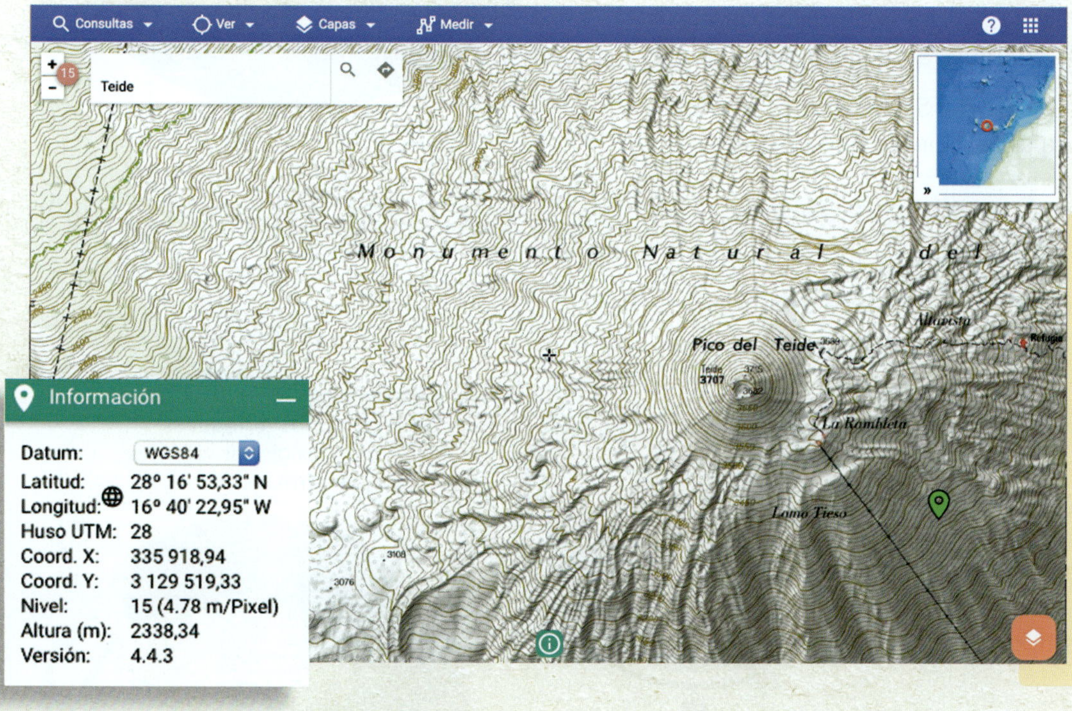

Si utilizamos **Iberpix**, la localización exacta de un lugar nos aparece también por coordenadas geográficas de grados, minutos y segundos, tanto en latitud como en longitud.

También nos marca la altitud sobre el nivel del mar, como vemos en el ejemplo del pico del Teide.

Puedes acceder a Iberpix en www.ticing.com/778359.

Observo y comprendo

30. Explica qué son la latitud y la longitud y cómo se utilizan para localizar cualquier punto de la Tierra.

31. ¿Por qué decimos que son latitudes medias las que se encuentran a 45° de latitud Norte?

Investigo

32. Sabiendo que el Ecuador es el paralelo 0° y los polos son los paralelos 90°, averigua la latitud en grados de ambos trópicos (Cáncer y Capricornio) y de ambos círculos polares (Ártico y Antártico).

Localización | Represento la localización

33. Busca en *Google Earth* a qué ciudad y a qué accidente geográfico corresponda cada una de las siguientes coordenadas:

43° 15' N 2° 55' O 43° 04' N 79° 04' O

34. Los sistemas de navegación de un barco señalan 37° 27' de latitud Norte y 25° 20' de longitud Este. ¿En qué zona del mundo os encontráis? ¿Qué islas tenéis más cerca? ¿Qué Estados son los más próximos?

7 ¿Cómo representamos la Tierra sobre una superficie plana?

Las proyecciones cartográficas

La Tierra no es una esfera perfecta...

La Tierra no es una esfera perfecta, sino un **esferoide**, ya que está ligeramente achatada por los polos y ensanchada por el Ecuador, como consecuencia de su movimiento de rotación durante 4 500 millones de años. Si fuera una esfera perfecta, habría la misma distancia entre el centro de la Tierra y cualquier punto de la superficie terrestre.

Las mayores altitudes (Everest, 8 848 m) y mayores profundidades (Fosa de las Marianas, 11 911 m) suponen una diferencia de unos 20 km entre el punto más alto y el más bajo de la Tierra. No obstante, el punto más alejado del centro de la Tierra es el volcán Chimborazo, debido al achatamiento del planeta.

Esa misma deformación de la Tierra es la que provoca que la longitud de la circunferencia del Ecuador sea mayor que la longitud de la circunferencia de cualquiera de los meridianos.

La superficie total de la Tierra es de 510 millones de km^2, aproximadamente 1 000 veces la superficie de España.

La forma y las dimensiones de la Tierra

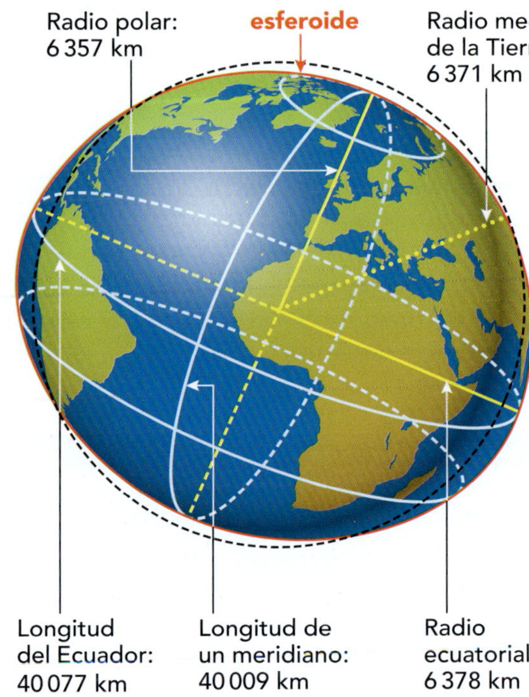

... y se representa en superficie plana mediante proyecciones

La representación de la superficie terrestre sobre una superficie plana, sin que haya deformaciones, es geométricamente imposible.

Sin embargo, las **proyecciones cartográficas** procuran reducir estas deformaciones en función de cómo proyectamos el volumen del globo terráqueo (tres dimensiones) sobre la superficie representada (dos dimensiones). Para ello existen diferentes clasificaciones sobre los tipos de proyecciones.

La representación ideal de la Tierra se da en los globos terráqueos escolares o en los globos virtuales como Google Earth.

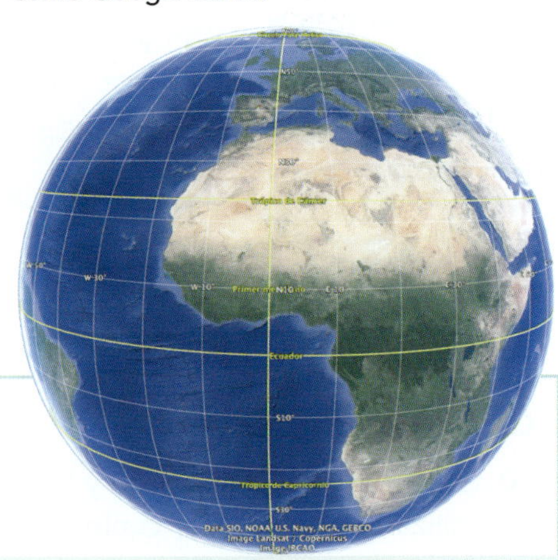

Observo y comprendo

35. ¿Por qué la Tierra no es una esfera perfecta? ¿Qué consecuencias se derivan de ello?

Razono

36. ¿Cuál es la mayor altitud sobre la Tierra? ¿Y la mayor profundidad? Esos 20 kilómetros de diferencia, ¿qué porcentaje suponen sobre el radio medio terrestre?

37. ¿Qué son las proyecciones cartográficas? ¿Por qué son necesarias?

Fuentes de información geográficas | Analizo y comparo

38. ¿Por qué el punto más alejado del centro de la Tierra es el volcán Chimborazo y no el monte Everest?

39. Compara dos mapamundi, uno de proyección conforme y otro de proyección equivalente. ¿Qué forma y qué superficie tiene África? ¿Y Rusia?

PROYECCIONES CARTOGRÁFICAS SEGÚN SUS PROPIEDADES GEOMÉTRICAS...

Proyección conforme: mantiene los ángulos, es decir, las formas de los continentes.

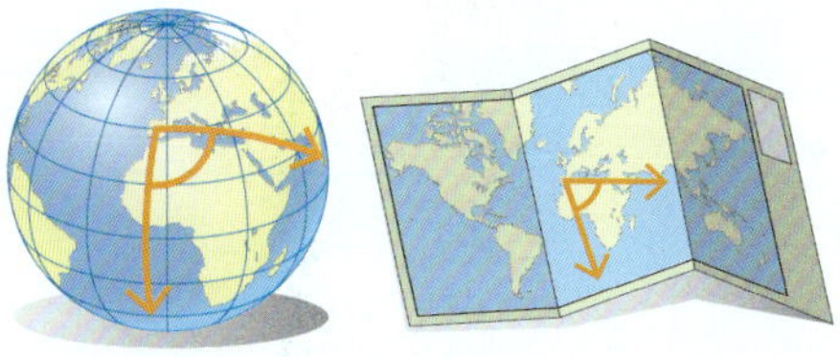

Proyección equivalente: mantiene las superficies del terreno, pero distorsiona las formas y los ángulos.

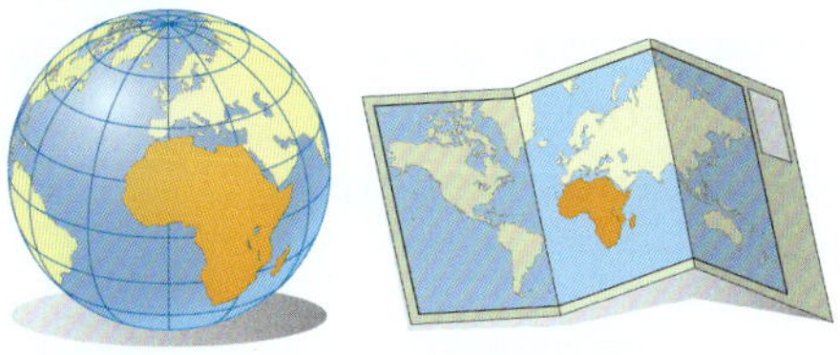

Proyección equidistante: mantiene las distancias entre dos puntos de la superficie terrestre.

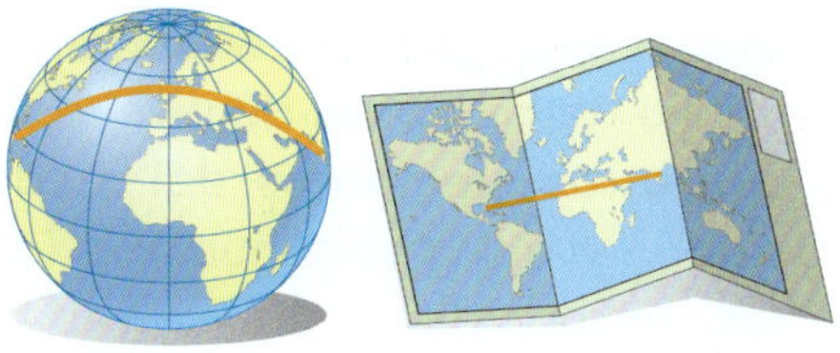

PROYECCIONES CARTOGRÁFICAS SEGÚN EL TIPO DE PROYECCIÓN...

Proyección cilíndrica: se obtiene proyectando los meridianos y paralelos del globo sobre un cilindro. Meridianos y paralelos se disponen de forma perpendicular.

Los meridianos mantienen entre sí la misma distancia, pero los paralelos se van espaciando conforme se acercan a los polos, de manera que la deformación es mayor en las zonas polares que en las ecuatoriales.

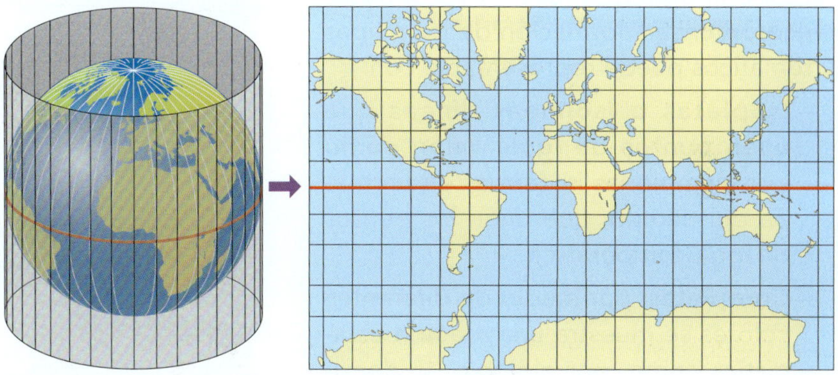

Es la más utilizada para representar las áreas entre los trópicos.

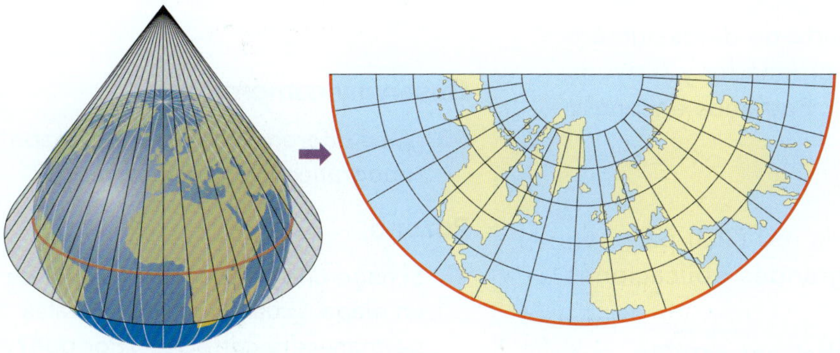

Proyección cónica: se realiza proyectando los meridianos y paralelos sobre un cono. Los meridianos convergen en el vértice del polo y los paralelos son circunferencias concéntricas, de manera que la deformación es mayor en las zonas ecuatoriales que en las polares.

Es la forma más utilizada para representar áreas de latitudes medias.

Proyección plana o **cenital**: es el resultado de proyectar los meridianos y paralelos sobre un plano tangente al polo. Los paralelos y meridianos aparecen representados como círculos concéntricos y los meridianos son los radios de esos círculos.

Es la proyección más frecuente para representar zonas en altas latitudes.

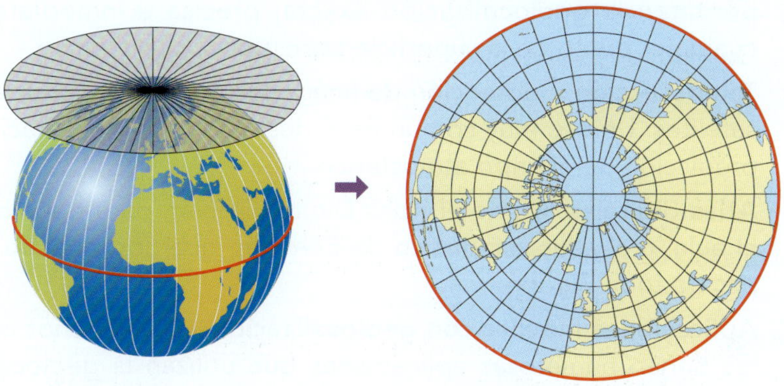

8 ¿Cómo se lee un mapa?

El mapa es la representación de un espacio geográfico sobre una superficie plana. La información se expresa de forma convencional, simplificada y selectiva.

Los diferentes tipos de mapas...

Independientemente del formato de los mapas, todos corresponden a uno de estos dos tipos:

- **Mapas topográficos**. Muestran el relieve de una zona por medio de las curvas de nivel o de colores, conjuntamente con otros elementos del medio natural (ríos, vegetación...) y del medio humano (carreteras, ferrocarriles, cultivos, edificaciones, asentamientos humanos...).
- **Mapas temáticos**. Pueden ser geológicos, climáticos, de vegetación, políticos, demográficos, económicos, históricos, etc. La información de los mapas temáticos puede representarse con:
  - **Isopletas o isolíneas**: líneas que unen puntos de igual valor, como por ejemplo las isotermas en un mapa del tiempo, que unen los puntos de igual temperatura.
  - **Coropletas**: por medio de diferentes colores se muestra una medida estadística como, por ejemplo, la densidad de población.

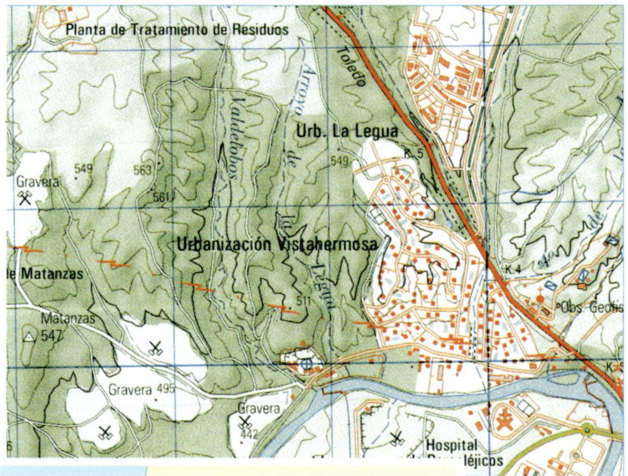

Mapa topográfico.

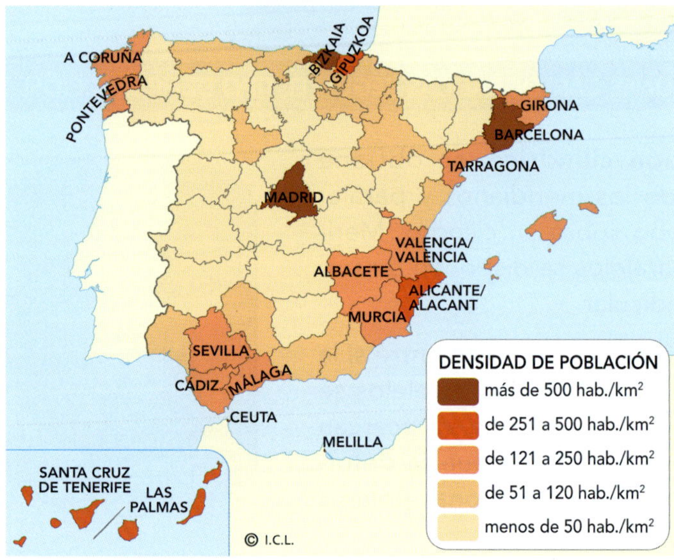

Mapa temático.

... y su representación digital

En la **cartografía digital**, la información parte de datos numéricos. El mapa se elabora trabajando con un ordenador y la ayuda de programas específicos de diseño gráfico. Podemos encontrar mapas digitales en:

- **Globos virtuales**, como Google Earth.
- **Sistemas de información geográfica** en la red (SIG) para ver, construir o trabajar mapas, como las grandes aplicaciones Google Maps, Apple Maps...
- **GPS** o **sistemas de posicionamiento global por satélite**, que permiten la geolocalización exacta, precisa e inmediata de cualquier punto de la superficie terrestre.
- **Teledetección** u obtención de imágenes de la Tierra desde los satélites. Un uso muy común es el destinado a la observación y predicción del tiempo atmosférico.
- **Atlas digitales**. Como el Atlas Digital Escolar, para trabajar en el aula, o el atlas estadístico de *Eurostat*, que nos muestra mapas de toda Europa.
- **Aplicaciones móviles con geolocalización**. Los teléfonos móviles tienen numerosas aplicaciones que utilizan la geolocalización mediante un GPS asistido.

Observo y comprendo

40. ¿Qué diferencia hay entre el mapa topográfico y el mapa temático?

Razono

41. Si hago una fotocopia ampliada de un mapa, ¿cuál de las dos escalas permanecerá correcta? ¿Por qué?

42. ¿Qué utilidad tiene un GPS? Pon algunos ejemplos.

Fuentes de información geográficas | Obtengo información

43. Identifica tres aplicaciones móviles en tu *smartphone* y explica el uso de la localización en las mismas.

44. Busca dos ejemplos de mapas de isopletas y de mapas de coropletas.

LOS ELEMENTOS DE UN MAPA

Título. Nos informa del contenido del mapa.

LAS FORMAS DEL RELIEVE DE LA TIERRA

Orientación. La mayoría de los mapas están orientados al Norte. Si no es así, una flecha indica el Polo Norte geográfico.

Toponimia. Conjunto de los nombres que aparecen en el mapa.

Leyenda. Explica los símbolos utilizados para representar la información geográfica.

Coordenadas geográficas. Paralelos y meridianos, para localizar un punto con exactitud.

Escala. Es la proporción entre la medida del mapa y la medida de la realidad del terreno.

Los tipos de escala

Podemos encontrar representada la escala de dos formas:

- **Escala numérica**. Consiste en una fracción donde el numerador indica la unidad de medida sobre el mapa, y el denominador, la del terreno.

  Por ejemplo, **1:25 000** significa que 1 cm sobre el mapa representa 25 000 cm (esto es, 250 m) sobre el terreno.

  Por su parte, una escala numérica de **1:1 250 000** significa que 1 cm sobre el mapa representa 1 250 000 cm (esto son 12 500 m o 12,5 km) sobre el terreno.

- **Escala gráfica**. Indica lo mismo que la escala numérica, pero lo hace mediante un segmento dividido en varias partes iguales que representan la distancia real equivalente en el mapa.

Escala 1:1 250 000

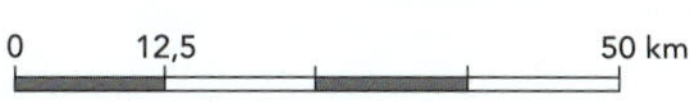

ESCALAS PEQUEÑAS

Desde 1:500 000 a 1:50 000 000

Mapas de países grandes, continentes, planisferios.

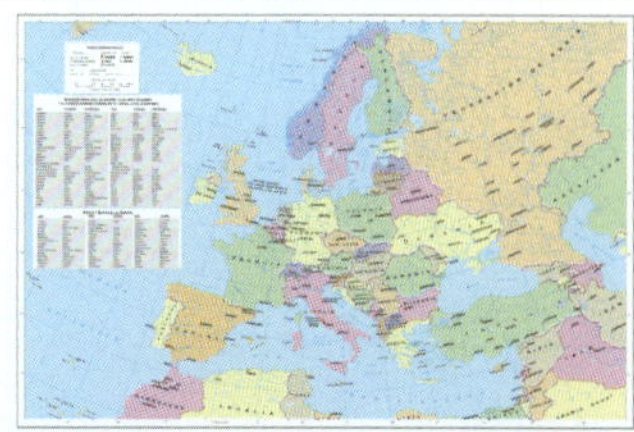

ESCALAS MEDIANAS

Desde 1:50 000 a 1:500 000

Mapas topográficos y regiones o países no muy extensos.

ESCALAS GRANDES

Desde 1:10 000 a 1:50 000

Mapas de comarcas, pueblos, planos de ciudades.

1. Resumo lo esencial

El Universo

- El origen del Universo fue el *Big Bang*, o la gran explosión, que tuvo lugar hace unos 13 800 millones de años, y está formado por diversos cuerpos celestes: galaxias, estrellas, planetas, satélites, cometas, etc.
- La Vía Láctea es una galaxia del Universo donde se encuentra nuestro Sistema Solar, formado por el Sol y ocho planetas que giran a su alrededor.
- Los cuatro planetas más cercanos al Sol son relativamente pequeños y rocosos: Mercurio, Venus, la Tierra y Marte.
- Los cuatro planetas más alejados del Sol son de mayor tamaño y gaseosos: Júpiter, Saturno, Urano y Neptuno.

La Tierra, nuestro planeta

- La Tierra es un planeta donde hay vida porque tiene reservas de agua, la atmósfera que la rodea es rica en oxígeno y recibe la luz y energía del Sol.
- El futuro de la vida en la Tierra pasa por lograr un desarrollo sostenible. Con este objetivo, la ONU ha elaborado los Objetivos de Desarrollo Sostenible.

Los movimientos de la Tierra

- La Tierra gira sobre sí misma en un movimiento de rotación que realiza en 24 horas. Este movimiento da lugar a los días y las noches.
- La Tierra gira alrededor del Sol en un movimiento de traslación y tarda 365 días (un año) y 6 horas. Este movimiento da lugar a las estaciones climáticas del año.

Cómo situar un lugar en la Tierra

- Los paralelos nos dan la latitud o la distancia angular que nos separa del Ecuador o paralelo cero. Los meridianos nos dan la longitud o la distancia angular que nos separa del meridiano de Greenwich o meridiano cero. Ambas distancias se miden en grados, minutos y segundos.
- La Tierra se puede representar a través de un globo terráqueo o sobre una superficie plana, el mapa. Las proyecciones cartográficas sirven para reducir las deformaciones que puedan aparecer al pasar de una superficie redonda a una plana; las más utilizadas son: la proyección cilíndrica, la proyección cónica y la proyección plana.

a. Completo el mapa conceptual

Copia y completa en tu cuaderno este mapa conceptual:

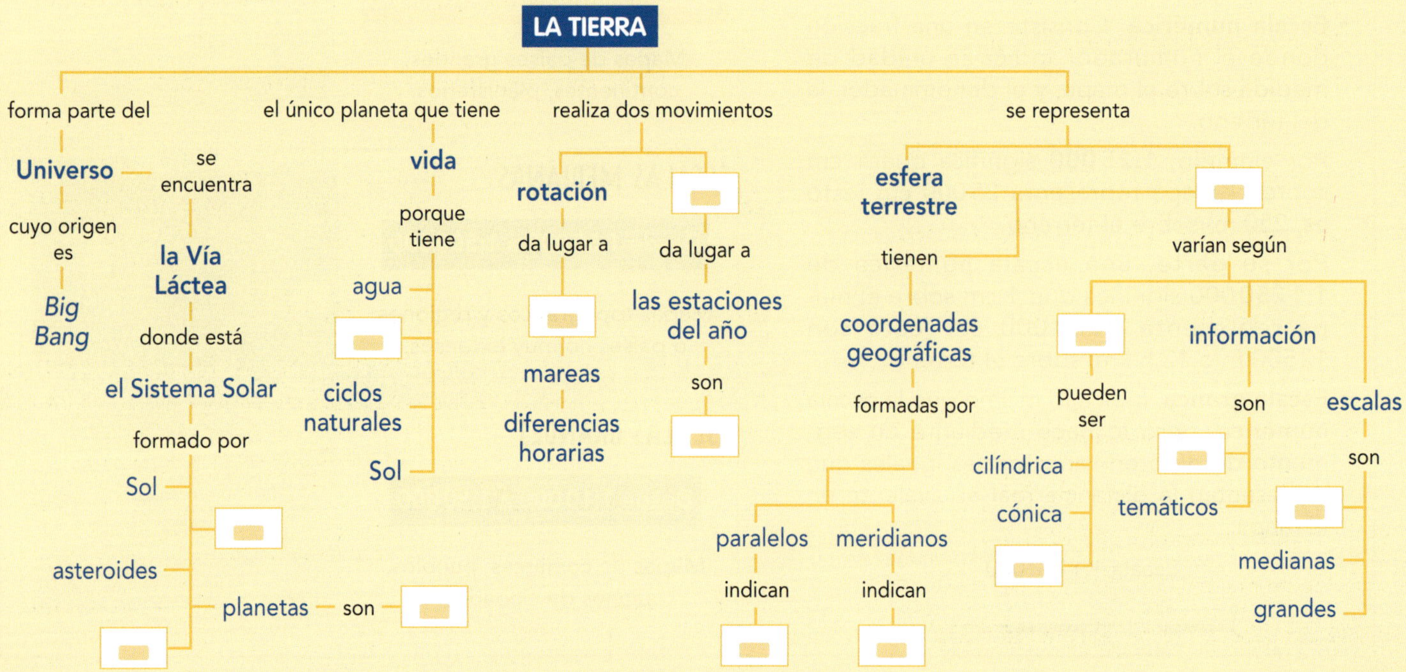

2. Repaso lo aprendido

a. Sintetizo

- ¿Cómo es nuestro Sistema Solar? ¿Cuáles son las consecuencias de los movimientos de la Tierra?
- ¿Qué necesitas indicar para localizar un lugar en la Tierra? ¿Cómo se miden?

b. Defino conceptos

- Universo
- Vía Láctea
- satélite
- ODS
- huso horario
- año bisiesto
- escala de un mapa
- proyección cartográfica

c. Sitúo en el globo terráqueo

Dibuja en tu cuaderno un globo terráqueo y sitúa los siguientes términos geográficos:

- Hemisferio Norte y hemisferio Sur.
- Meridiano de Greenwich.
- Ecuador.
- Trópico de Cáncer y Trópico de Capricornio.
- Círculo Polar Ártico y Círculo Polar Antártico.
- Polo Norte y Polo Sur.

d. Explico el esquema

Explica cada uno de los elementos que configuran un mapa:

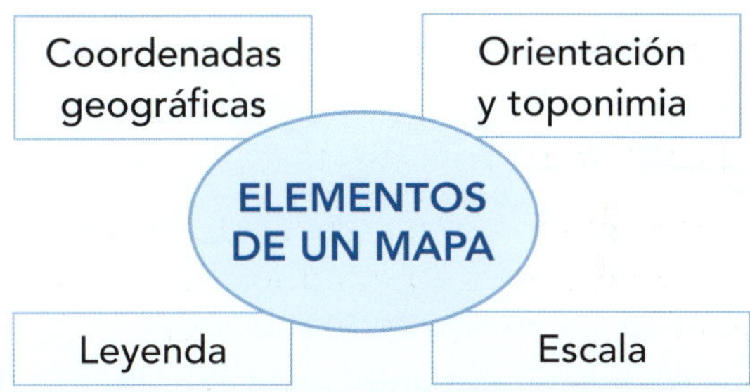

e. Identifico los movimientos de la Tierra

Lee estos conceptos e indica con qué movimiento de la Tierra están relacionados:

- Responsable de la sucesión del día y la noche.
- Emplea 365 días y 6 horas.
- Se mueve alrededor del Sol.
- Gira alrededor de su eje.
- Tarda 24 horas.
- Tiene efectos sobre los cambios del nivel del mar, las mareas.
- Determina la sucesión de las estaciones climáticas del año.
- Es responsable de las diferencias horarias.

f. Completo un cuadro-resumen

Copia y completa en tu cuaderno este cuadro-resumen sobre las proyecciones cartográficas:

	Proyección cilíndrica	Proyección cónica	Proyección plana o cenital
¿Con qué figura geométrica se relaciona?			
¿Cómo se disponen los paralelos?			
¿Cómo se disponen los meridianos?			
¿Dónde es mayor la deformación?			
¿Qué zona de la Tierra representa mejor?			

3. Aprendo a hacer. Interpretar el Mapa Topográfico Nacional

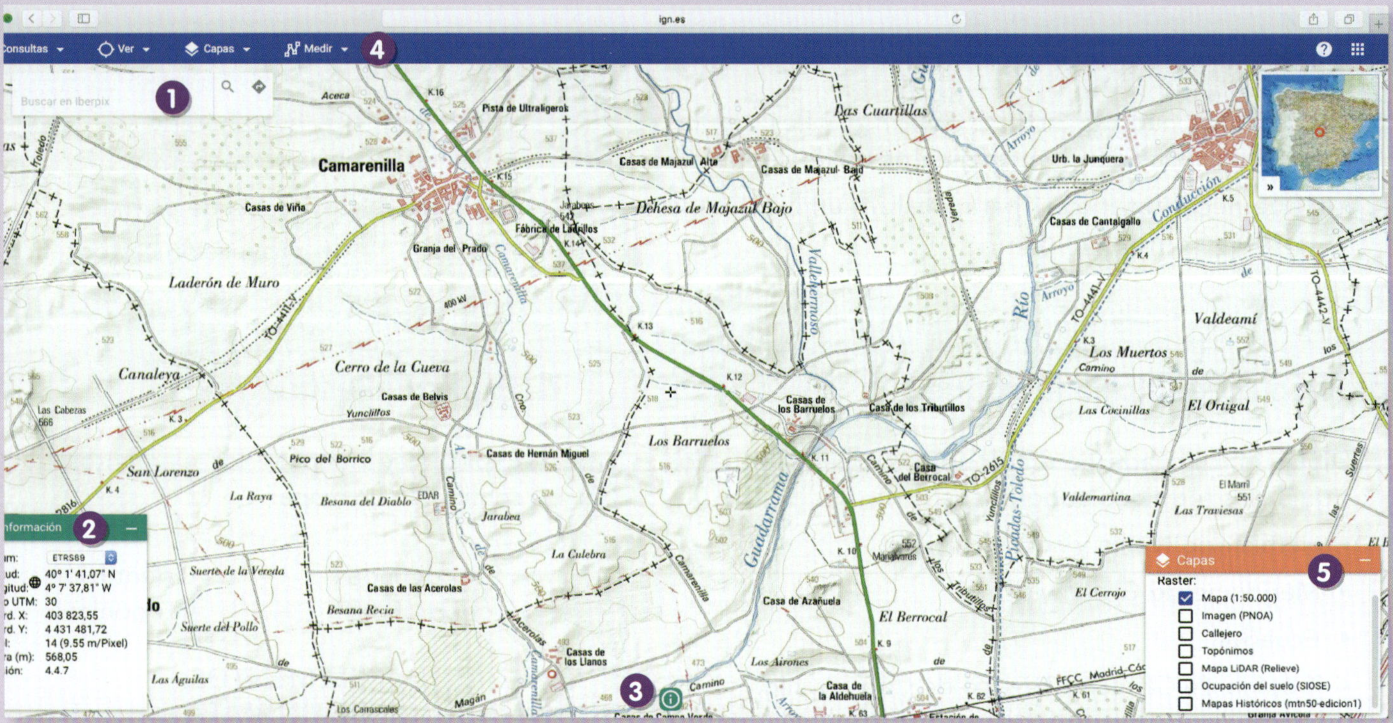

1. Localización mediante coordenadas

a. Desde Internet, entra en el visor Iberpix. Una vez en él localiza el **Buscador** (1) y escribe el nombre de una ciudad o de un pueblo.

b. Identifica esa localidad y escribe las coordenadas geográficas (latitud y longitud) y la altitud. Para ello, despliega el cuadro de color verde de la esquina inferior izquierda, **Información** (2).

2. Comprensión de la escala

a. Mueve el cursor del ratón para ampliar o reducir la escala del mapa y visualiza esa zona a diferentes escalas. En el centro de la parte inferior del mapa hay un cuadrado verde con una **i** (3); si lo pulsas, aparece la escala del mapa. Por ejemplo, si aparece MTN50, indica la escala 1:50000.

b. Mide la distancia en centímetros entre dos puntos del mapa;. Para ello, selecciona en la barra de herramientas, **Medir** (4) y la opción **Medida de longitudes**. ¿A cuántos metros estarán en la realidad a escala 1:50000?

3. Interpretación del relieve

a. Explica si las curvas de nivel están muy juntas o muy separadas en esa zona. ¿Se trata de una zona llana o montañosa?

b. Comprueba tu respuesta anterior desactivando previamente la capa *Mapa 1:50000* en el botón naranja **Capas** (5) de la esquina inferior derecha y activando la capa de relieve *Mapa LIDAR*.

4. Análisis del poblamiento y los usos del suelo

a. Describe si hay carreteras, ferrocarriles, cursos de agua, edificaciones, vegetación... y cómo son.

b. Comprueba tu respuesta anterior activando las capas de *Imagen (PNOA)* y de *Ocupación del suelo (SIOSE)*. Para conocer la leyenda del SIOSE, entra a www.tiching.com/778510.

El Mapa Topográfico Nacional está producido por el Instituto Geográfico Nacional (IGN).

Son seis series de mapas topográficos a escala: 1:25 000, 1:50 000, 1:200 000, 1:500 000, 1:1 250 000 y 1:2 000 000, que abarcan la totalidad del territorio nacional.

Lo podemos encontrar en formato papel o digital, disponible en Iberpix, que es con el que vamos a trabajar.

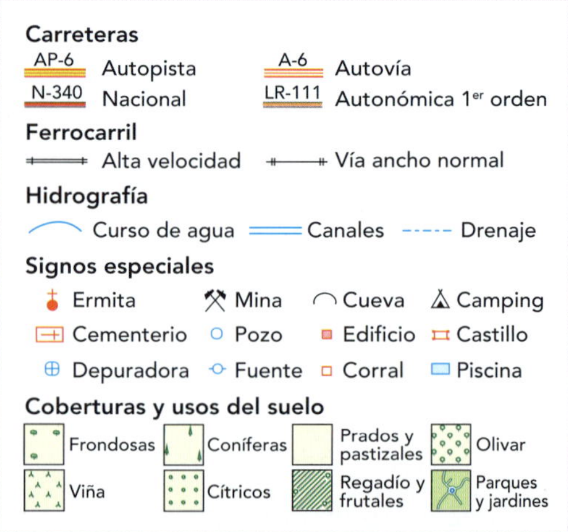

Signos convencionales del Mapa Topográfico Nacional que puedes consultar en www.tiching.com/778529.

4. Evalúo fuentes geográficas. ¿Proyección de Mercator o de Peters?

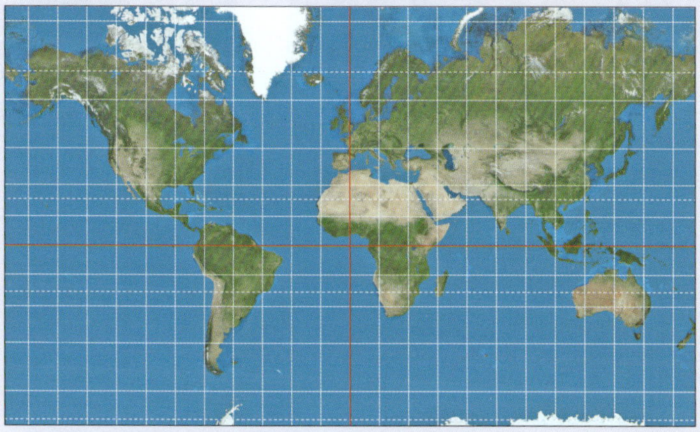

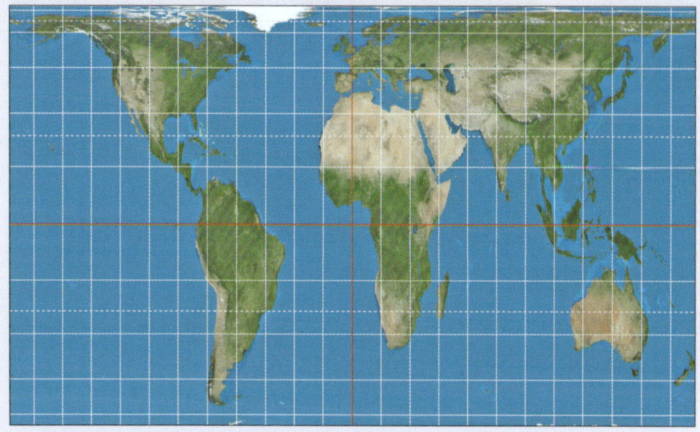

a. Observa detenidamente estas imágenes. Una corresponde a un planisferio realizado con la proyección de Mercator, y la otra, con la proyección de Peters. Identifícalas según las características de cada una de ellas.

Proyección de...	Proyección de...
Proyección cilíndrica	Proyección cilíndrica
Proyección conforme	Proyección equivalente
Respeta la forma de los continentes	Respeta el tamaño de los continentes
Mayor deformación zona polar	Mayor deformación entre los meridianos
Distorsión eurocéntrica	Distorsión ecuatorial

b. Valora las ventajas y desventajas que tiene utilizar una proyección de Peters o una proyección de Mercator.

c. Pon ejemplos de contenidos de mapas para los cuales utilizarías una proyección u otra, y explica el porqué.

5. Analizo el vídeo

Condiciones de la Tierra que permiten la vida

Mira y escucha detenidamente el vídeo que te presentamos en el apartado 3: *¿Por qué hay vida en la Tierra*? Luego, responde a las cuestiones siguientes:

a. ¿Cuáles son las condiciones de nuestro planeta que permiten la aparición y evolución de los seres vivos?

b. ¿Cuál es el factor que evita que la mayor parte del agua que hay en la Tierra se evapore o congele?

c. ¿Qué es la atmósfera? ¿Qué función tiene?

d. ¿Cuáles son los elementos de la Tierra que se interrelacionan entre sí y permiten los diversos hábitats terrestres?

2 ¿Es el relieve un factor clave en la vida del planeta Tierra?

En este tema aprenderás:

- Cómo es la estructura de la Tierra y cómo se formaron los continentes.
- Cuáles son y cómo se crean las principales formas de relieve, y cómo los agentes naturales y el ser humano las modifican.
- Cómo se elabora un perfil topográfico a partir de un mapa.

Empiezo

Observo...

- Describe las características del paisaje de la imagen central y di en qué zona del planeta lo podemos encontrar.
- ¿Reconoces alguna forma de relieve característica del desierto? ¿Representa alguna dificultad para el piloto?

Glaciar Vatnajökull, Islandia.

Meseta castellana, España.

Monte Matterhorn, Suiza.

Valle Hohe Tauern, Austria.

Costa de Étretat, Francia.

Desierto de Abu Dhabi (Emiratos Árabes Unidos).

... pienso...

- A la vista de la imagen central, ¿crees que es posible la vida en cualquier lugar del planeta?
- En un paisaje aparentemente tan uniforme como el de un desierto, ¿cómo se orientarán quienes viven allí? ¿Tendrán mapas los habitantes del desierto?

... y me pregunto

Después de ver el vídeo, plantea dos preguntas que te parezcan interesantes sobre el **ODS 12. Producción y consumo responsable,** y ponlas en común con el resto de la clase.

12 PRODUCCIÓN Y CONSUMO RESPONSABLE

1 ¿Qué estructura tiene la Tierra?

El interior de la Tierra...

Ninguna persona ha podido adentrarse en el interior de la Tierra más allá de los 13 km que se perforaron en la península de Kola, en el extremo Noroeste de Rusia.

Sin embargo, podemos conocer su estructura y composición gracias a los **volcanes** y **terremotos**, que aportan información sobre cómo es el interior de nuestro planeta.

... está formado por capas concéntricas

La Tierra está constituida por tres grandes zonas concéntricas, que contienen distintos materiales (hierro, níquel), en diferente estado (fluido, sólido) y con distinta densidad. Ordenadas de menor a mayor profundidad, las capas de la Tierra son:

- La **corteza** es la capa externa de la Tierra, que apenas representa el 1 % del total del planeta. Está constituida por rocas sólidas como el basalto o el granito. En ella se puede distinguir la parte sólida (**corteza continental**) y la parte líquida (**corteza oceánica**).
- El **manto** es la capa que rodea el núcleo y representa el 84 % del volumen de la Tierra. Está integrado por materiales diversos (silicatos, hierro, níquel...), algunos de los cuales se hallan parcialmente fundidos y constituyen el magma.
- El **núcleo** es la parte más interna y supone el 15 % del volumen total del planeta. Está compuesto de materiales fundidos en su capa más externa y en estado sólido en su parte más interna.

Llamamos **litosfera** a la parte sólida formada por la corteza terrestre y la parte superior del manto, que constituyen la superficie sobre la que se asienta la vida terrestre. Su nombre proviene del griego: *litos*, que significa "piedra".

La estructura interna de la Tierra

Géiser

Volcán

Muchos de los procesos (géiseres, volcanes, terremotos...) que tienen lugar en la superficie del planeta son consecuencia de su actividad interna.

Terremoto

¿CÓMO SE FORMARON LOS CONTINENTES?

La teoría de la deriva continental

La teoría de la deriva continental explica tanto la **formación de los continentes** como la existencia de **placas tectónicas** en la litosfera.

Hace millones de años, existía un único continente llamado ***Pangea***. Este continente se fragmentó en distintas placas que, muy lentamente, fueron arrastradas por los movimientos del manto terrestre hasta dar lugar a los continentes que hoy en día conocemos.

225 millones de años

135 millones de años

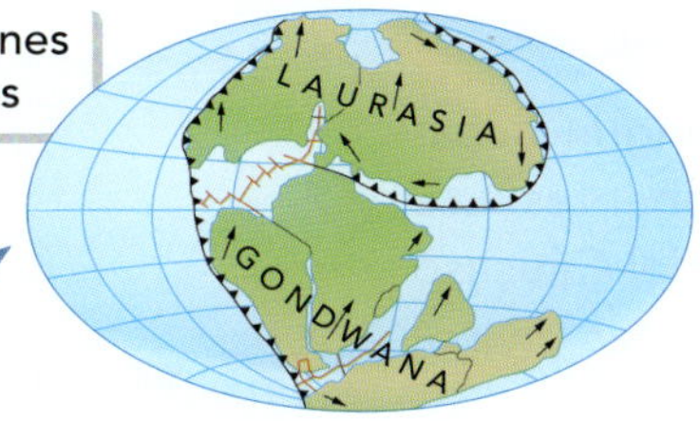

65 millones de años

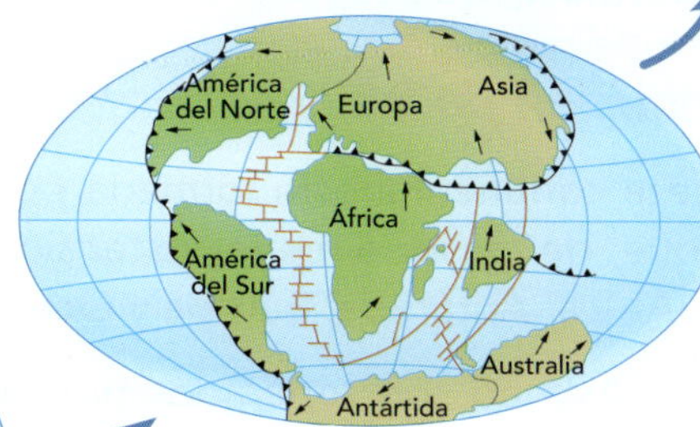

En la actualidad

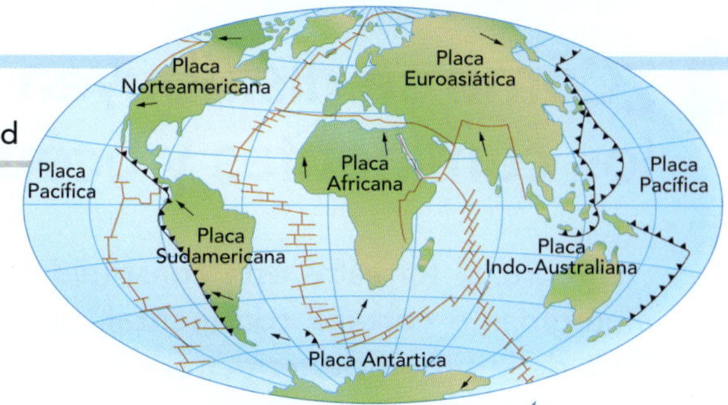

Las placas litosféricas terrestres

La litosfera está formada por grandes **placas continentales** que flotan sobre el manto.

En la línea de contacto entre dos placas se han originado grandes **cordilleras terrestres**, como los Andes y el Himalaya, y extensas **cordilleras marinas**, que son las **dorsales oceánicas**.

Las placas continentales continúan en movimiento. Por esta razón, las zonas de choque entre placas presentan **actividad volcánica** y **sísmica** (terremotos).

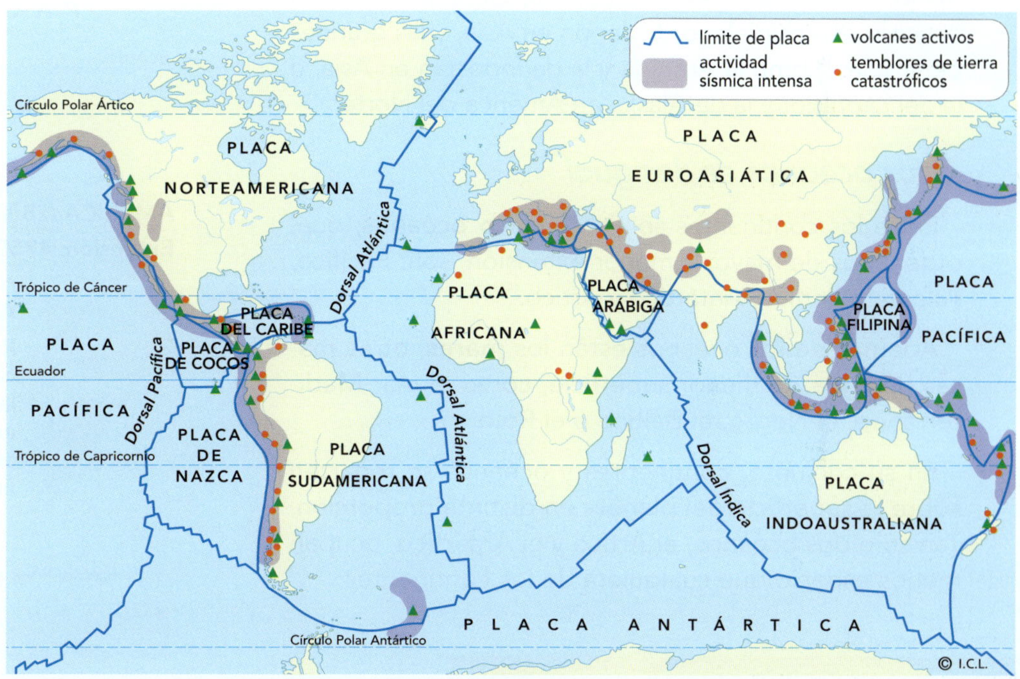

Observo y localizo

1. Elabora una tabla sobre las capas de la Tierra en función de: profundidad-grosor, materiales-aspecto y volumen que ocupan.

Razono

2. ¿Por qué los materiales de la Tierra se mueven y provocan que también lo hagan los continentes?
3. ¿Por qué coinciden las zonas de mayor actividad sísmica con las de unión de las placas continentales?
4. ¿Se puede decir que la corteza continental forma parte de la litosfera? ¿Y la corteza oceánica?

Localización | Relaciono localizaciones

5. Observa el contorno de América del Sur y de África. ¿Qué tienen de particular que indique que en su día formaron parte de un mismo continente?
6. ¿Qué zonas de la Península Ibérica tienen mayor riesgo de actividad sísmica? ¿Por qué?

2 ¿Cómo se distribuyen los continentes y océanos?

La corteza terrestre está constituida por las tierras emergidas o **corteza continental**, que representa el 29 % de la superficie terrestre, y los fondos marinos o **corteza oceánica**, que supone el 71 % restante.

La distribución de los continentes y...

La corteza continental está formada por **seis continentes**, que, de mayor a menor extensión, son: Asia, América, África, Antártida, Europa y Oceanía.

Europa y Asia no son separados por ningún océano, como sí que ocurre con los otros continentes. Los Montes Urales, el río Volga y la cordillera del Cáucaso son los límites naturales que marcan las líneas divisorias entre los continentes europeo y asiático.

A los continentes hay que añadir las islas de gran tamaño, como Madagascar en África, Groenlandia en el Ártico o el archipiélago de Japón en Asia, y las grandes penínsulas, como la Arábiga y la de Indostán en Asia, o la del Labrador y la de Alaska en América del Norte.

... los océanos es desigual

Entre los continentes se sitúan **cinco océanos**, que, ordenados de mayor a menor extensión, son: Pacífico, Atlántico, Índico, Antártico y Ártico.

Además de los océanos están los **mares**, otras masas de agua de menor superficie, como el mar Mediterráneo, el Negro, el Báltico o el Rojo.

En su conjunto, continentes y océanos se reparten sobre la superficie del planeta en distinta proporción. Tan solo dos océanos, el Ártico y el Antártico, ocupan menos espacio que cualquiera de los continentes.

La distribución de continentes y océanos

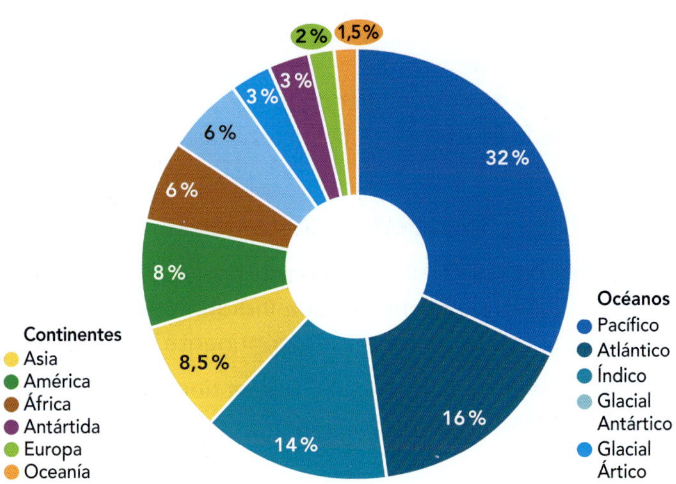

Observo y localizo

7. ¿Qué diferencia a los océanos del resto de los mares del planeta, como el mar Mediterráneo o el mar Rojo?
8. El océano Pacífico aparece a ambos lados del mapa que ves en esta página, y no es un error. ¿A qué se debe este hecho?
9. Asia y Europa forman parte de una misma placa litosférica, la euroasiática. Entonces, ¿por qué piensas que son considerados dos continentes distintos? Plantea alguna hipótesis al respecto.

EUROPA (7 % de tierras emergidas).
Extensión: 10 180 000 km^2.
Altitudes máximas: Elbrus (5 642 m), Mont Blanc (4 810 m).
Rasgos principales: extensas llanuras y modestas altitudes.

ASIA (30 % de tierras emergidas).
Extensión: 44 580 000 km^2.
Altitud máxima: Everest (8 848 m).
Rasgos principales: altitudes máximas del planeta y extensas mesetas y desiertos fríos. También destaca por las penínsulas.

OCEANÍA (6 % de tierras emergidas).
Extensión: 9 008 458 km^2.
Altitud Máxima: Monte Jaya (4 884 m).
Rasgos principales: numerosas islas y archipiélagos, y extensos desiertos.

ÁFRICA (20 % de tierras emergidas).
Extensión: 30 370 000 km^2.
Altitud máxima: Kilimanjaro (5 895 m).
Rasgos principales: amplias mesetas con desiertos cálidos. Al Oeste, sucesión de lagos en la fosa tectónica del Rift Valley.

ANTÁRTIDA (9 % de tierras emergidas).
Extensión: 14 000 000 km^2.
Altitud máxima: Macizo Vinson (4 892 m).
Rasgos principales: desierto helado.

10. ¿En qué dos continentes se hallan las mayores altitudes del planeta? ¿En cuáles podemos localizar extensos desiertos fríos? ¿Y desiertos cálidos?

Comparo

11. ¿Por qué en el gráfico circular el continente americano representa un 8 % y en la cartela del mapa un 28 %?

12. ¿Por qué si la Antártida es considerada como uno de los continentes de la Tierra, no existe, en cambio, el continente ártico?

Localización | Relaciono localizaciones

13. Si te fijas, la superficie de los continentes representada en el mapa no coincide con los datos que tienen en realidad. Esto depende de la proyección cartográfica que se utilice.

¿Por qué crees que Europa parece en el mapa más grande de lo que realmente es?

14. ¿Se te ocurre alguna regla nemotécnica para aprender los continentes en orden de extensión? ¿Y para los océanos?

3 ¿Qué formas tiene la corteza terrestre?

Las formas de la corteza continental...

La **corteza continental** no es uniforme, sino rugosa, porosa y con cavidades. En ella se pueden encontrar las principales formas de relieve, desde montañas elevadas, como el Everest con sus 8 848 m de altitud, a depresiones o valles profundos.

Entre ambos extremos, existe una amplia variedad de formas de relieve, que se definen en función de su extensión, amplitud y morfología:

- Una **montaña** es una elevación natural del terreno, una **sierra** es un conjunto de montañas y una **cordillera** es el conjunto de varias sierras.
- Al pie de las montañas están las **llanuras**, que presentan una superficie plana o escasamente ondulada. En ellas podemos distinguir:
  - Las **mesetas**, extensas zonas llanas elevadas.
  - Los **páramos**, llanuras situadas a una altitud considerable.
  - Los **valles**, depresiones del relieve que acostumbran a tener una disposición alargada. Pueden adoptar diversas formas: un **cañón**, paso estrecho y profundo entre dos montañas; una **cuenca**, valle rodeado de zonas altas, más ancha que un cañón; una **depresión**, zona más o menos extensa que está a una altitud inferior a las formaciones de relieve que la rodean.

Las formas del relieve continental y oceánico

La montaña más alta del planeta es el Mauna Kea, cuya base se sitúa en el fondo del océano Pacífico, en Hawái, y alcanza más de 9 754 m, por encima del Everest.

Las mayores profundidades del planeta se localizan en las fosas, algunas tan hondas como la situada en las islas Marianas, también en el océano Pacífico.

... son semejantes a las de la corteza oceánica

Aunque no se aprecie a simple vista, en la corteza oceánica también existe un relieve semejante al de la corteza continental. En ella se pueden distinguir:

- La **plataforma continental** es la continuación submarina de los continentes, y va descendiendo suavemente hasta los 400 m.
- El **talud** es un escalón que, de forma abrupta, da paso a las zonas más profundas de los océanos.
- La **llanura abisal** es una gran planicie en la zona más profunda de los mares y océanos.
- Las **dorsales oceánicas** surcan la llanura abisal. Pueden alcanzar altitudes entre los 2000 y 3000 m.
- Las **fosas marinas** son grandes depresiones de los fondos oceánicos.

La fosa de las Marianas, en el océano Pacífico, tiene 11 033 m de profundidad.

Observo y localizo

15. Fíjate en las montañas. ¿Cuál es más extensa: la sierra o la cordillera? ¿Conoces el nombre de alguna sierra o cordillera? Pon algún ejemplo.

16. ¿En qué se diferencian mesetas y llanuras?

17. ¿Qué tipo de valle es el más estrecho? ¿Cuál puede ocupar una zona más o menos extensa?

18. ¿Se puede considerar que la plataforma continental forma parte de la corteza oceánica o de la corteza continental? Justifícalo.

Comparo

19. Señala las formas de relieve continental y submarino que más se parecen entre sí.

Localización | Represento la localización

20. Localiza en el mapa del apartado anterior dónde se encuentran el Everest y la fosa de las islas Marianas. ¿Qué tienen en común y en qué se diferencian?

4 ¿Cómo se forma el relieve?

El relieve de la Tierra está en **continuo cambio**. En este proceso intervienen agentes o fuerzas de la naturaleza que pueden ser **internos** o **externos**.

Estos agentes actúan de modo **simultáneo**, es decir, combinan al mismo tiempo la destrucción del relieve existente con la creación de uno nuevo.

Los agentes internos

Como sabes, la superficie terrestre está formada por un conjunto de **placas litosféricas** que se desplazan sobre el manto chocando entre sí. A consecuencia de estos choques y en función de la dureza o plasticidad de los materiales que forman las rocas, se originan los **pliegues** y **fallas**.

La corteza de la Tierra, aunque parece muy sólida, se mueve y tiembla constantemente por la acción de algunos agentes internos como los **volcanes**, los **terremotos** y los **maremotos**.

tiching.com/778388
Para saber más sobre los volcanes.

PLIEGUES Y FALLAS

Los choques de las placas litosféricas provocan una **deformación** y elevación de la corteza que da lugar a los pliegues y a las fallas.

Pliegues

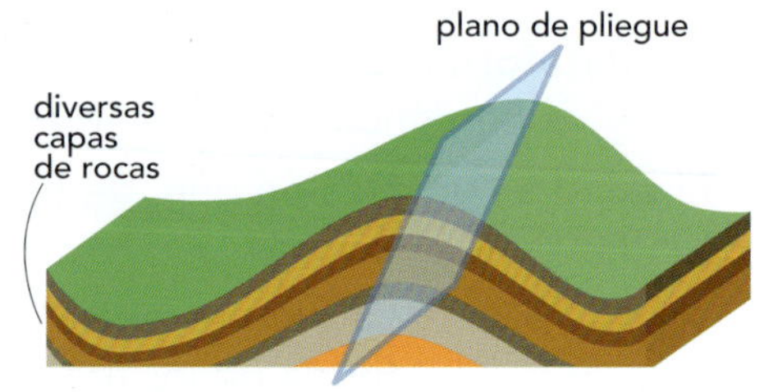

Los **pliegues** se originan cuando los materiales son blandos y flexibles. Las **fallas** surgen cuando los materiales son duros y rígidos.

Fallas

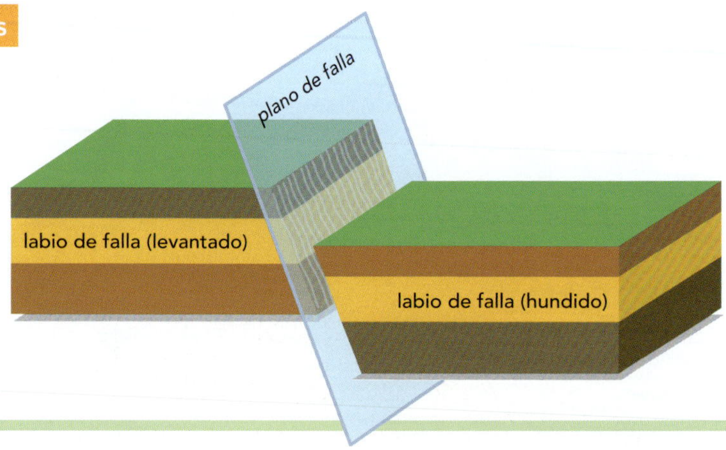

LOS VOLCANES

La composición y el estado de los materiales que se encuentran en el manto, fluidos unos y rígidos otros, hacen que estos materiales se muevan y transmitan ese movimiento a la corteza terrestre, originando grietas.

Cuando esas grietas son muy profundas y alcanzan el magma, este asciende hacia el exterior y se produce una **erupción volcánica**.

El magma, cuando sale al exterior por el cono del volcán, se transforma en lava que va acompañada de cenizas, humo y piroclastos o piedras de fuego calientes que parecen proyectiles y alcanzan distancias considerables.

Corte esquemático de un volcán

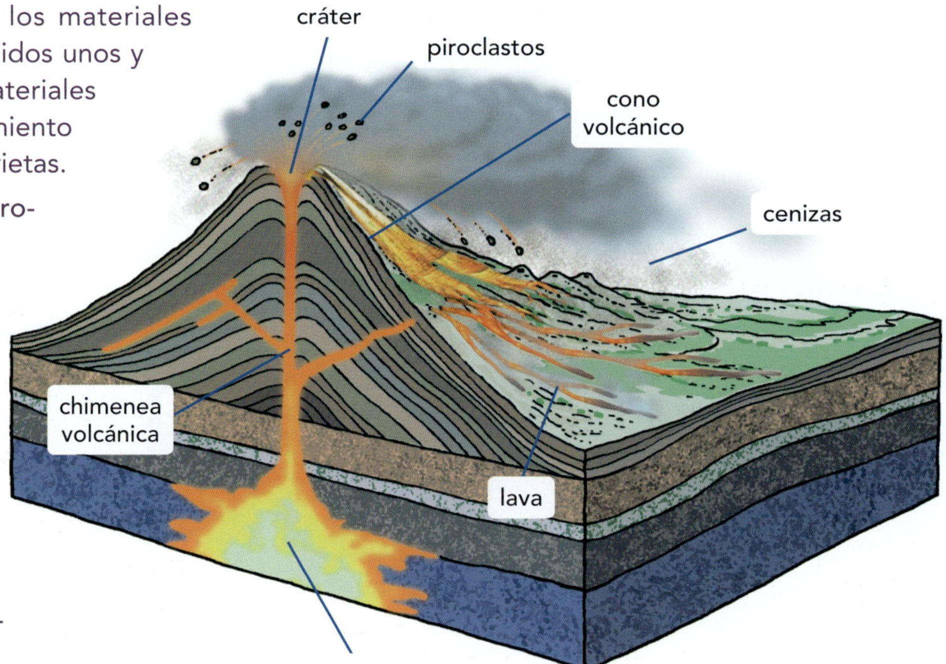

LOS TERREMOTOS Y MAREMOTOS

Los **terremotos** o **seísmos** se producen por:

- El movimiento de las placas tectónicas que forman la superficie de la Tierra y el choque o fricción que se produce entre ellas.
- La acción de los volcanes y de las fallas.

Cuando un seísmo tiene lugar en el mar, se denomina **maremoto**. Las olas gigantescas que provoca se conocen como **tsunami**.

Los movimientos sísmicos liberan mucha energía y generan un temblor brusco y momentáneo que se propaga en todas direcciones en forma de ondas sísmicas. Su intensidad se mide en la **escala de Richter**.

Fases de un terremoto

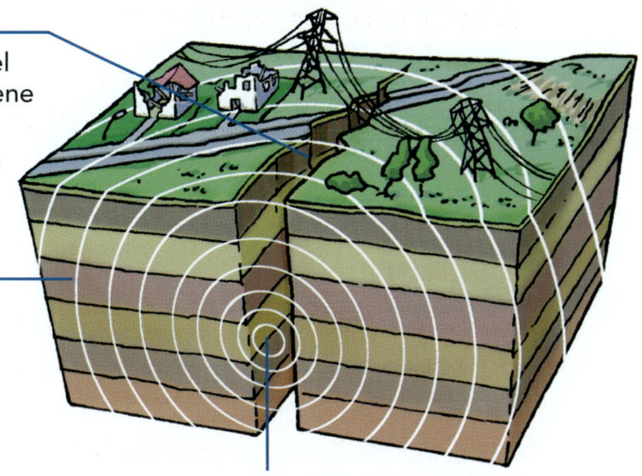

Escala de Richter

Fases de un maremoto

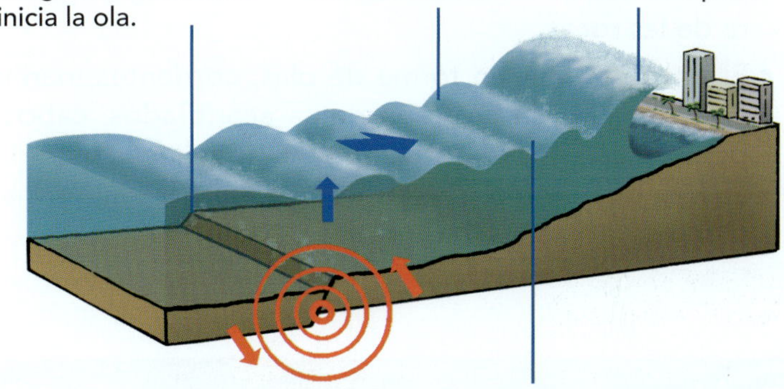

Comprendo y analizo

21. ¿Qué relación guardan los volcanes con la teoría de la tectónica de placas?

22. ¿Se puede decir que terremotos y maremotos son lo mismo? ¿Y tsunamis y maremotos? Explícalo.

23. ¿Qué determina la intensidad de un terremoto: el hipocentro o su epicentro? Justifícalo.

Investigo

24. Busca en Internet algún terremoto que haya tenido lugar recientemente y explica dónde ha sucedido, qué valor alcanzó en la escala de Richter y qué consecuencias ha originado.

Procesos geográficos | Analizo los procesos

25. Relaciona las fallas y los pliegues con los terremotos y con los volcanes. ¿Con cuál de dichas formas de relieve guardan mayor relación?

26. ¿Por qué crees que los efectos de un terremoto de la misma intensidad pueden ser devastadores en algunos lugares del planeta, mientras que en otros apenas generan daños?

27. Consulta el mapa que encontrarás en el apartado uno y explica por qué el mar Mediterráneo es zona de volcanes y terremotos. Cita otra zona del mundo con la misma característica.

5 ¿Cómo se transforma el relieve?

Los agentes externos

Existen varios agentes externos que modelan el relieve, es decir, erosionan, transportan y sedimentan los materiales que van destruyendo y, de este modo, lo van transformando.

Los principales agentes externos son el **agua**, el **viento** y los **seres vivos**.

EL AGUA

El agua es el agente erosivo más importante y actúa de diversos modos:

- El agua de la lluvia y de los ríos desgasta las rocas o las disuelve, creando **cuevas**, **barrancos** y **valles**.
- El agua de los ríos actúa como agente erosivo, ya que en su curso alto erosiona, en el curso medio transporta y en el curso bajo sedimenta. Cuando los sedimentos se depositan al llegar a la costa, forman un tipo de desembocadura llamada **delta**, que suele tener forma triangular.
- El agua existente en el interior de fisuras o grietas de la tierra, cuando se hiela, aumenta de volumen y origina la fractura de las rocas.
- El agua del mar en forma de olas, corrientes marinas y mareas desgasta la costa y origina **acantilados**, **cabos**, **golfos**, **penínsulas**, **playas** y otras formas de relieve costero. Cuando una lengua de mar penetra en un valle fluvial forma una **ría**, o un **estuario** si es más grande y profundo.

¿Cómo actúa un glaciar?

El hielo acumulado en la zona alta de las montañas, en espacios con forma de cuenco o **circo**, se desplaza muy lentamente.

En su discurrir, erosiona y excava un valle en forma de *U* llamado **lengua**. Las piedras que arranca el hielo son transportadas, y se acumulan formando las **morrenas**.

Relieve costero o litoral

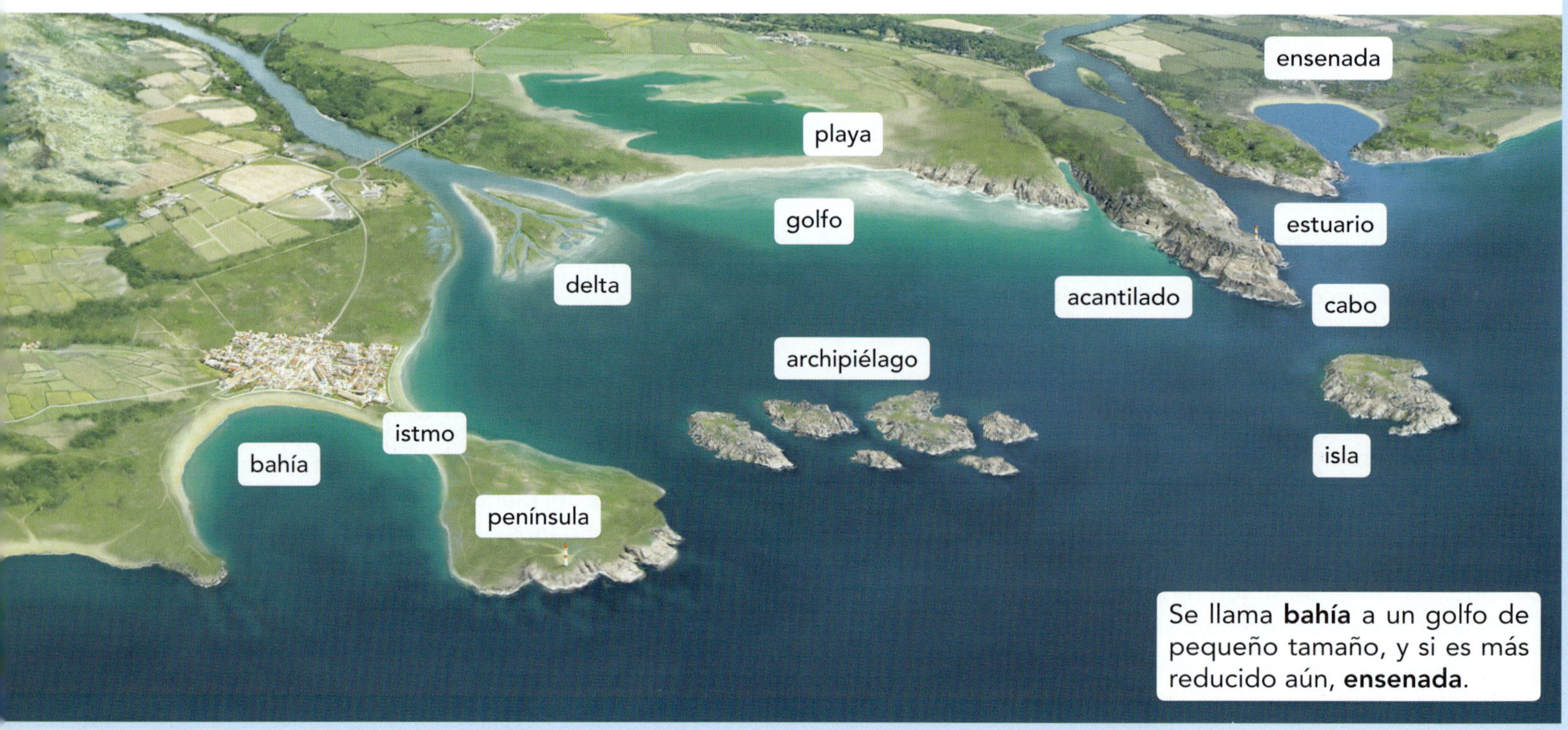

Se llama **bahía** a un golfo de pequeño tamaño, y si es más reducido aún, **ensenada**.

EL VIENTO

El **viento** arranca, levanta y transporta pequeñas partículas de arena, polvo, arcilla, etc., que se hallan en el suelo. Durante su transporte, estas partículas impactan sobre otras rocas, desgastándolas o erosionándolas en sus zonas más blandas.

La fuerza erosiva del viento es mucho mayor en los lugares secos y de escasa vegetación, como los desiertos. En las extensas superficies de arena o **ergs**, el viento levanta y transporta partículas de arena, que luego deposita formando las **dunas**.

El viento puede dar a las rocas formas muy caprichosas, como estas chimeneas de hadas.

LOS SERES VIVOS

Los seres vivos juegan un papel muy importante como agentes transformadores del relieve.

Las plantas perforan el terreno con sus raíces, pero a su vez fijan el suelo de las laderas de las montañas, protegiéndolas de la erosión.

El ser humano transforma la superficie terrestre y la marina. La ocupación del suelo, la extracción de minerales, la construcción de viviendas e infraestructuras (carreteras, pantanos, etc.) son solo algunas de sus intervenciones.

Además, erosiona rocas y materiales, los transporta y sedimenta, creando playas, valles, montañas, lagos, etc., que son artificiales y no siempre respetuosos con el entorno natural.

Presa de Kerr, EE. UU.

Razono

28. ¿Qué tiene más fuerza erosiva: el agua sólida o líquida?

29. ¿Cómo modifica el relieve la construcción de un embalse en el curso de un río? ¿Cómo afecta a la acción modeladora del río?

Comprendo y analizo

30. ¿Cuál de los tres agentes externos modifica más el relieve? Argumenta tu respuesta y pon ejemplos.

31. Clasifica en una tabla los distintos agentes externos y las formas de relieve que forman en función de sus tres posibles acciones: erosión, transporte y sedimentación.

Causas múltiples | Analizo los factores

32. En ocasiones, distintos agentes externos intervienen en la formación de una misma forma de relieve. Pon dos ejemplos y explica cómo actúan conjuntamente.

6 ¿Cuáles son las principales formas del relieve terrestre?

El relieve en el mundo

A pesar de su origen común, los continentes tienen **formas de relieve muy diversas**.

Las **principales altitudes** se encuentran en Asia, en la cordillera del Himalaya, también hay destacadas elevaciones en las cordilleras que recorren América de Norte a Sur, las Rocosas y los Andes, y en África, donde las mayores altitudes están cerca del Rift Valley, una de las depresiones más importantes del planeta.

Las **mesetas más extensas** se encuentran en el Norte de Asia, en la zona de Siberia, y en América del Sur, en la Amazonia.

Los **desiertos** se ubican por todo el planeta, aunque los más extensos se localizan en África y Australia.

En Europa predominan las **llanuras**, y en la Antártida y Groenlandia el **hielo** es casi el único protagonista.

Comprendo

33. Fíjate en la leyenda del mapa y explica cuáles son las principales formas del relieve continental.

34. Elabora un *ranking* con las diez montañas más elevadas del planeta, indicando la cordillera a la que pertenece cada una. Di el nombre de los tres picos más altos del mundo.

35. Elige qué continente te parece más interesante para explorar por su relieve y justifica tu elección.

Localización | Observo y localizo

36. Localiza en el mapa cinco cabos, cinco golfos, cinco altiplanos o mesetas, cinco desiertos y cinco llanuras, y explica dónde se ubican.

37. Localiza un lago de cada continente y di cuál es el mayor de ellos. Averigua cuál es el mayor desierto cálido del mundo.

38. Identifica en este mapa las islas y las penínsulas más destacadas, y anótalas en una tabla en función del océano y del continente al que pertenezcan.

AMÉRICA, una sucesión de mesetas y cadenas montañosas.

Cordilleras	Montañas Rocosas, Montes Apalaches, Cordillera de los Andes
Picos	Aconcagua
Mesetas	Meseta Brasileña
Desiertos	Atacama

EUROPA, un espacio de llanuras y penínsulas.

Macizos antiguos	Montes Urales, Macizo Central francés, Montes Escandinavos
Montañas jóvenes	Alpes, Pirineos, Cárpatos, Cáucaso
Picos	Mont Blanc, Aneto, Gerlachovsky, Elbrus

ASIA, del techo del mundo a las mesetas más extensas.

Cordilleras	Himalaya
Picos	Everest
Mesetas	Pamir, Tíbet, Irán
Llanuras o grandes depresiones	Mar Caspio, Mar de Aral, Mar Muerto, Ganges

ÁFRICA, desiertos y mesetas en las que vivieron los primeros homínidos.

Cordilleras	Atlas, Montes Drakensberg
Macizos	Ahaggar, Tibesti, Darfur, Macizo Etiópico
Picos	Kenia, Kilimanjaro
Depresiones	Níger, Chad, Nilo, Congo, Zambeze
Desiertos	Sahara, Rift Valley

ANTÁRTIDA, una gran masa continental y múltiples islas.

Montes	Erebus, Markham, Kirkpatrik
Picos	Macizo Vinson

OCEANÍA, la tierra de los desiertos interminables.

Cordilleras	Gran Cordillera Divisoria, Alpes del Sur
Llanuras	Nullarbor, Gran Cuenca Artesiana
Desiertos	Gran Desierto de Arena, Gran Desierto Victoria

7 ¿Cómo es el relieve de Europa?

Europa es un continente pequeño...

Europa, con una superficie de 10 213 307 km^2, es el quinto continente de la Tierra por su extensión. Con Asia, forma el gran continente euroasiático y está situado en el Oeste, como si fuera una gran península.

En el Norte limita con el océano Glacial Ártico; en el Oeste, con el océano Atlántico; y en el Sur, con el mar Mediterráneo. Lo separan del continente asiático, por el Este, los montes Urales y el mar Caspio, y por el Sudeste, la cordillera del Cáucaso.

...con un relieve variado

El relieve europeo es diverso y de escasa altitud media. Está formado por tres grandes unidades:

- **Llanuras**. Abundan en la zona central de Europa. La Gran Llanura Europea es la más importante por su longitud, puesto que ocupa la mayor parte de Europa oriental y se extiende desde los montes Urales hasta el océano Atlántico.
- **Mesetas y macizos antiguos**. Situados fundamentalmente en la zona Noroeste del continente. Destacan las mesetas de Finlandia y Suecia.

  Entre los macizos, sobresalen los Montes Escandinavos, los Vosgos, el Macizo Central francés y los Urales.
- **Cordilleras jóvenes**. Localizadas en el Sur de Europa, presentan un relieve elevado, abrupto y bastante accidentado. Sobresalen los Pirineos, los Alpes, los Cárpatos y el Cáucaso.

GRAN LLANURA EUROPEA

Localización: se extiende desde una estrecha franja en el Oeste (en Bélgica y en los Países Bajos) hasta ocupar la práctica totalidad de la Rusia europea.

Rasgos principales: es una zona de pequeñas y monótonas colinas surcadas por grandes ríos.

PIRINEOS

Localización: se extienden entre el mar Mediterráneo y el Cantábrico.

Altitud máxima: Aneto (3 404 m).

Rasgos principales: tienen una longitud de 415 km, presentan sus máximas altitudes en el sector central y descienden a medida que avanza hacia el mar.

ALPES

Localización: en el centro de Europa, repartidos entre siete países.

Altitud máxima: Mont Blanc (4 810 m).

Rasgos principales: se extienden por una superficie de 300 000 km^2, y se dividen en tres sectores: occidental, central y oriental.

Comprendo

39. Fíjate en el mapa y sitúa las principales formas del relieve europeo. Luego, explica sus características más destacadas.

40. Indica cuáles son los límites del continente europeo.

Localización | Relaciono localizaciones

41. Localiza los picos más elevados de cada una de las grandes cordilleras europeas.

42. Identifica las islas y las penínsulas más importantes que hay en este mapa. ¿Cuál es la isla más grande de Europa?

43. ¿En qué partes de Europa el terreno es más montañoso? ¿Dónde predominan las llanuras?

MONTES ESCANDINAVOS

Localización: atraviesan la península Escandinava de Nordeste a Sudoeste.

Altitud máxima: Galdhopiggen (2 469 m).

Rasgos principales: se trata de un macizo antiguo.

MONTES URALES

Localización: se extienden de Norte a Sur en la zona más al Este de Europa.

Altitud máxima: Narodnaia (1 894 m).

Rasgos principales: extensa cordillera de 2 500 km de longitud y poca altitud.

CÁUCASO

Localización: situado entre los mares Negro y Caspio.

Altitud máxima: Elbrus (5 633 m).

Rasgos principales: presenta sus altitudes máximas en la zona central y cuenta con el pico más alto de Europa.

8 ¿Quién puede más: el ser humano o la Tierra?

Degradación de los suelos y desertificación

La sobreexpotación de los recursos naturales...

Nuestro planeta ofrece una gran **fuente de recursos, tan diversa como limitada**. Desde hace décadas, el ser humano está haciendo un uso desmedido de ellos y los está **agotando**.

Además, las **agresivas formas de extracción** y **explotación** de los recursos naturales provocan grandes **transformaciones** del relieve, modificando el medio físico y transformando los paisajes naturales.

... necesita de medidas para disminuir el impacto ambiental

Como ya sabes, las **Naciones Unidas** han definido unos **Objetivos de Desarrollo Sostenible** (ODS). Su **finalidad principal** es disminuir el impacto ambiental negativo que provoca la actividad humana, sobre todo la explotación de los recursos naturales y la emisión de gases de efecto invernadero.

Un ejemplo de protección del medio es el territorio de la **Antártida** que, desde 1959, está protegido por una legislación internacional. El Tratado Antártico insta al uso exclusivo de la Antártida para fines pacíficos y prohíbe toda actuación de carácter militar, excepto para colaborar con las investigaciones científicas. Asimismo impide los ensayos con cualquier clase de armas.

La Antártida se ha preservado de la acción humana directa gracias a la dureza de sus condiciones ambientales.

LOS PUNTOS NEGROS DEL PLANETA

1. El continente de plástico del océano Pacífico

En el Pacífico Norte, las mareas han ido arrastrando y acumulando unas 80 000 toneladas de fragmentos de plástico, procedentes de los desechos humanos. Estos desperdicios ocupan una superficie de tres veces el tamaño de Francia.

Al contaminarse el ecosistema oceánico, también se contaminan los bancos de pesca. Es el llamado **séptimo continente**, y es ya el tercer problema ecológico mundial.

2. La deforestación de la Amazonia en Brasil

La selva del Amazonas es el principal *pulmón verde* de la Tierra. Genera el 15 % del oxígeno que respiramos y el 20 % del agua dulce. Entre 2000 y 2017 ha perdido una extensión de 29,5 millones de hectáreas, equivalente a la superficie de Ecuador.

Sus efectos no solo se limitan a la pérdida de oxígeno y de bosques, sino que también afectan a la degradación y erosión de su suelo, y ponen en peligro las formas de vida de sus habitantes.

1990 2000 2010

3. La desecación del mar de Aral

El mar de Aral, situado en una zona desértica de Uzbekistán, es en realidad un gran lago.

La extracción de su agua dulce desde mediados del siglo XX para regadío ha provocado la reducción de sus 68 000 km^2 de extensión hasta prácticamente su desaparición.

4. La basura a los pies del monte Everest

El incremento de expediciones de alpinistas al Everest ha generado la acumulación de unas 500 toneladas de basura.

La dificultad de acceder al Everest hace que su limpieza sea casi tan difícil como alcanzar su cima.

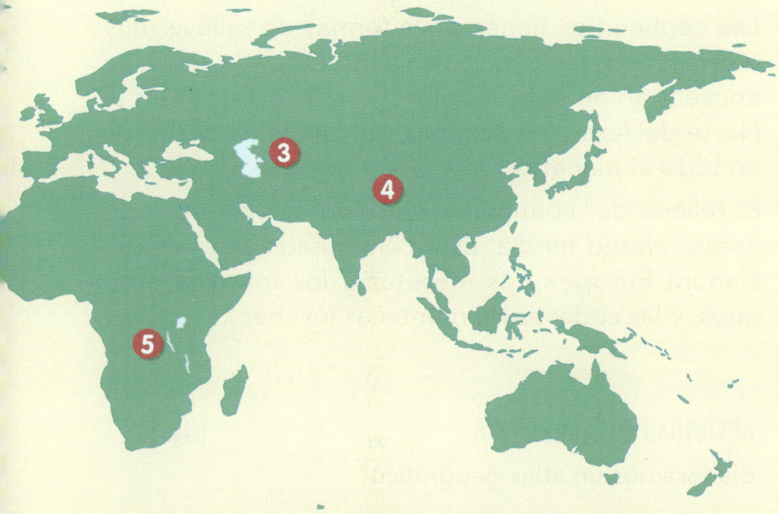

5. La explotación de las minas de coltán en el Congo

El coltán es un mineral imprescindible para el funcionamiento de nuestros dispositivos móviles. Se extrae de minas que erosionan irremediablemente el suelo de este país. Además, se obtiene con la mano de obra de miles de mujeres y de niños, que trabajan más de 14 horas diarias y sufren violentas agresiones físicas.

Comprendo y analizo

44. Valora y explica la gravedad de estos cinco problemas. ¿Por qué los denominamos "puntos negros"?

45. Relaciona cada uno de estos cinco puntos negros del planeta con la principal acción (erosión, transporte o sedimentación) con que los ha perjudicado el ser humano.

46. ¿Conoces algún problema cerca de ti que afecte gravemente al entorno físico (relieve, agua, atmósfera...)?

Pensamiento crítico | Argumento mi posición

47. Si la Antártida ha quedado al margen de la explotación humana no es porque carezca de recursos. Averigua cuáles pueden ser estos y dónde se pueden localizar.

48. Imagina que una empresa desea crear una explotación petrolera en la Antártida. ¿Crees que se debería autorizar? Piensa tres argumentos que justifiquen que su autorización no es beneficiosa para el planeta. Después, debatidlo en clase.

1. Resumo lo esencial

La estructura de la Tierra

- La Tierra se divide en tres grandes zonas. En la parte más interna está el núcleo; a su alrededor, el manto; y en la parte más externa, la corteza. Esta última se divide en dos: la continental y la oceánica.
- La corteza continental la forman seis continentes con relieves compuestos por montañas, llanuras, mesetas, valles y depresiones.
- En la corteza oceánica se sitúan cinco océanos con relieves semejantes a la corteza continental, como las dorsales o montañas, o las fosas, que son grandes depresiones de los fondos marinos.

La formación interna del relieve

- La corteza de la Tierra se mueve y tiembla constantemente por la acción de algunos agentes internos como los terremotos, los maremotos y los volcanes.
- Los terremotos se producen por el movimiento de las placas de la corteza terrestre. El movimiento se propaga en forma de ondas sísmicas.
- Si el terremoto ocurre en el fondo del mar, se produce un maremoto, que puede provocar un tsunami.
- Los volcanes se originan cuando alguna de las grietas de la corteza terrestre alcanza las zonas donde hay magma y este asciende y sale al exterior.

Los agentes externos de formación del relieve

- Las formas del relieve también son el resultado de los agentes externos que influyen en su formación, como el agua, el viento y los seres vivos.
- El principal es el agua, que desgasta las rocas o las disuelve o fractura. El agua del mar también actúa sobre las costas y modela el litoral.
- El viento desgasta las rocas cuando impacta sobre ellas y, a la vez, transporta las pequeñas partículas que separa y que impactan sobre otras rocas.
- La vegetación perfora el suelo pero, a su vez, lo fija evitando la erosión. Y el ser humano también transforma el territorio al ocupar el suelo, extraer minerales, construir viviendas o infraestructuras, etc.

Los relieves de la Tierra y de Europa

- Los continentes tienen unas formas de relieve muy diversas. Así, las principales altitudes de la Tierra se encuentran en Asia, las mesetas más extensas en el Norte de Asia y en América del Sur, y los desiertos en todo el planeta.
- El relieve del continente europeo es variado y de escasa altitud media. Está configurado por la Gran Llanura Europea, las mesetas y los macizos antiguos, y las cadenas de montañas jóvenes.

ACTIVIDAD COLABORATIVA pág. 132
Elaboramos un atlas geográfico

a. Completo el mapa conceptual

Copia y completa en tu cuaderno este mapa conceptual:

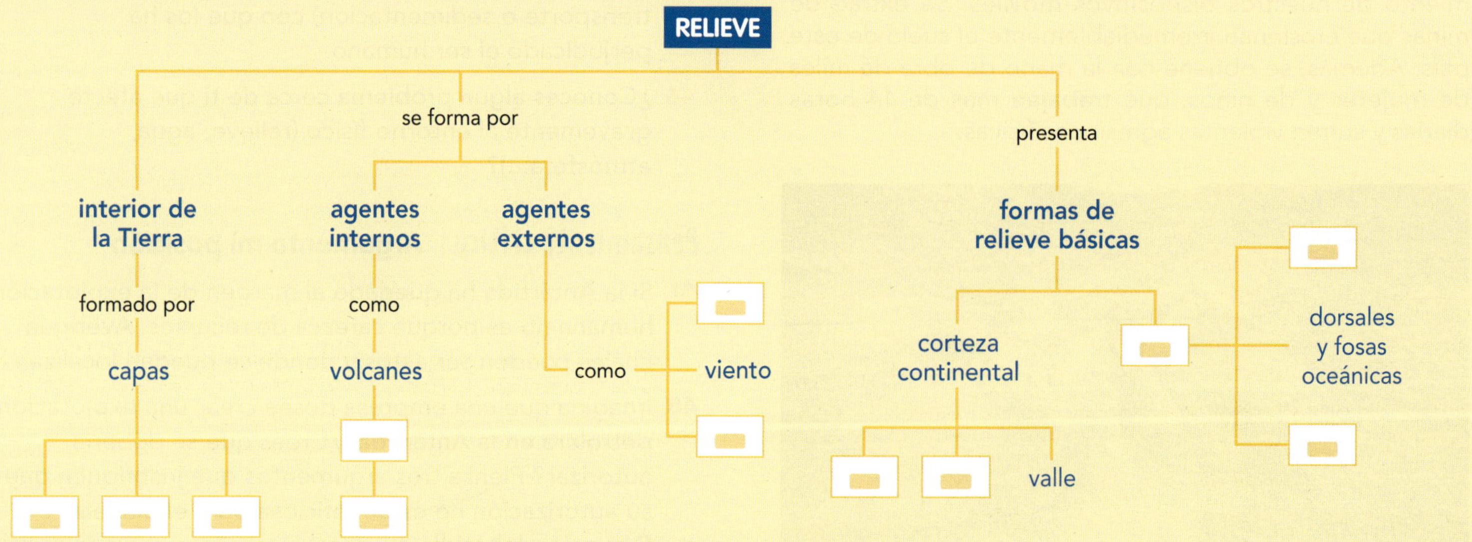

2. Repaso lo aprendido

a. Sintetizo

- ¿En qué grandes zonas se divide la Tierra?
- ¿Cuál es el principal agente externo modelador del relieve terrestre? ¿De qué formas actúa?

b. Defino conceptos

- fosa marina
- península
- duna
- continente
- hipocentro
- dorsal oceánica
- biosfera
- manto
- cordillera
- tsunami

c. Clasifico elementos

Clasifica estas formas de relieve según correspondan a la corteza continental o a la oceánica:

- meseta
- llanura abisal
- plataforma continental
- cuenca
- montaña
- páramo
- cañón
- valle
- fosa
- sierra

d. Explico el esquema

Relaciona cada lugar de la Tierra con su problema medioambiental:

- océano Pacífico
- Amazonia
- mar de Aral
- monte Everest
- Congo
- explotación de minas
- acumulación de basura
- continente de plástico
- deforestación
- desecación

e. Trabajo con el atlas

Anota verdadero o falso según corresponda:

- Las mesetas y los páramos son llanuras.
- Los pliegues y las fallas se originan por los choques de las placas litosféricas de la Tierra.
- El principal agente erosivo externo del relieve es el viento.
- Las dorsales pertenecen a la corteza continental.
- El lugar del interior de la Tierra en que se origina un terremoto se denomina *epicentro*.
- Las mayores profundidades terrestres corresponden a fosas oceánicas.
- En Europa predominan las mesetas extensas.

f. Completo un cuadro-resumen

Copia y completa en tu cuaderno este cuadro-resumen de los agentes del relieve:

	Agentes internos	Agentes externos
¿Cuáles son?		
¿Cómo actúan?		
¿A qué formas del relieve dan lugar?		

3. Aprendo a hacer. Elaborar un perfil topográfico

Un **perfil topográfico** es una silueta del relieve que se obtiene de cortar transversalmente las curvas de nivel del mapa topográfico.

Los datos de las curvas de nivel se trasladan a un gráfico basado en un sistema de coordenadas: el eje vertical refleja las altitudes, y el eje horizontal, la distancia.

Como la finalidad es representar las formas del relieve de la zona elegida con la menor deformación posible, el corte debe ser perpendicular a las curvas de nivel, pues de otra manera se falsearían las pendientes.

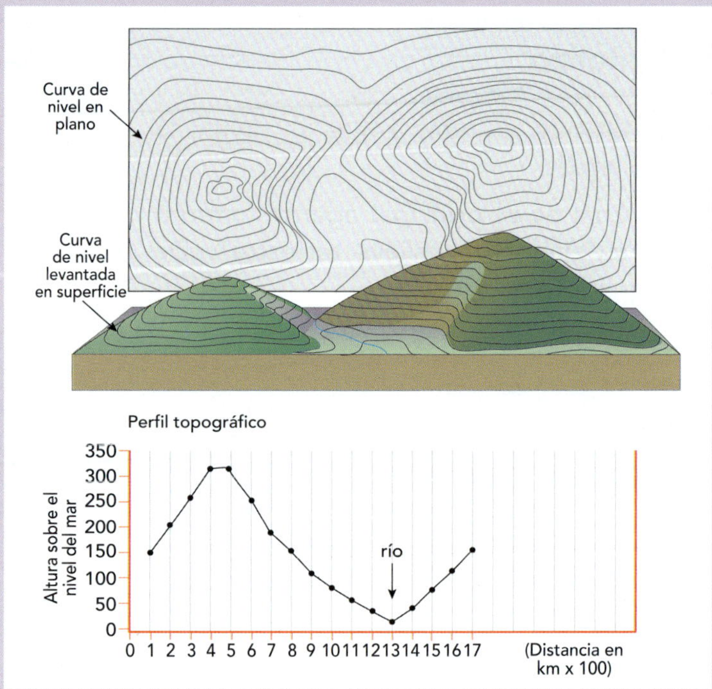

1. Preparación

a. Para realizar un perfil topográfico debes disponer de un mapa topográfico y una hoja de papel milimetrado.

b. Recuerda qué son las curvas de nivel y la escala de un mapa topográfico, porque deberás utilizarlas para elaborar el perfil.

a
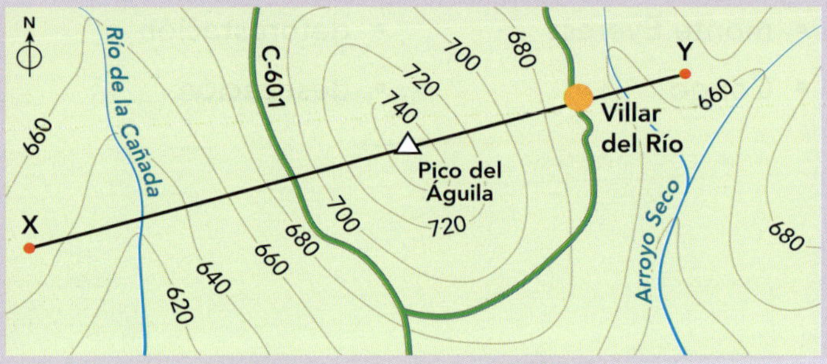

b
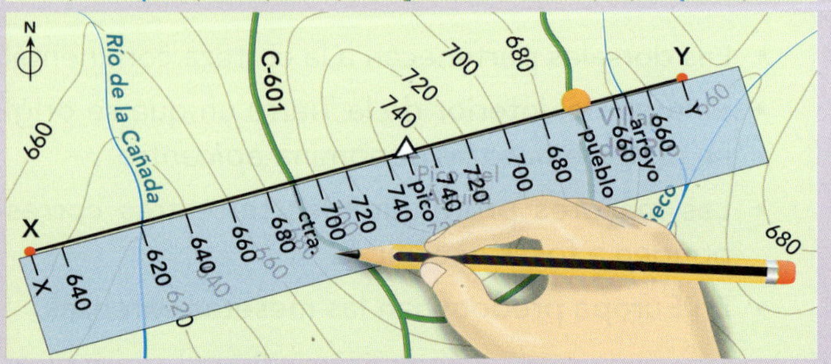

c
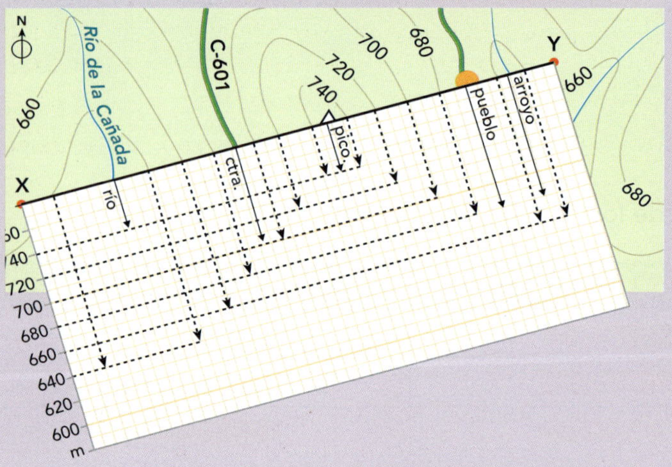

2. Desarrollo

a. Señala en el mapa topográfico dos puntos, **X** e **Y**, para marcar el tramo sobre el cual vas a realizar el corte topográfico. Traza una línea recta que una ambos puntos.

b. Toma una hoja de papel milimetrado, marca una línea recta y dobla la misma por dicha línea (por la mitad).

Haz coincidir el doblez del papel con la línea que has dibujado en el mapa. En el borde del papel milimetrado marca con una raya los puntos de intersección de las diferentes curvas de nivel que hay en el mapa.

Anota bajo cada marca la altitud correspondiente a cada curva de nivel, teniendo en cuenta la distancia entre ambas.

c. Desdobla la hoja y dibuja sobre la línea horizontal (eje de abscisas) una vertical (eje de ordenadas). Marca en este eje las distancias de las curvas de nivel separadas 0,5 cm entre sí.

d. Une con una línea los puntos resultantes y... ¡ya tienes el perfil!

3. Conclusión

a. ¿Se trata de una zona muy montañosa o llana? ¿Cuál es la altitud máxima del perfil topográfico? ¿Y la altitud mínima?

b. ¿Qué unidades de relieve aparecen en este perfil topográfico?

4. Identifico el relieve. Formas de relieve terrestre y marítimo

a. Observa las imágenes e identifica a qué forma de relieve corresponden:

- delta
- lengua glaciar
- bahía
- valle
- llanura
- acantilado

b. Después, escribe en tu cuaderno su definición.

5. Localizo en el mapa. El relieve del mundo

a. Identifica y escribe en tu cuaderno el nombre de los seis continentes de la Tierra.

b. ¿A qué océanos corresponden los números que hay en el mapa?

c. Relaciona las siguientes unidades del relieve con la letra del mapa que les corresponde:

- Montañas Rocosas
- Montes Urales
- Montes Escandinavos
- Apalaches
- Tíbet
- Andes
- Atlas
- Alpes

6. Analizo el vídeo

El relieve en el mundo

Mira detenidamente el vídeo sobre el relieve en el mundo que te presentamos en el apartado 6: *¿Cuáles son las principales formas del relieve terrestre?* Luego, responde a estas cuestiones:

a. ¿Qué diferentes formas de relieve de los continentes nos presenta este vídeo?

b. Observa el símbolo de la depresión y cómparalo con el de la meseta. ¿Por qué es totalmente al revés? Describe el resto de símbolos del mapa.

c. Indica dónde se sitúan la cordillera más alta del mundo y la más extensa.

d. Anota el nombre del pico más elevado de cada uno de los continentes y su altitud.

3 ¿Hay agua para todos y para todo?

En este tema aprenderás:

- Que el agua es la sustancia más abundante del planeta y de qué formas se presenta.
- Cómo el agua se ha convertido en un recurso escaso, motivo de conflictos y desigualdades, de ahí que su gestión eficiente sea una prioridad para toda la humanidad.
- Cómo interpretar información gráfica relacionada con la hidrografía.

Coral Springs, Florida (EE. UU.), es una de las ciudades del mundo con la proporción más alta de piscinas por número de habitantes.

Empiezo

Observo...

- En una zona de clima tan seco y sin ríos como la de la imagen central, ¿de dónde sale el agua?
- ¿Qué usos esenciales le van a dar al agua que encuentren?
- ¿Genera pobreza y subdesarrollo la escasez de agua? Razona tu respuesta.

El ciclo del agua.

Agua en estado sólido.

Agua en estado líquido.

Agua en estado gaseoso.

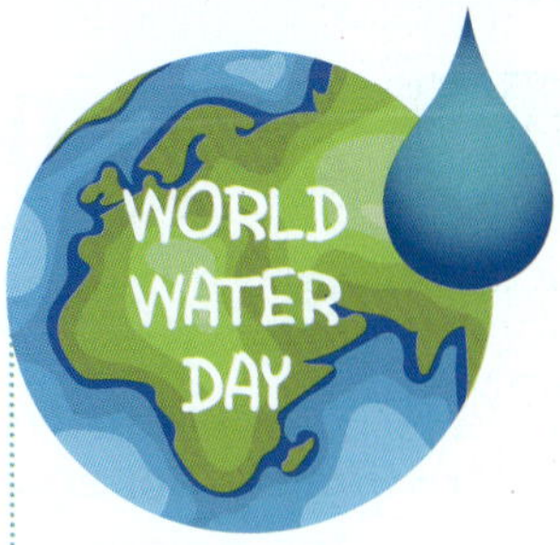

Salvar la hidrosfera.

Proyecto de Naciones Unidas para la recogida de agua en Darfur (Sudán).

... pienso...

- ¿Cuánta agua hay en la Tierra? ¿Es una cantidad fija o variable?
- ¿Toda el agua del planeta tiene las mismas características físicas y químicas?
- ¿Qué te sugiere la imagen lateral? ¿Crees que existe una distribución equitativa del agua?

... y me pregunto

Después de ver el vídeo, plantea dos preguntas que te parezcan interesantes sobre el **ODS 6. Agua limpia y saneamiento**, y ponlas en común con el resto de la clase.

6 AGUA LIMPIA Y SANEAMIENTO

1 ¿Es la Tierra un planeta de agua?

El ciclo del agua

La hidrosfera es el agua de la Tierra…

La hidrosfera es la parte de la Tierra que está formada por agua: **océanos, mares, ríos, lagos, casquetes polares, glaciares, aguas subterráneas**, y también por el **vapor de agua** que se encuentra en la atmósfera.

La cantidad total de agua que hay en la Tierra es siempre la misma, 1 385 trillones de litros (o 1 385 millones de km^3), aunque existen grandes contrastes en cuanto a su distribución geográfica en el planeta, a su composición química o a su estado físico.

… en su mayor parte salada…

Casi **tres cuartas partes de la superficie terrestre** (70,8 % del total) están cubiertas por mares y océanos, lo que le confiere ese color azul mayoritario cuando se observa el planeta desde el espacio.

Esa gran masa de **agua salada** supone la mayor parte del agua que hay sobre la Tierra, el 96,5 % del total de la hidrosfera.

La salinidad de los océanos y mares es consecuencia, fundamentalmente, de la disolución de las rocas de la superficie terrestre. Además, existe un pequeño porcentaje de agua salada subterránea (0,9 %).

… y en menor proporción dulce…

El **agua dulce** representa solo el 2,5 % del agua total del planeta y en su mayoría no está disponible para el uso y el consumo.

Los motivos son distintos: está congelada en los casquetes polares y glaciares montañosos, es subterránea, forma parte del suelo, forma zonas pantanosas o está evaporada en la atmósfera.

Así, el agua dulce disponible en ríos, lagos o embalses es el 0,3 % del agua dulce terrestre, y tan solo el 0,008 % de la hidrosfera.

… en tres estados: sólido, líquido y gaseoso

La mayor parte del agua salada se encuentra en **estado líquido**, mientras que el agua dulce permanece en gran medida en **estado sólido:** nieve, hielo e icebergs de las zonas árticas y antárticas, glaciares de las zonas montañosas o en el *permafrost* o suelo permanentemente helado de las regiones muy frías.

Una parte pequeña del agua dulce está en la atmósfera en **estado gaseoso** (vapor de agua), muy importante para el desarrollo del **ciclo del agua**.

¿Cuánta agua hay en la Tierra?

El agua dulce en la Tierra

En la Tierra existe poca agua dulce en estado líquido –en relación al total de la hidrosfera– disponible para uso y consumo humano, urbano, agrario, industrial, etc. Además, no siempre es de calidad y su reparto es desigual.

Al mismo tiempo, la población y la demanda hídrica siguen creciendo, por eso se genera un importante desequilibrio social y territorial en relación al acceso y disfrute del agua.

Observo y comprendo

1. Define qué es la hidrosfera y enumera tres de sus características.
2. Localiza en un mapamundi las principales masas de agua salada y dulce de la hidrosfera.

EL CICLO DEL AGUA

El agua no tiene principio ni fin, ya que se encuentra en constante circulación entre los océanos, la atmósfera, los ríos, los lagos, las aguas subterráneas y los organismos vivos.

En esta circulación también se producen cambios del estado del agua (sólido, líquido y gaseoso) debido a diversos procesos: evaporación, condensación, precipitación, transpiración, escorrentía, infiltración, sublimación.

Toda el agua continental, subterránea y superficial se origina a partir de las precipitaciones y, por tanto, forma parte del ciclo del agua.

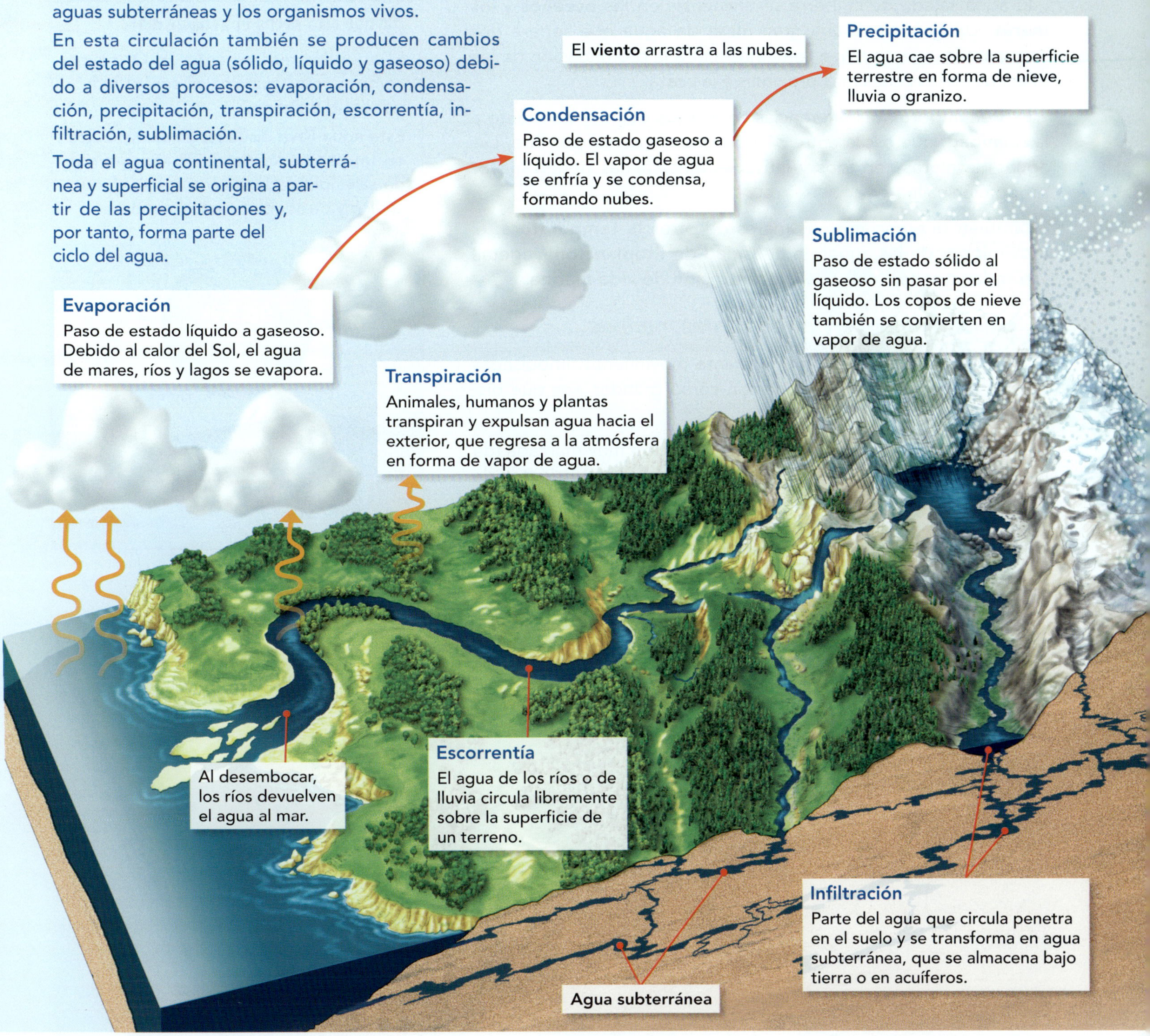

Analizo

3. Calcula cuántos litros de agua hay en los ríos del mundo, sabiendo que su volumen es de 2 120 km^3.
4. ¿Qué energía es capaz de poner en circulación el ciclo del agua?

Causas múltiples | Explico el ecosistema

5. Observa el dibujo y explica cómo es la circulación del agua sobre la tierra, y los cambios de estado que se producen durante el ciclo del agua.

2 ¿Cómo funcionan los océanos y los mares?

El agua salada no es toda igual…

El agua salada de la Tierra se encuentra en los **océanos** y los **mares**. Un océano es una gran masa de agua que separa dos continentes, mientras que llamamos *mar* a la prolongación de los océanos en las zonas más próximas a la costa.

Existen importantes diferencias en el agua del mar en cuanto a la **salinidad**, que oscila entre 31 y 39 gramos de sal por litro. Las aguas de mares cerrados y latitudes más cálidas tienen mayor proporción salina.

También diferencian unos mares de otros la **temperatura**, el **movimiento de las aguas**, la **densidad de fitoplancton** (vegetal) y **zooplancton** (animal), y la **concentración de vida marina**.

… a ello contribuyen las corrientes marinas…

Las aguas marinas están en constante movimiento, impulsadas por las **corrientes marinas**, que son como grandes ríos que discurren por los océanos.

Las corrientes marinas tienen una **orientación** muy marcada (de Norte a Sur, de Este a Oeste, etc.), debido a los movimientos de la Tierra (rotación y traslación) y una **temperatura** del agua distinta (**corrientes cálidas** y **corrientes frías**) que influye tanto en la vida marina como en el clima de las zonas litorales.

¿De qué está hecha el agua de mar?

El agua de mar es agua (H_2O) cuyos componentes principales son el hidrógeno y el oxígeno.

Esta agua lleva disueltas sales minerales en un promedio del 3,5 % (35 gramos de sales por cada litro de agua): cloruro sódico y otros compuestos menores.

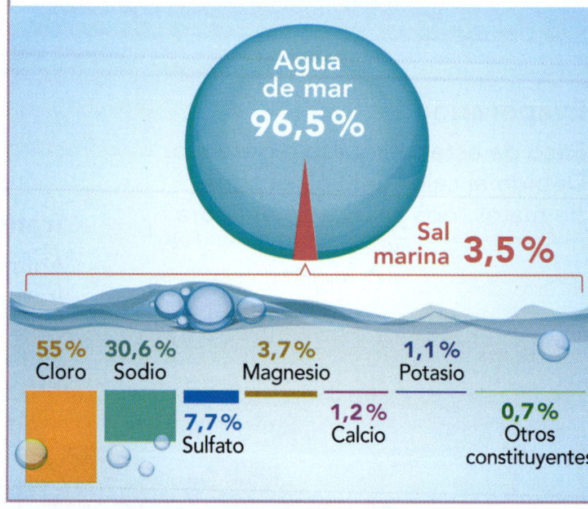

Las corrientes marinas

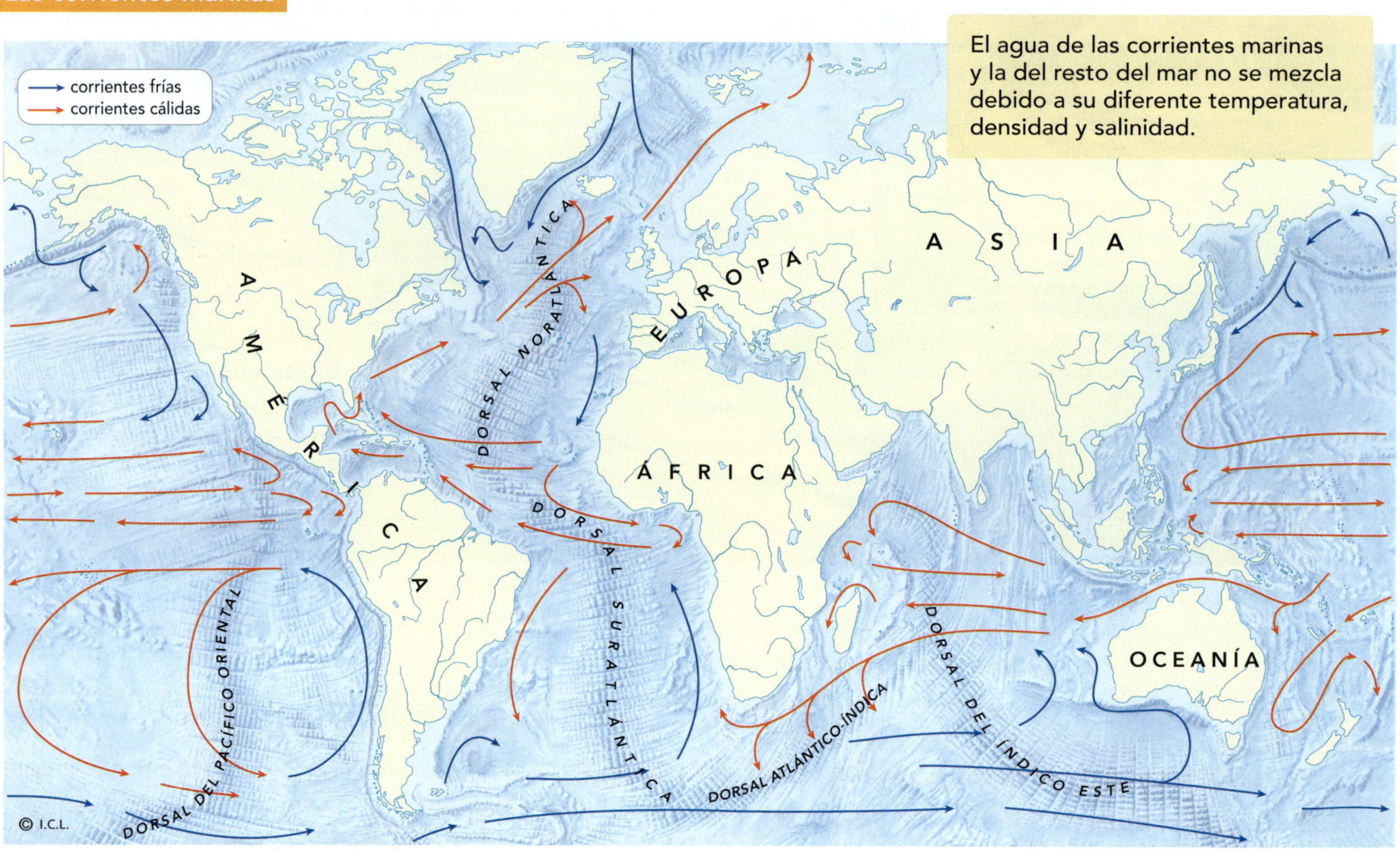

Fuente: Mapa reelaborado a partir de la información del *Atlas Digital Escolar* (ADE).

… y también las mareas y las olas

Las **mareas** son cambios periódicos del nivel del agua del mar, provocados por la fuerza de atracción de la gravedad del Sol y la Luna sobre la Tierra. En las mareas, el agua del mar sube (**pleamar**) o baja su nivel (**bajamar**).

Las **olas** son ondas producidas por el viento cuando agita la superficie de los mares y los océanos. Se originan en movimiento circular y posteriormente se propagan a su alrededor.

Las mareas y las olas influyen en los procesos de modelado del relieve litoral.

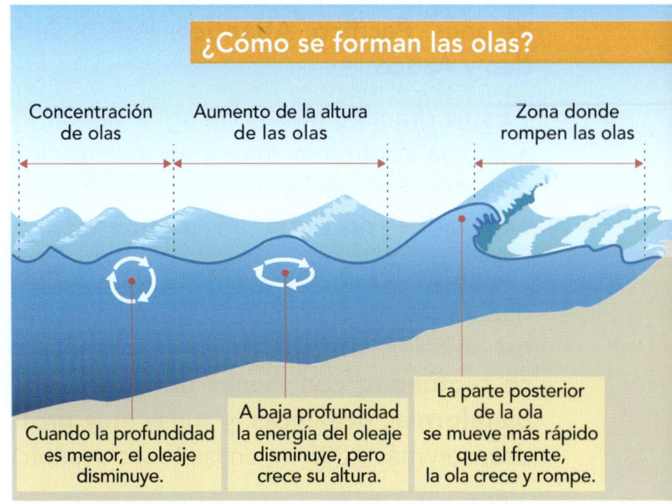

La forma y el tamaño de las olas dependen sobre todo del viento y de la forma de la costa donde estas acaban rompiendo.

Observo y comprendo

6. Enumera los movimientos de agua marina. ¿Qué fuerzas los impulsan?
7. ¿De qué manera las mareas y las olas modifican el paisaje litoral?

Reflexiono

8. Activa la capa de las rutas marítimas mundiales en el mapa de *Los océanos de la Tierra* del *Atlas Digital Escolar*. ¿Qué relación existe entre las grandes corrientes marítimas y las principales rutas de navegación transoceánica?
9. ¿Proporcionan los océanos recursos limitados o ilimitados? Razona tu respuesta.

Procesos geográficos | Interpreto los cambios

10. Averigua a qué temperatura se congela el agua salada. ¿Es la misma que el punto de congelación del agua dulce?
11. ¿Cómo afecta esto al mantenimiento de los hielos polares y a su influencia en el cambio climático?

3 ¿Cuántos océanos hay en el mundo?

La Tierra tiene **cinco grandes océanos**, que se formaron hace unos 4000 millones de años: **Pacífico**, **Atlántico**, **Índico**, **Antártico** y **Ártico**.

Estas grandes masas de agua salada, que a su vez contienen mares en localizaciones más precisas, están divididas por inmensas extensiones de Tierra, los **continentes**.

Aunque los océanos tienen una profundidad media superior a los 3000 m en las **llanuras abisales**, también existen zonas **muy poco profundas**, con menos de 200 m, en las **plataformas oceánicas**, y zonas **muy profundas**, con más 7000 m, en las **fosas oceánicas**.

El fondo de los océanos tampoco es plano, ya que hay elevaciones y depresiones, bien de manera aislada, bien formando parte de las **dorsales oceánicas**.

En los oceános y mares se encuentran porciones de tierra emergida de pequeño tamaño: las **islas** y los **archipiélagos**.

OCÉANO PACÍFICO: separa América de Asia y Oceanía.

Superficie (km²)	168 723 000
Longitud de costa (km)	135 663
Profundidad media (m)	3970

Observo y comprendo

12. ¿Cuáles son los principales mares en el mundo? ¿A qué océano pertenecen?

13. ¿Cuáles son los principales cabos, golfos y estrechos que se forman entre los continentes y los océanos?

Reflexiono

14. Activa la capa de placas tectónicas en el mapa *Placas tectónicas y volcanes* del *Atlas Digital Escolar*. ¿Qué relación existe entre las dorsales oceánicas y las placas tectónicas?

15. ¿Cómo será la vida marina en las tres zonas del océano, según la profundidad? ¿En cuál de ellas crees que se localizan los principales caladeros para la pesca?

Localización | Observo y localizo

16. Encuentra en *Google Earth* las coordenadas geográficas de Borneo, Madagascar, Islandia y Cuba, e identifica a qué continente pertenecen y en qué mar u océano se encuentran.

OCÉANO ÁRTICO: ocupa el área entre Europa, Asia y América del Norte.

Superficie (km²)	14 056 000
Longitud de costa (km)	45 389
Profundidad media (m)	1 205

OCÉANO ÍNDICO: separa África de Oceanía y el Sur de Asia de la Antártida.

Superficie (km²)	70 560 000
Longitud de costa (km)	66 526
Profundidad media (m)	3 741

OCÉANO ATLÁNTICO: separa América de Europa y África.

Superficie (km²)	85 133 000
Longitud de costa (km)	111 866
Profundidad media (m)	3 646

OCÉANO ANTÁRTICO: rodea la Antártida, al Sur de los océanos Pacífico, Atlántico e Índico.

Superficie (km²)	21 960 000
Longitud de costa (km)	17 968
Profundidad media (m)	3 270

4 ¿De qué modo conocemos el funcionamiento de los ríos?

Por el lugar por donde circula el agua...

La zona estricta por donde circula el agua de un río se denomina **cauce**, que puede ser rectilíneo o formar curvas denominadas **meandros**.

El cauce divide el territorio a ambos lados del río o **márgenes** (margen derecha y margen izquierda). En el cauce del río principal convergen los cauces de ríos secundarios denominados **afluentes**.

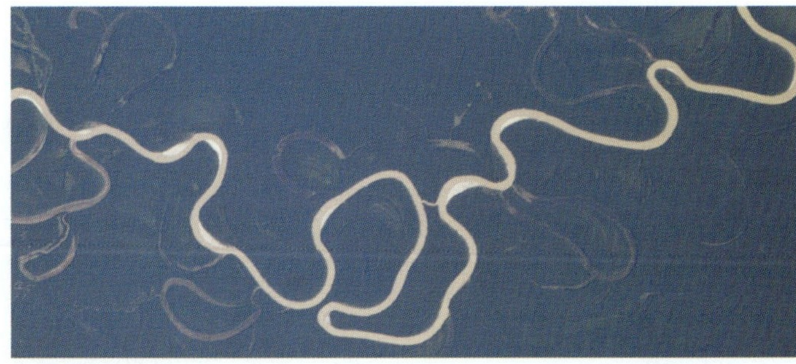

Ejemplo de cauce curvilíneo del río Yuruá, afluente del Amazonas.

... por el territorio que riegan...

El conjunto del territorio en el que las aguas de lluvia drenan hacia un colector se denomina **cuenca hidrográfica**, que incluye el río principal y todos sus afluentes.

Por su parte, el conjunto de cuencas hidrográficas que vierten en un mismo mar se denomina **vertiente hidrográfica**.

¿Qué es el régimen de un río?

Es el conjuto de variaciones que experimenta su caudal a lo largo del año. Puede ser:

- **Régimen pluvial**, cuando el agua proviene principalmente de las lluvias. Su caudal depende de la extensión de la cuenca y de la regularidad y cantidad de las precipitaciones.
- **Régimen nival**, cuando el agua proviene mayoritariamente de la fusión de las nieves. Su caudal crece en primavera y a principios de verano, y disminuye en invierno.

... por la zona que recorren...

El **curso** es el recorrido que un río realiza desde su nacimiento hasta su desembocadura. En su discurrir, un río tiene tres partes muy diferenciadas:

- El **curso alto**, cerca del nacimiento, donde tiene mucha pendiente por discurrir entre montañas o desfiladeros, generando **cascadas**.
- El **curso medio**, en zonas más llanas, de menor pendiente y menor erosión. El río transporta materiales y aumenta el ancho de su cauce formando curvas en su trazado llamadas **meandros**.
- El **curso bajo**, cerca de la desembocadura, que puede ser en forma de **delta** o **estuario**.

...y por el agua que llevan

El **caudal** es la cantidad de agua que lleva un río.

Dependiendo de las variaciones del caudal a lo largo de las diferentes estaciones del año, los ríos tienen un **régimen regular**, cuando el caudal varía poco, o **irregular**, cuando hay muchas variaciones de caudal.

Si el río tiene un régimen muy irregular y durante una parte del año no circula agua por su cauce, se le denomina **torrente** o **rambla**.

Los ríos, fuentes de vida

Otras aguas continentales

Además de los ríos, en los continentes hay otros tipos de masas de agua:

- Los **lagos**, masas de agua dulce permanentes en el interior de los continentes, como los Grandes Lagos (entre Canadá y Estados Unidos), el lago Victoria o el lago Baikal.
- Las **agua subterráneas**, que se infiltran en el subsuelo tras las precipitaciones formando acuíferos y son una reserva estratégica de agua dulce en el mundo.
- Los **glaciares** (enormes ríos de hielo en los casquetes polares o en las altas montañas) e **icebergs** (masas flotantes de hielo en el mar, procedentes de los glaciares polares). Constituyen la mayor acumulación de agua dulce, pero en estado sólido.

Observo y comprendo

17. Define los siguientes términos: *cauce*, *cuenca*, *curso* y *caudal*.
18. Empareja:

erosión	curso bajo
transporte	curso alto
sedimentación	curso medio

Reflexiono

19. ¿En cuál de las tres partes de un río la erosión será mayor? ¿Por qué?
20. ¿De qué dependen las variaciones de caudal de un río? ¿Cuándo decimos que un río tiene un régimen regular? ¿Y un régimen irregular?

Pensamiento crítico | Distingo datos de opiniones

21. Ante problemas de falta o escasez de agua se realizan transferencias de cuencas hidrográficas. Averigua en qué consisten.
22. Investiga sobre los efectos positivos y negativos que pueden tener los trasvases de agua de una cuenca a otra. ¿Son beneficiosos o perjudiciales para el medioambiente? Podéis hacer una puesta en común y comentarlo en el aula.

5 ¿Cuáles son los principales ríos del mundo?

Según la longitud de su curso fluvial…

Los ríos más largos del mundo son el **Nilo** y el **Amazonas**, aunque existe un debate acerca de su longitud.

La longitud de un río depende del punto de nacimiento que se tome, o lo que es lo mismo, del lugar concreto donde nace la corriente de agua que no es tributaria de ninguna otra.

Otros de los ríos más largos del mundo son: el **Yangtsé**, el **Mississippi** y el **Yenisei**.

... si tenemos en cuenta su caudal…

El **Amazonas** es el río más caudaloso del mundo, ya que en su desembocadura aporta más de 200 000 m^3 de agua por segundo al océano Atlántico, mucho más que los cuatro ríos siguientes juntos por volumen de caudal: el **Congo**, el **Orinoco**, el **Ganges** y el **Yangtsé**.

... o su cuenca hidrográfica

El **Amazonas** también es el río que posee la mayor cuenca hidrográfica del mundo, con más de 7 000 000 de km^2 de superficie (catorce veces la superficie de España), seguido de los ríos **Congo**, **Nilo**, **Obi**, y **Mississippi**, que superan los 3 000 000 de km^2.

Los ríos más largos del mundo

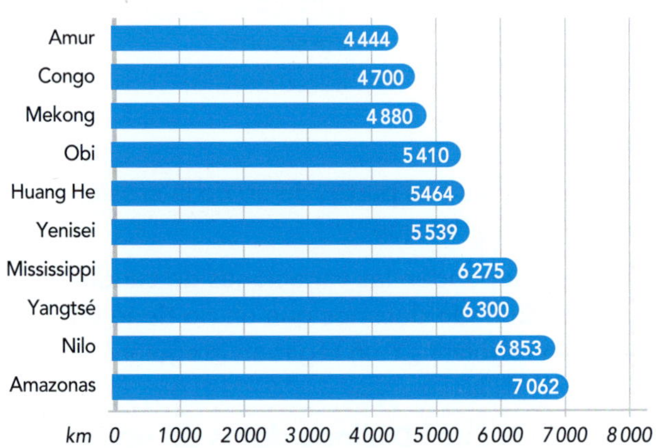

Ríos y lagos principales de América	
Ríos	Amazonas, Mississippi, Missouri, Paraná, MacKenzie, Yukon
Lagos	Superior, Hurón, Michigan

Observo y comprendo

23. ¿Cuáles son los dos ríos más largos del mundo? ¿Por qué existe un debate acerca de su longitud?

24. Cita tres ríos de las vertientes atlántica, pacífica e índica que estén en continentes diferentes.

Reflexiono

25. ¿Son los ríos de mayor longitud los que llevan más caudal? Justifica la respuesta.

26. ¿Por qué llamamos *mares* al Caspio y al Aral, cuando son masas de agua en el interior de los continentes?

Ríos y lagos principales de Europa

Ríos	Volga , Danubio, Ural, Dniéper, Kama, Don, Rhin
Lagos	Ladoga, Onega

Ríos y lagos principales de Asia

Ríos	Yangtsé, Obi, Huang He, Mekong, Amur, Ganges
Lagos	Caspio, Baikal

Ríos y lagos principales de África

Ríos	Nilo, Congo, Níger, Zembeze, Kasai
Lagos	Victoria, Tanganika, Malaui

Ríos y lagos principales de Oceanía

Ríos	Murray, Darling
Lagos	Eyre

27. Accede al mapa de *Las aguas terrestres: ríos y lagos* del *Atlas Digital Escolar* y activa las capas de los principales ríos del mundo y el relieve terrestre. ¿De qué montañas procede el agua de los ríos principales del mundo: Amazonas, Nilo, Ganges, Mississippi?

Localización | Observo y localizo

28. Elabora un planisferio mudo y sitúa los nombres de los principales ríos del mundo y los mares y océanos en los que estos ríos desembocan sus aguas.

6 ¿Cuáles son los principales ríos de Europa?

Según las vertientes donde desembocan...

La reducida extensión y el relieve poco elevado de Europa hacen que los ríos europeos no sean tan largos como los de otros continentes. Los ríos europeos se clasifican en **cinco vertientes**.

... ríos de la vertiente ártica...

Los ríos que desembocan en el océano glacial Ártico son caudalosos. Recorren la llanura septentrional europea y sus aguas permanecen heladas durante el invierno, mientras que en primavera sufren grandes crecidas por el deshielo.

Los ríos más importantes son: el **Dvina Septentrional** y el **Pechora**.

... ríos de la vertiente atlántica...

Los ríos que desembocan en el océano Atlántico tienen un caudal abundante y regular por la influencia de las precipitaciones atlánticas, pero no son muy largos. Muchos de ellos son navegables debido a su recorrido por zonas llanas.

Los ríos principales son: el **Rin**, el **Vístula**, el **Elba**, el **Oder**, el **Sena**, el **Loira**, el **Garona**, el **Duero** y el **Tajo**.

... ríos de la vertiente mediterránea...

Algunos ríos que desembocan en el mar Mediterráneo son poco caudalosos y muy cortos, dada la proximidad entre las costas donde desembocan y las cordilleras donde nacen.

Sin embargo, los más importantes, como el **Ebro**, el **Ródano** y el **Po**, tienen un caudal abundante debido a que reciben el agua de las montañas.

... y ríos del mar Negro y el mar Caspio

Los ríos que desembocan en estos mares son los de mayor longitud y son navegables en gran parte de su recorrido por la llanura europea.

Destacan el **Volga**, el río más largo de Europa (3645 km), y el **Ural**, que vierten sus aguas al mar Caspio, y el **Danubio**, que desemboca en el mar Negro.

Curiosidades de algunos ríos europeos...

El Volga es el río más largo y más caudaloso de Europa.

El delta del Danubio es el mayor y mejor conservado de los deltas europeos.

El Rin es navegable en un tramo de 883 km.

Los lagos de Europa

Los lagos europeos ocupan una extensión de 77000 km^2. La mayoría se originaron por la acción de las glaciaciones y el movimiento de las placas litosféricas.

Los lagos más grandes están en Finlandia y Rusia, y los más importantes son: el Ladoga, el Onega y el Peipus. Otros más pequeños, pero no por ello menos importantes, son: el Vanern, en Suecia; el Constanza y el Leman, en Suiza; y el Mayor, en Italia.

Lago Ladoga, el más grande de Europa.

Los ríos y lagos de Europa

Observo y comprendo

29. ¿Qué océanos y mares bañan las costas de Europa? ¿Cuántas vertientes hidrográficas hay? ¿Cuáles son?

30. Elabora un cuadro con los nombres de los ríos europeos según la vertiente a la que desembocan.

31. ¿Qué cuenca europea presenta los ríos más cortos y poco caudalosos? ¿A qué crees que se debe? Nombra tres ríos de esta cuenca.

32. Escribe los nombres de algunos de los lagos más importantes de Europa. ¿Dónde se sitúan?

Investigo

33. Busca información en Internet sobre la longitud del curso fluvial de los principales ríos europeos y ordena los diez primeros de mayor a menor.

34. ¿Qué es un río navegable? Busca en Internet información sobre cuáles son los principales ríos navegables de Europa.

35. Escoge uno de los ríos navegables y realiza una breve descripción de cuáles son sus características principales. ¿Qué te ha llamado más la atención?

Localización | Observo y localizo

36. Elabora un mapa mudo de los ríos de Europa con las características siguientes:
- El nombre de los principales ríos europeos.
- Los mares y océanos a los que estos ríos vierten sus aguas.
- Las principales vertientes hidrográficas señaladas con un color diferente.

7 ¿Es el agua un bien escaso?

La escazez de agua…

Desde comienzos del siglo XX la población mundial se ha duplicado mientras que, como resultado del crecimiento agrícola e industrial, el consumo de agua dulce en el mundo se ha sextuplicado.

El agua dulce disponible en la superficie de la Tierra es de **52 000 km^3**. Como actualmente somos unos 7 500 millones de personas, en **teoría dispondríamos de unos 7 000 m^3** de agua dulce por persona y año.

Cada persona necesita entre 100 a 250 litros de agua al día para beber, cocinar y otras necesidades básicas como la higiene personal y de los hogares. Pero se necesitan **entre 2 000 y 5 000 litros de agua para producir el alimento diario de una persona**. Además, están las necesidades de agua para la industria y los servicios.

… provoca desequilibrios y conflictos

La desigual disponibilidad y consumo de agua es el resultado de la pluviosidad variable que existe en el planeta, del diferente aprovechamiento del agua de las precipitaciones y del distinto nivel de desarrollo y tecnología para gestionar el agua dulce utilizable.

Las diferencias mundiales en la disponibilidad de agua provoca múltiples conflictos:

- **Políticos**: guerras por el control del territorio.
- **Económicos**: coste del agua doméstica, venta informal de agua.
- **Sociales**: incremento de la pobreza, del analfabetismo, de enfermedades.
- **Jurídicos**: ¿tiene dueño el agua?, ¿de quién es?, ¿cómo se gestiona?
- **Medioambientales**: explotación de acuíferos, saneamiento insuficiente para los vertidos urbanos e industriales.

Abastecimiento diario de agua en la región del Sahel, al Sur del Sáhara, donde la escasez de lluvias, la deforestación, la erosión del suelo y la sobrepastura han provocado una desertización acelerada.

El agua en España

Para paliar la carencia de agua, se llevan a cabo importantes actuaciones como la creación de embalses, canales y trasvases de agua entre ríos.

También se construyen desaladoras de agua del mar y depuradoras de las aguas residuales, para devolver el agua limpia a los ríos.

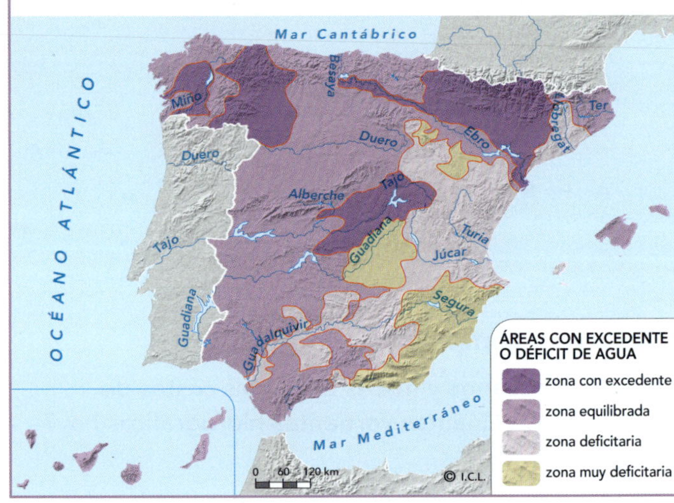

Observo y comprendo

37. ¿Cuál es la principal vertiente hidrográfica deficitaria en España? ¿A qué se debe?

38. ¿Qué es la huella hídrica? ¿Crees qué es un buen indicador del consumo de agua?

39. ¿Qué porcentaje de la población mundial no tiene acceso al agua potable en sus hogares? ¿En qué continentes se ubica la mayoría? ¿Coincide con el que sufre mayores restricciones de agua?

Pensamiento crítico | Argumento mi posición

40. ¿Crees qué existe una distribución equilibrada del agua en el mundo? Argumenta tu respuesta poniendo ejemplos de los mapas de la página siguiente.

41. ¿Crees qué en el mundo hay escasez de agua dulce o un exceso de consumo humano? ¿Por qué?

42. ¿Por qué el agua es una fuente de disputas? ¿Qué tipo de conflictos puede generar?

Huella hídrica

La **huella hídrica** es el consumo de agua por persona y año, tanto directo como indirecto. La media mundial es de **1 300 m³**, pero existe una gran desigualdad: mientras unos países duplican la media, otros no llegan a la mitad.

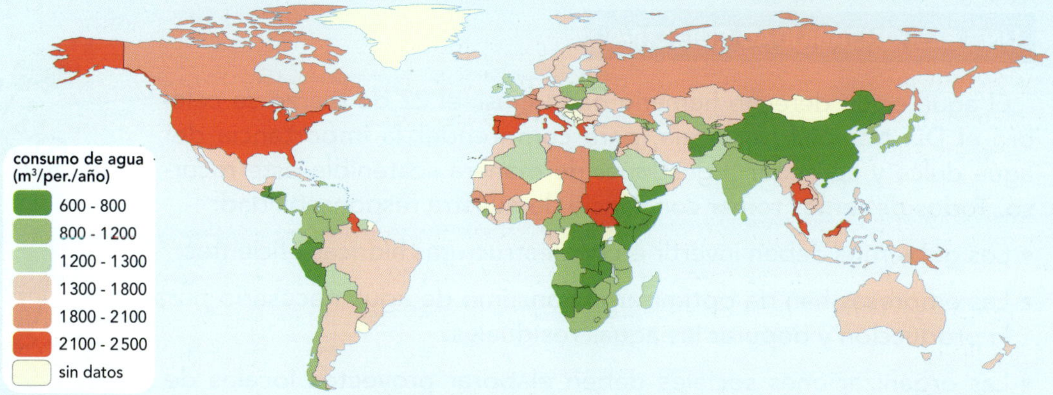

Acceso doméstico al agua potable

En el mundo hay 2 100 millones de personas que no tienen **acceso doméstico al agua potable**, de las cuales casi 300 millones caminan más de media hora al día para conseguir agua potable.

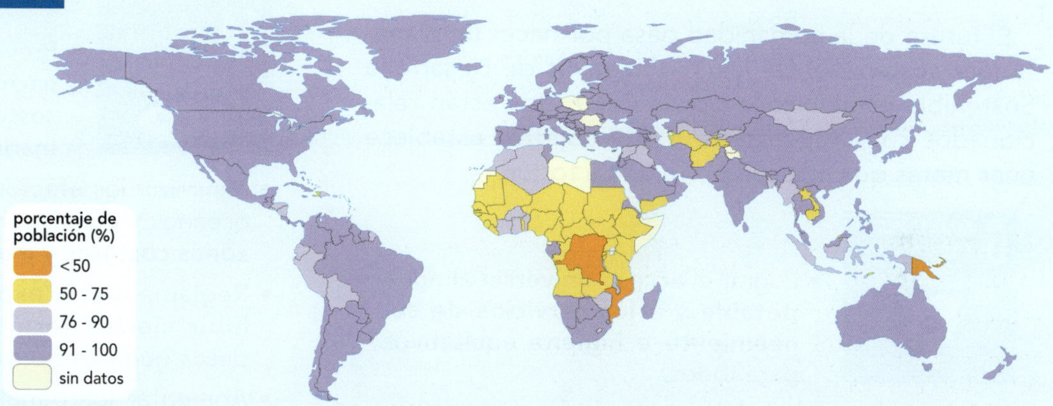

Restricciones de agua

No todos los países tienen la tecnología necesaria para gestionar el agua dulce. De este modo el 40% de los seres humanos sufre escasez de agua y un elevado porcentaje tiene **restricciones de agua** al menos un mes al año.

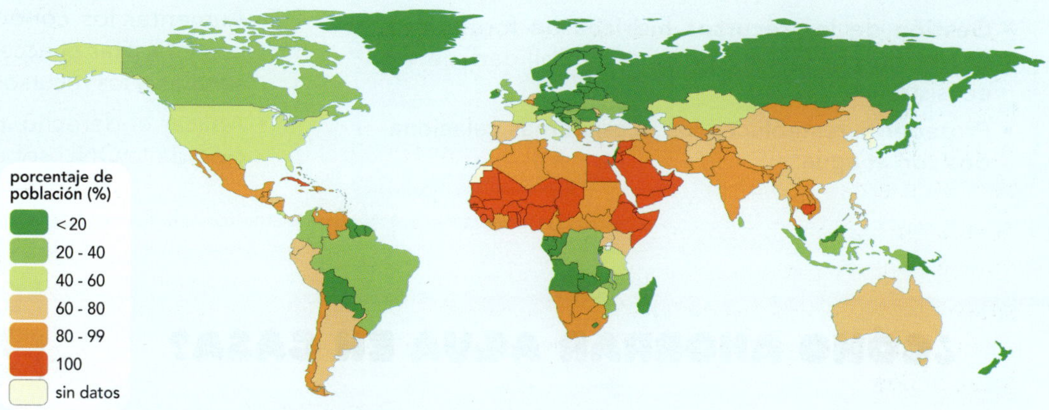

Uso del agua por sectores

La **actividad agrícola** es la principal consumidora de agua en el mundo, especialmente en los países de rentas bajas. Los cereales, la carne y la leche son los que más agua consumen.

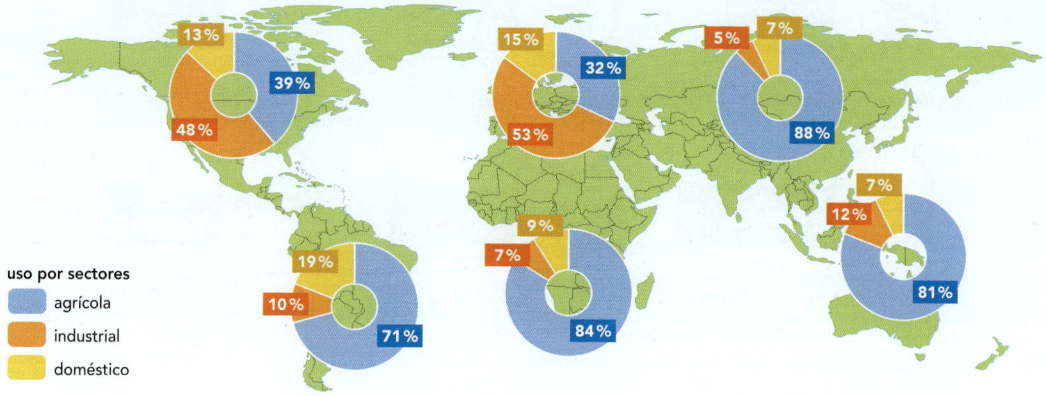

8 ¿Habrá suficiente agua en el futuro?

Medidas para la sostenibilidad del agua

UNA RESPONSABILIDAD COLECTIVA

El agua es un derecho humano básico; así, el 22 de marzo se celebra el Día Mundial del Agua, para comprender la importancia del agua dulce y aprender a gestionar de manera sostenible este recurso. Todos debemos tomar conciencia de nuestra responsabilidad:

- Los gobiernos deben invertir en infraestructuras hídricas eficientes.
- Las empresas han de optimizar el consumo de agua necesario para la producción y depurar las aguas residuales.
- Las organizaciones sociales deben elaborar proyectos locales de gestión eficiente del agua, formando a la población.

Salvar la hidrosfera

El futuro de la humanidad pasa por hacer un planeta más sostenible. De los 17 Objetivos de Desarrollo Sostenible establecidos por la ONU, dos están relacionados con la hidrosfera. Cada objetivo establece unas metas que nos comprometen a todos.

- Lograr el **acceso universal al agua potable** y **a los servicios de saneamiento e higiene** equitativos para todos.
- **Mejorar la calidad del agua** reduciendo la contaminación y asegurar la **sostenibilidad de su extracción y abastecimiento**.
- **Gestión de los recursos hídricos** de forma integrada sin comprometer la sostenibilidad de los ecosistemas.
- **Proteger y restablecer los ecosistemas relacionados con el agua**.

- Prevenir y **reducir la contaminación** marina con una gestión **sostenible de los ecosistemas marinos** y costeros.
- Minimizar los **efectos de la acidificación** de los océanos y **conservar al menos el 10 % de las zonas costeras y marinas**.
- **Reglamentar la explotación pesquera** y **prohibir ciertas formas de subvenciones** a la pesca que contribuyen a la pesca excesiva.
- Aumentar los beneficios económicos que los pequeños Estados insulares obtienen del **uso sostenible de los recursos marinos**.
- Aumentar los **conocimientos científicos** marinos y facilitar el acceso de los **pescadores artesanales** a los recursos marinos y los mercados.
- Aplicar el derecho internacional de la Convención de la ONU sobre el **Derecho del Mar**.

¿QUÉ PUEDES HACER TÚ?

Estas son algunas medidas que nos ayudarán, sobre todo, a cambiar hábitos y actitudes frente al uso que hacemos a diario del agua.

De esta forma, no solo contribuiremos a ahorrar agua, sino que también estaremos llevando a cabo un uso más eficiente y sostenible de este recurso imprescindible.

RETOS DE FUTURO

Vista aérea que muestra el bajo nivel de agua en un lago a causa de la sequía.

Frenar el cambio climático

El **cambio climático** puede acarrear graves consecuencias a la hidrosfera debido a:

- El deshielo de los polos, que provoca el aumento del nivel del mar.
- La desecación de las aguas interiores (como el mar de Aral).
- El agravamiento de las sequías.
- El agotamiento de los acuíferos.
- El aumento e intensidad de tormentas, que pueden provocar inundaciones, huracanes...

Garantizar la calidad del agua dulce

Es necesario poner fin a la contaminación y los vertidos urbanos e industriales a los ríos, que provocan la degradación de los ecosistemas fluviales

Debemos exigir medidas de depuración del agua para que esta no solo sea potable, sino también saludable.

Y también evitar la lluvia ácida, ya que afecta al ciclo del agua.

Planta depuradora donde se tratan las aguas residuales para ser reutilizadas.

En la costa y el litoral existen altas concentraciones de plástico.

Proteger los mares

Los océanos y mares están en peligro debido a la contaminación generalizada de sus aguas: buques que han naufragado, proliferación de plásticos procedentes de cruceros, mareas negras, vertidos urbanos e industriales del litoral...

La sobreexplotación pesquera y la pesca ilegal también ponen en peligro la biodiversidad marina y el equilibrio ecológico.

Observo y comprendo

43. ¿Qué objetivo se persigue celebrando un día mundial del agua?

44. Enumera los tres problemas medioambientales que sufren los ríos y los océanos. ¿En qué medida contribuyes tú al ahorro en el consumo de agua?

Razono

45. Contesta de forma argumentada la pregunta que encabeza este apartado.

Patrimonio ambiental y desarrollo sostenible | Asumo los ODS

46. En relación a los ODS 6 y 14, proponed en grupo:

- Tres medidas que podáis poner en práctica en vuestro centro educativo.
- Votad entre todos las tres que consideréis mejores.
- Confeccionad con ellas un mural para la clase y comprometeos todos a cumplirlas.

1. Resumo lo esencial

La Tierra, un planeta de agua

- La hidrosfera es la parte de la Tierra formada por agua: océanos, mares, lagos, casquetes polares, glaciares, aguas subterráneas y vapor de agua que hay en la atmósfera.
- El 70,8 % de la Tierra es agua, que se distribuye entre: agua salada, 96,5 %; y agua dulce, 2,5 %.
- El agua en la Tierra está en constante movimiento; en el ciclo del agua esta pasa por tres estados físicos: sólido, líquido y gaseoso.

El agua salada de la Tierra

- El agua salada se encuentra en océanos, grandes masas de agua que separan continentes, y mares, prolongación de los océanos cerca de las costas.
- Las aguas marinas están en constante movimiento, impulsadas por las corrientes marinas, las olas y las mareas.
- Los océanos de la Tierra son cinco: Pacífico, Atlántico, Índico, Ártico y Antártico.
- Los océanos también tienen formas de relieve: llanuras abisales, plataformas oceánicas y fosas oceánicas.

El agua dulce de la Tierra

- El agua dulce se encuentra en ríos, lagos, glaciares y aguas subterráneas.
- Los ríos se caracterizan por el cauce, la cuenca, el caudal y el curso, que se divide en curso alto, curso medio y curso bajo.
- En el mundo existen grandes ríos que varían por la longitud de su curso, su caudal y su cuenca hidrográfica como, por ejemplo, el Amazonas y el Nilo.
- Los ríos europeos se agrupan en cinco vertientes según el océano o mar donde desembocan: océano Glacial Ártico, océano Atlántico, mar Mediterráneo, mar Negro y mar Caspio.

El agua es un bien escaso

- La desigual disponibilidad de agua y consumo hace que debamos tomar conciencia de que la gestión eficiente del agua es una prioridad.
- Frenar el cambio climático, garantizar la calidad del agua dulce o proteger los mares son ejemplos de acciones que se llevan a cabo para salvar el agua del planeta.

a. Completo el mapa conceptual

Copia y completa en tu cuaderno este mapa conceptual:

ACTIVIDAD COLABORATIVA pág. 133
Lanzamos una campaña para el ahorro del agua

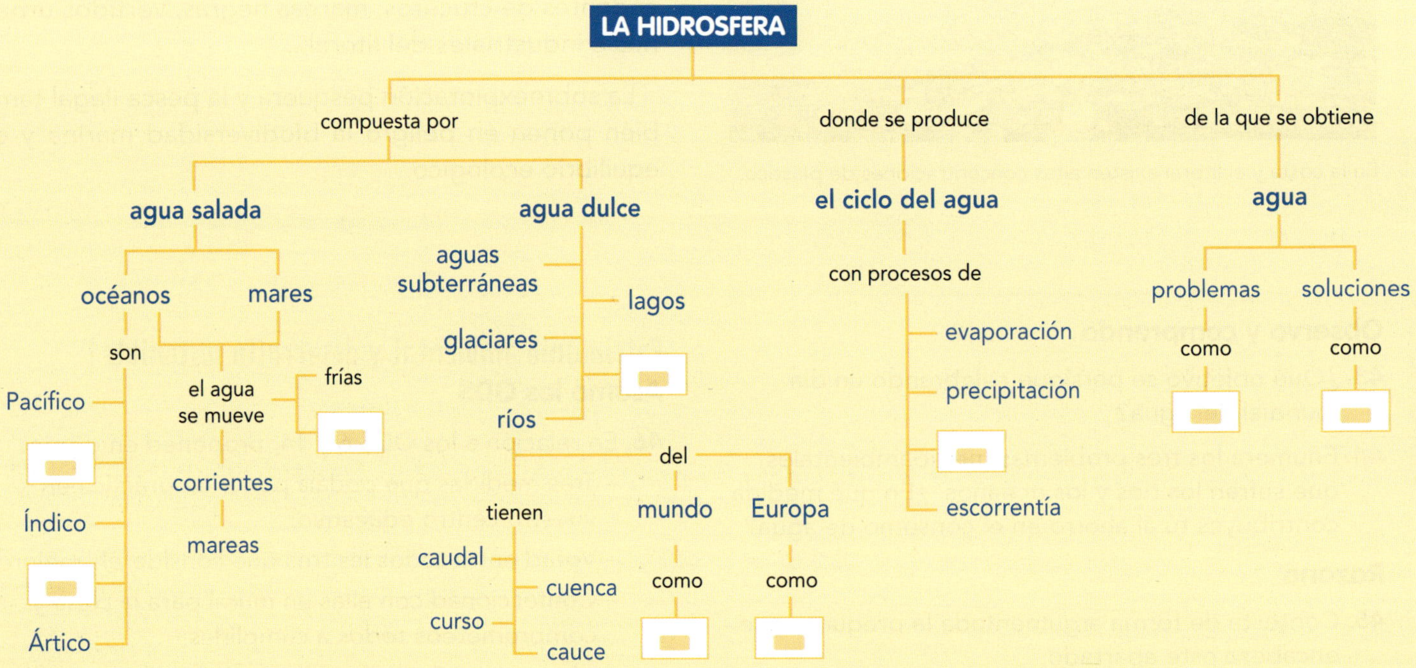

2. Repaso lo aprendido

a. Sintetizo

- ¿Qué es la hidrosfera? ¿Cómo se reparte?
- Resume algunas de las características de las aguas saladas del planeta y pon ejemplos. Haz lo mismo con las aguas dulces.

b. Defino conceptos

- glaciar
- marea
- salinidad
- lago
- escorrentía
- acuífero
- corriente marina
- huella hídrica

c. Trabajo con los mapas

Localiza en un mapa físico de Europa:

- Los ríos que atraviesan la Gran Llanura Europea.
- Los mares y océanos donde se encuentran los archipiélagos siguientes: Baleares, islas Británicas, Cicladas y Faeroes.
- Cuatro ríos que viertan sus aguas en el océano Atlántico.
- Tres ríos que desemboquen en el mar Mediterráneo.
- Tres mares europeos interiores.

d. Explico el esquema

Explica en qué consisten los retos de futuro para garantizar la disponibilidad de agua:

RETOS DE FUTURO DEL AGUA

Frenar el cambio climático

Garantizar la calidad del agua dulce

Proteger los mares

e. Identifico las aguas del planeta

Con qué océano, mar, río o lago del planeta relacionas las características siguientes:

- Es el océano más grande de la Tierra y el que registra una mayor profundidad.
- Es el río más caudaloso del planeta y circula por la selva brasileña.
- Es el río más largo del mundo y transcurre por el continente africano.
- Es el lago más grande de la Tierra, hasta tal punto que se considera un mar interior.
- Es un río español que desemboca en el mar Mediterráneo formando un delta.

f. Completo un cuadro-resumen

Copia y completa en tu cuaderno el cuadro-resumen sobre los cambios de estado que sufre el agua en su ciclo hidrológico:

Ciclo del agua	De sólido a...	De líquido a...	De gaseoso a...
Sólido			
Líquido			
Gaseoso			

3. Aprendo a hacer. Analizar información gráfica

1. Interpretación de gráficos lineales: regímenes fluviales

Observa este gráfico sobre los regímenes fluviales de dos ríos de España:

a. ¿Cuál de los dos regímenes es más irregular? ¿Por qué?

b. Relaciona cada río con un tipo de régimen hidrográfico. ¿Qué río es de tipo pluvial? ¿Cuál es de tipo nival?

c. En el caso del río Segre, ¿cuándo se dan los mayores caudales? ¿Cuándo los menores? Justifica tus respuestas.

d. En el caso del río Miño, ¿cuándo se dan los mayores caudales? ¿Cuándo los menores? Justifica tus respuestas.

Regímenes fluviales

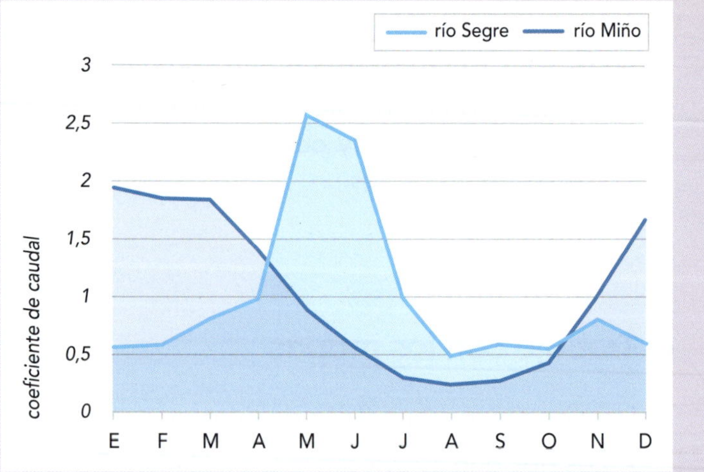

2. Interpretación de gráficos *on line*: datos de caudal

a. Entra en la página web de una de las principales Confederaciones Hidrográficas de España (www.tiching.com/109877 / 778570 / 778573 / 778571 / 778572) 1.

b. En cualquiera de ellas verás un enlace al Sistema Automatizado de Información Hidrológica (SAIH), al que deberás acceder 2.

c. Dentro del SAIH, deberás acceder a los datos en tiempo real de las diferentes estaciones hidrográficas 3.

d. Entra en aforos de río y verás la relación que hay entre altura del cauce y volumen del caudal.

Cuanto más caudal de agua lleva el río, más alto es su cauce, pudiendo desbordarse e inundar las zonas de ribera 4.

Observa el mapa general de la cuenca hidrográfica del Ebro y responde:

– ¿Qué estación es la que registra más caudal?

– ¿Qué estación es la que registra más altura?

– ¿En alguna de ellas hay riesgo de inundación?

e. Pincha en una estación cualquiera y compara los datos del mes en curso con los valores del mes anterior. ¿El caudal del río en estos momentos es mayor o menor? ¿A qué crees que se debe esto?

4. Elaboro un perfil de relieve. El fondo del océano Pacífico

Utiliza el programa *Google Earth* y sigue estos pasos para elaborar el perfil de relieve de un fondo marino:

a. Crea una ruta seleccionando dos puntos de los océanos de la Tierra; por ejemplo, uno en el mar de la China Oriental y otro en la Micronesia, en el océano Pacífico ❶.

b. Se abrirá un cuadro con la información de la ruta. Dale a la pestaña *Altitud* y selecciona *Sujeta al suelo marino*, y luego *Aceptar* ❷.

c. Finalmente, en el menú de la izquierda, donde indica *Sitios temporales*, dale con el botón derecho del ratón a la ruta creada, y luego *Mostrar perfil de elevación* ❸.

d. El resultado te permitirá comprobar cómo es el relieve del fondo del océano Pacífico en este tramo: ¿Cuál es la profundidad máxima?

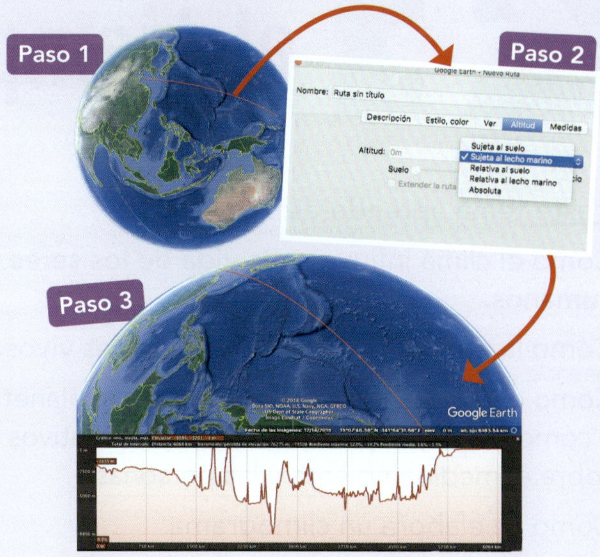

5. Diseño un póster digital. ¡Agua limpia para todos!

Busca una aplicación en Internet para elaborar un póster digital.

Lee detalladamente, en la página 62, los objetivos del ODS número 6 relacionados con la necesidad de garantizar agua limpia y potable para toda la humanidad.

Imagina que formas parte de una campaña para concienciar a la población de la urgencia de tomar medidas para mejorar la gestión del agua en el mundo.

a. Título sugerente y creativo.

b. Subtítulo que informe brevemente del contenido.

c. Explicación de las medidas a tomar.

d. Imágenes que ilustren el contenido.

e. El nombre de los autores y la fecha de realización.

6. Analizo el vídeo

El ciclo del agua

Mira el vídeo sobre el ciclo del agua que te presentamos en el apartado 1: *¿Es la Tierra un planeta de agua?* Luego, realiza estas actividades:

a. ¿Cómo se denomina el conjunto de transformaciones que realiza el agua en su recorrido por la Tierra?

b. ¿Qué nombre recibe cada fase de este ciclo? ¿Qué sucede en cada una de ellas?

c. Parte del agua de lluvia pasa a las aguas superficiales, ríos y lagos: ¿a qué fenómeno nos referimos?

d. Existe otra parte del agua caída en las épocas de lluvia que pasa a las aguas subterráneas: ¿a qué se refiere?

e. ¿De qué forma contribuyen las plantas al ciclo del agua?

f. ¿Qué es la fusión? ¿Cuándo se produce? ¿Qué consecuencias tiene la fusión acelerada de los casquetes polares y los glaciares?

4 ¿Cómo nos afectan el tiempo y el clima?

En este tema aprenderás:

- Cómo el clima influye en la vida de los seres humanos.
- Cómo la atmósfera protege a los seres vivos.
- Cómo el calentamiento global afecta al planeta, y cómo podemos paliar sus efectos negativos sobre el medioambiente y las personas.
- Cómo se elabora un climograma.

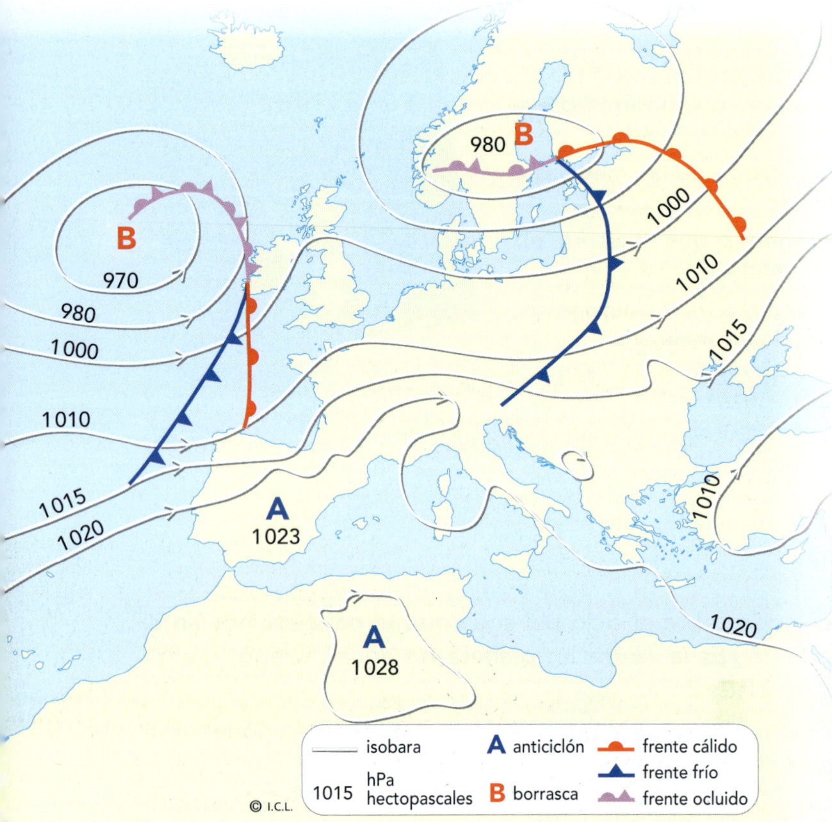

Empiezo

Observo...

- ¿Qué fenómeno meteorológico identificas en la imagen central? ¿Es habitual que sea noticia? ¿Qué misión puede tener el vehículo?
- ¿Cómo crees que repercuten en la vida de las personas los elementos del clima que muestran las fotografías superiores?

Calor intenso, EE.UU.

Frío polar, Groenlandia.

Lluvias fuertes, Tailandia.

Humedad elevada, Filipinas.

Viento huracanado, Hawái.

Cazadores de tormentas en su vehículo dirigiéndose hacia un tornado, en EE.UU.

... pienso...

- Todos los días, los medios de comunicación nos dan información sobre el tiempo que va a hacer. ¿Por qué crees que es tan importante para nuestras vidas?
- ¿De qué manera condiciona el tiempo nuestra actividad cotidiana?

... y me pregunto

Después de ver el vídeo, plantea dos preguntas que te parezcan interesantes sobre el **ODS 13. Acción por el clima**, y ponlas en común con el resto de la clase.

1 ¿Es lo mismo el tiempo que el clima?

Es frecuente oír expresiones como *mañana tendremos un tiempo lluvioso* o *el clima de Madrid es frío*. ¿Nos estamos refiriendo a lo mismo?

El tiempo atmosférico y el clima...

Aunque estén relacionados, el **tiempo** atmosférico y el **clima** no son lo mismo:

- El **tiempo** es el estado de la atmósfera en un lugar y en un momento concreto, como dos o tres días. Por ejemplo, *hoy en Madrid llueve y hace frío*.
- El **clima** también es el estado de la atmósfera, pero en un territorio extenso y en un espacio de tiempo más largo, en torno a treinta años. Por ejemplo, *el clima de Madrid es caluroso y seco en verano*.

El tiempo hace referencia a condiciones atmosféricas más específicas, a corto plazo; y el clima, más generales, a largo plazo. Por tanto, el tiempo es más variable, más cambiante y, además, depende del clima, cuyas características son más regulares.

... influyen en nuestras actividades

Saber qué tiempo va hacer nos interesa, pues condiciona nuestras actividades tanto laborales como de ocio. También dependemos del tiempo para organizar un viaje o realizar una actividad al aire libre.

Conocer con antelación el tiempo atmosférico es también importante para la agricultura y para la prevención de catástrofes naturales, como las inundaciones. Por ello, los medios de comunicación nos ofrecen información sobre el tiempo y los fenómenos atmosféricos.

Elementos y factores del tiempo y del clima

A lo largo del tema, vas a estudiar los elementos que originan el tiempo y el clima de las diferentes zonas de la Tierra. También vas a conocer los factores externos que influyen en el tiempo y el clima de un lugar.

Elementos del tiempo y del clima

- Temperatura
- Humedad y precipitación
- Presión atmosférica
- Viento

Factores del tiempo y del clima

- Latitud
- Altitud
- Distancia al mar (continentalidad)

Los satélites meteorológicos

Son satélites artificiales utilizados para conocer mejor el funcionamiento de la atmósfera.

Los satélites Meteosat constituyen una herramienta imprescindible para elaborar predicciones del tiempo lo más precisas posibles.

Satélite meteorológico europeo Meteosat-10, que dispone de radares de última generación para la observación del tiempo.

¿Puede el ser humano modificar el tiempo?

El gobierno chino está realizando pruebas para crear lluvia de manera artificial, y así poder hacer frente a los problemas de escasez de agua.

En las montañas del Tíbet se han instalado miles de cámaras de combustión, donde se quema combustible sólido que produce yoduro de plata. Este elemento provocará la creación de nubes, que originarán las lluvias.

Se calcula que podría producirse lluvia en un área de tres veces la superficie de España. Los científicos aseguran que, hasta ahora, los resultados están siendo prometedores.

Montañas del Tíbet.

¿QUÉ DIFERENCIA LA METEOROLOGÍA DE LA CLIMATOLOGÍA?

tiching.com/778460

Para saber más sobre AEMET.

La meteorología

La **meteorología** es la ciencia que estudia el tiempo atmosférico y sus cambios.

La Agencia Estatal de Meteorología (AEMET) es el organismo que proporciona información inmediata sobre los diferentes elementos del tiempo (temperatura, precipitación, viento...).

Los distintos medios de comunicación ofrecen diariamente información meteorológica y hacen pronósticos del tiempo.

La información que proporcionan nos ayuda a planificar nuestras actividades cotidianas, y a tomar precauciones en el caso de fenómenos meteorológicos adversos (fuertes lluvias, nevadas...).

La climatología

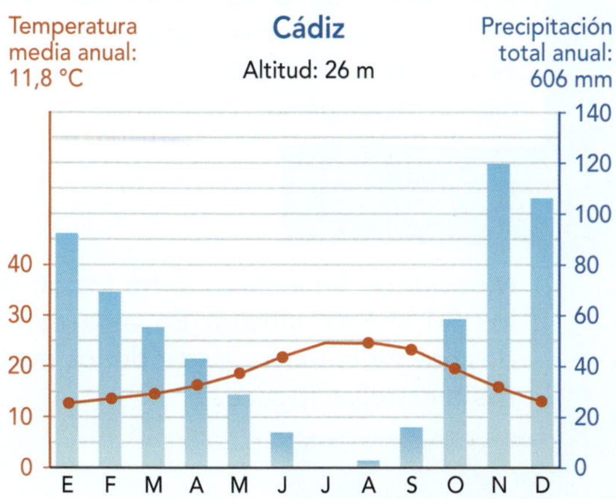

La **climatología** es la ciencia que se ocupa del estudio del clima, de sus causas y variaciones a largo plazo. Para ello, utiliza datos procedentes de observaciones meteorológicas realizadas durante largos periodos de tiempo (30-35 años).

Aunque maneja los mismos elementos que la meteorología (temperatura, presión atmosférica, viento, precipitaciones...), su objetivo no es hacer previsiones inmediatas, sino definir las características de los distintos climas de la Tierra.

Con los datos recogidos, se elaboran mapas y gráficos, que reflejan las condiciones climáticas de un lugar determinado. Un tipo de gráfico es el **climograma**, que muestra las características del clima de un lugar, referidas a la temperatura y las precipitaciones durante un año.

Observo y comprendo

1. Explica qué diferencia el tiempo atmosférico del clima. ¿Cuál de ellos crees qué es más previsible? Justifícalo.
2. ¿Qué información proporciona la meteorología? ¿Y la climatología? ¿En cuál de ellas buscas información cuando vas de excursión o practicas deporte al aire libre?
3. Enumera algunos de los medios de comunicación a través de los cuales puedes conocer la información meteorológica. ¿Utilizas alguno de ellos?

Fuentes de información geográficas | Obtengo información

4. Busca en el móvil una aplicación de predicción del tiempo y consúltala:
   - Busca la predicción de tu localidad. ¿Qué información proporciona?
   - Anota la predicción para la semana próxima y comprueba si se cumple.

2 ¿Dónde tienen lugar los fenómenos meteorológicos?

La atmósfera es una capa gaseosa de más de 1 000 km de espesor que envuelve la Tierra, y hace que la vida sea posible en ella.

La mayor parte de los gases y de las partículas sólidas y líquidas que componen la atmósfera se localizan en la **troposfera**, que está formada por un 78 % de **nitrógeno** y un 21 % de **oxígeno**, además de porcentajes menores de dióxido de carbono, vapor de agua y metano.

En la atmósfera pueden identificarse cinco capas, de distinto grosor y características, y con unos límites no muy precisos: **troposfera**, **estratosfera**, **mesosfera**, **termosfera** y **exosfera**.

Aurora boreal en Islandia. Las auroras boreales son luces naturales que pueden observarse en las regiones polares.

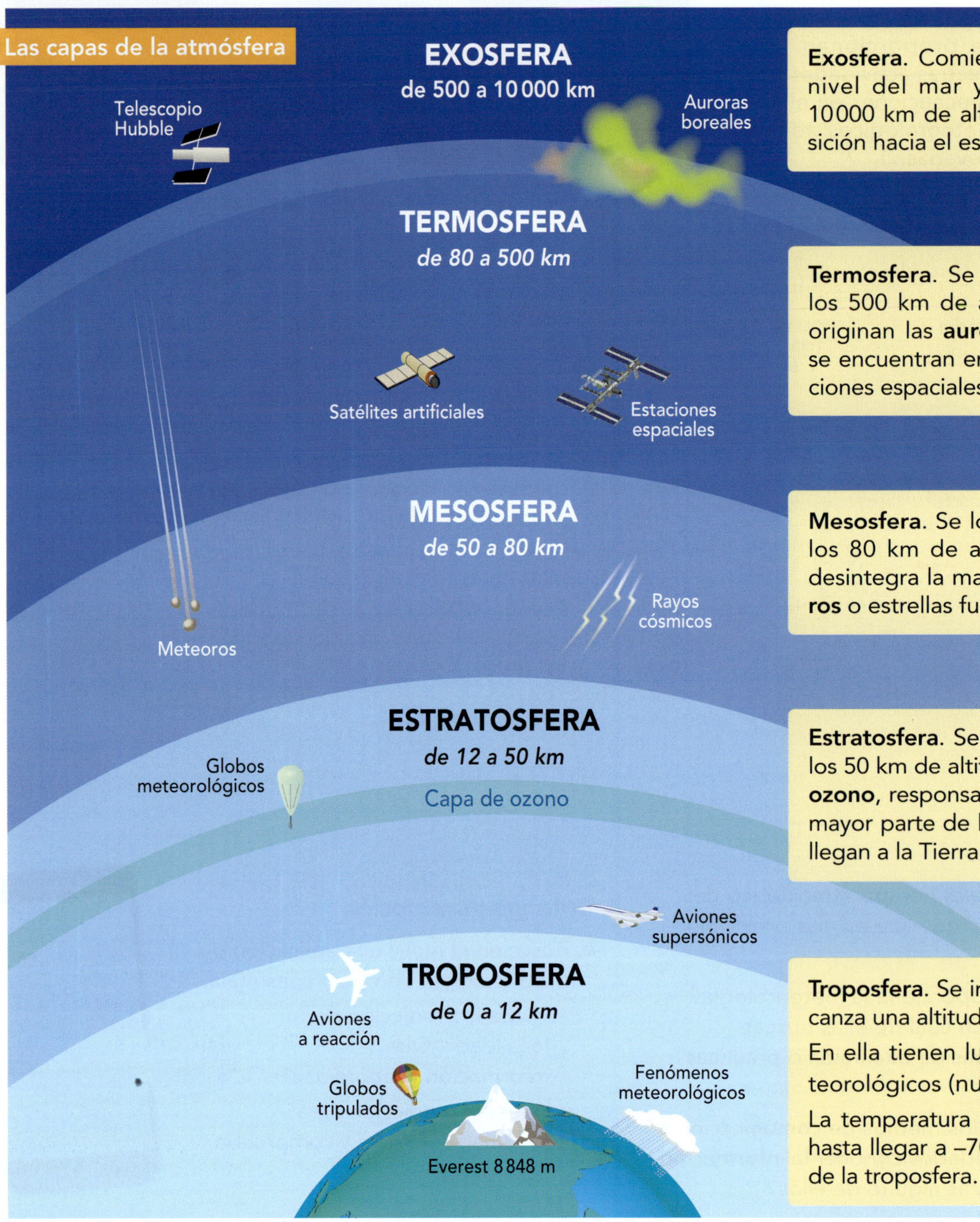

Exosfera. Comienza a unos 500 km del nivel del mar y termina cerca de los 10 000 km de altitud. Constituye la transición hacia el espacio exterior.

Termosfera. Se sitúa entre los 80 km y los 500 km de altitud. En esta capa se originan las **auroras boreales**. También se encuentran en ella los satélites y estaciones espaciales.

Mesosfera. Se localiza entre los 50 km y los 80 km de altitud. En esta capa se desintegra la mayor parte de los **meteoros** o estrellas fugaces.

Estratosfera. Se ubica entre los 15 km y los 50 km de altitud. Contiene la **capa de ozono**, responsable de la absorción de la mayor parte de los rayos ultravioleta que llegan a la Tierra desde el Sol.

Troposfera. Se inicia a nivel del mar, y alcanza una altitud aproximada de 12 km.

En ella tienen lugar los fenómenos meteorológicos (nubes, lluvia, viento...).

La temperatura disminuye con la altura, hasta llegar a –70 °C en el límite superior de la troposfera.

¿CÓMO NOS PROTEGE LA ATMÓSFERA?

La vida en la Tierra sería muy difícil sin la atmósfera, de ahí su importancia. Esta capa cumple tres funciones fundamentales:

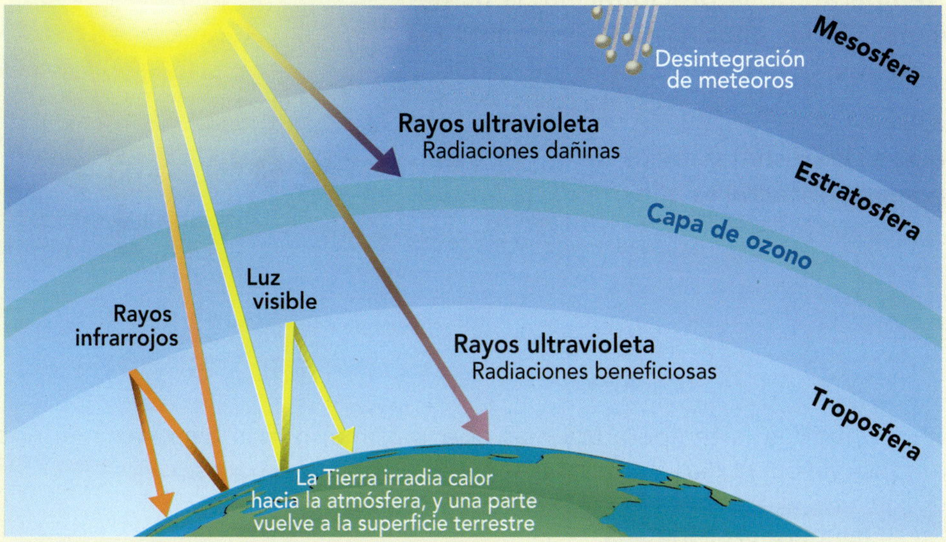

Protege del impacto de los meteoritos

La atmósfera actúa como **escudo protector** que ayuda a desintegrar los meteoros, y los convierte en polvo.

No obstante, también hay meteoros que entran en contacto con la superficie de la Tierra, son los llamados **meteoritos**.

En función de su tamaño (que pueden ser desde pequeños guijarros hasta rocas del tamaño de una pelota), originan un mayor o menor impacto ambiental.

Regula la temperatura de la Tierra

La atmósfera del planeta reduce los cambios bruscos de temperatura. Las radiaciones solares son absorbidas por la superficie terrestre que, durante el día, se calienta y, al caer la noche, se enfría. Los gases de efecto invernadero de la atmósfera reducen la pérdida del calor diurno y evitan el rápido enfriamiento nocturno.

Filtra las radiaciones solares dañinas

El Sol emite diferentes tipos de radiaciones: rayos infrarrojos, luz visible y rayos ultravioleta.

La atmósfera actúa como un filtro y la capa de ozono nos protege de los rayos ultravioleta, que son dañinos para los seres vivos.

¿Qué sucede en la capa de ozono?

La utilización y emisión a la atmósfera durante años de ciertos productos químicos (los llamados CFC), utilizados en refrigeradores, aires acondicionados, aerosoles..., ha creado un agujero y ha reducido la capa de ozono, que nos protege de los efectos nocivos de la radiación solar.

Sin embargo, desde finales del siglo XX, un esfuerzo internacional conjunto ha permitido eliminar el 99% de estos productos dañinos, y la capa de ozono ha iniciado su recuperación. Se espera que en el hemisferio Norte se complete en la década de 2030 y, en el hemisferio Sur, en torno a 2050.

Naciones Unidas. Medioambiente, 2019. (Adaptación)

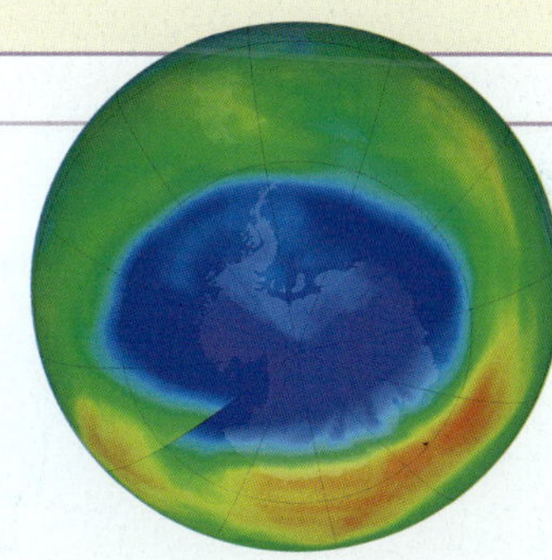

El agujero en la capa de ozono afecta, sobre todo, a la Antártida.

Observo y comprendo

5. ¿Qué es la atmófera? Explica en cuántas capas se divide.
6. ¿En qué capa de la atmósfera se concentran los gases que hacen posible la vida en la Tierra?
7. ¿Qué funciones desempeña la atmósfera para proteger a los seres vivos? Elige una de ellas y explícala.

Localización | Observo y localizo

8. Localiza en qué capa de la atmósfera:
   - Tienen lugar los fenómenos meteorológicos.
   - Se forman las auroras boreales.
   - Se ubica la capa de ozono.
9. ¿Qué está sucediendo en la capa de ozono? ¿Por qué es importante protegerla?

3 ¿Qué elementos determinan el clima? (I)

La humedad del aire

Tanto el clima como el tiempo atmosférico son el resultado, básicamente, de cinco **elementos climáticos**: la **temperatura**, la **precipitación**, la **humedad**, la **presión atmosférica** y el **viento**. Todos ellos están íntimamente relacionados y son esenciales para entender los distintos tipos de climas y predecir los cambios del tiempo.

Sin embargo, estos elementos varían en las distintas zonas de la Tierra porque se ven modificados por los denominados **factores climáticos**: la **latitud**, la **altitud** y la **distancia al mar**.

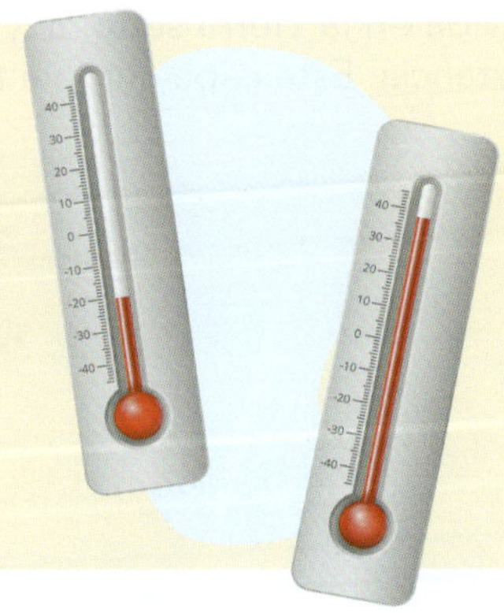

LA TEMPERATURA

La temperatura es el **grado de calentamiento que tiene la atmósfera**. Se mide con el termómetro y se suele expresar en grados **Celsius** (°C), comúnmente llamados grados centígrados.

En función de la temperatura se pueden establecer cinco grandes zonas climáticas en el planeta: una zona cálida, dos zonas templadas y dos zonas frías.

Temperaturas absolutas

Indican la temperatura más alta (máxima) o más baja (mínima) que se da en un día, un mes, un año o un conjunto de años.

Temperaturas medias

La temperatura media mensual se obtiene de sumar las temperaturas medias diarias y dividirlas por el número de días del mes. La temperatura media anual se obtiene sumando las temperaturas medias mensuales y dividiéndolas por los doce meses del año.

Amplitud térmica

Es la diferencia entre la temperatura máxima y mínima de un periodo de tiempo (un día, una semana, un mes o un año).

Las zonas climáticas de la Tierra

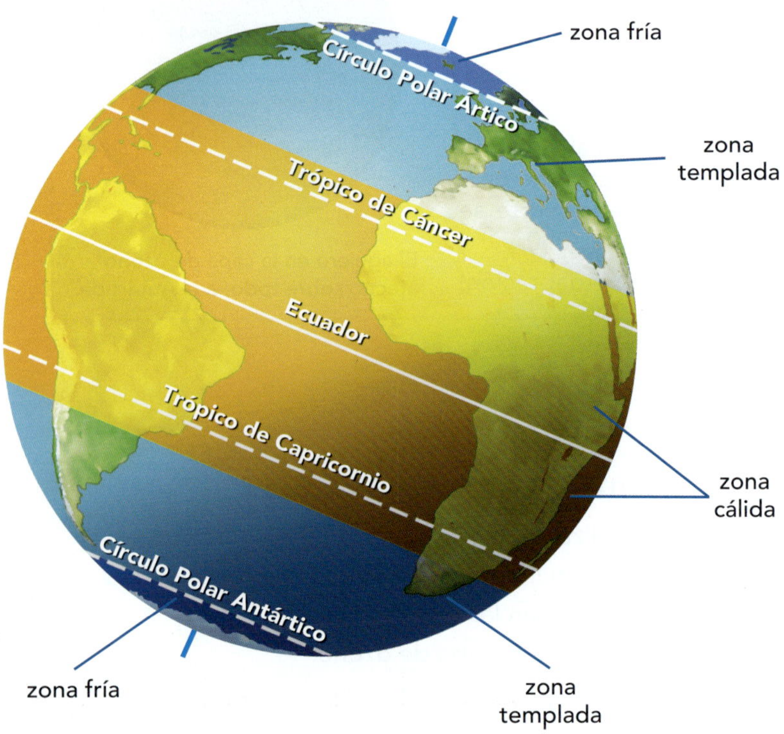

Dos zonas templadas
Temperatura media: 15°C.
Situación: entre 30° y 60° de latitud Norte y Sur.
Existencia de las cuatro estaciones: primavera-verano-otoño-invierno.

Una zona cálida
Temperatura media: superior a 20 °C.
Situación: entre 0° y 30° de latitud Norte y Sur.
Todo el año es verano.
El día y la noche tienen igual duración.

Dos zonas frías
Temperatura media: no supera los 0 °C.
Situación: entre 60° y 90° de latitud Norte y Sur.
Solo existen dos estaciones: el verano y el invierno.

LA HUMEDAD

La atmósfera contiene vapor de agua, que es el responsable de la humedad del aire. Este vapor procede de la evaporación de los mares, ríos, lagos... La humedad se mide con el higrómetro y se expresa en tanto por ciento (%).

Cuando el higrómetro marca el 100%, la masa de aire está saturada, es decir, contiene el máximo de humedad y no admite más vapor de agua.

La cantidad de vapor de agua que puede absorber el aire depende de su temperatura: el aire caliente puede absorber más vapor de agua que el aire frío.

LA PRECIPITACIÓN

pluviómetro

La precipitación es la cantidad de agua que cae sobre la superficie de la Tierra procedente de las nubes. Puede ser en forma líquida (lluvia, niebla, rocío...) o sólida (nieve y granizo).

Se mide con el pluviómetro, y se expresa en litros por metro cuadrado (l/m^2) o en mm, ya que un litro en un m^2 alcanza la altura de 1 mm.

¿Cómo se produce la lluvia?

La lluvia se origina cuando el aire, cargado de vapor de agua, asciende y se enfría (**evaporación**).

Al hacerlo, la masa de aire se comprime, el vapor se condensa y se forman pequeñas gotas que, al unirse entre sí, forman las nubes (**condensación**).

Cuando las gotas de agua crecen y aumentan de tamaño y peso, caen en forma de **lluvia** (**precipitación**).

Si la temperatura del aire es muy baja, la precipitación será en forma de **nieve** o de **granizo**.

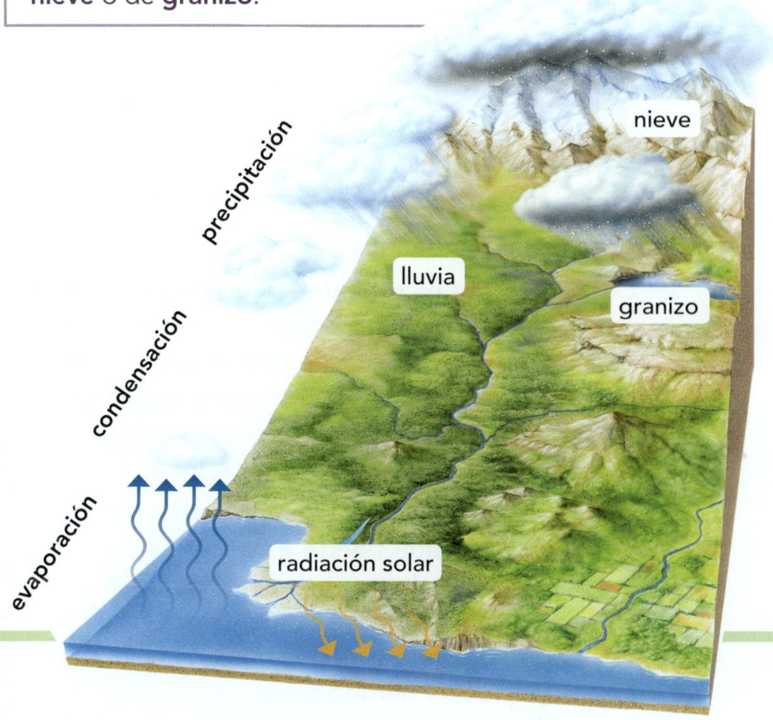

FACTORES DEL CLIMA

Las temperaturas y las precipitaciones se ven influidas por una serie de factores climáticos:

- La **latitud**. Cuanto más cerca nos situamos del Ecuador (latitud 0º), la temperatura es más elevada. Igual ocurre con las precipitaciones, pues con el calor y la fuerte humedad, la lluvia es más abundante. En los polos, la temperatura es muy baja. También hay muy poca humedad y precipitaciones.
- La **altitud**. Conforme se asciende, la temperatura disminuye en torno a 6 °C cada 1000 m; en cambio, las precipitaciones aumentan .
- La **distancia al mar**. Junto a la costa, la humedad es mayor, llueve más y las temperaturas tienden a ser suaves todo el año; en cambio, lejos del mar, las temperaturas son más contrastadas entre el invierno (frío) y el verano (calor), y las precipitaciones, más escasas.

Observo y analizo

10. Fíjate en el globo terráqueo y explica las características de las distintas zonas climáticas.

11. ¿Cómo se forman las precipitaciones? Explícalo a partir del ciclo de la evaporación del agua.

Causas múltiples | Analizo los factores

12. La latitud y la altitud modifican la temperatura y las precipitaciones, pero de distinta forma en uno y otro caso. ¿En qué caso coinciden la latitud y la altitud y en cuál sus efectos son contrarios?

13. ¿Dónde crees que lloverá más: en Madrid o en A Coruña? ¿Por qué? ¿En cuál de las dos ciudades hará más frío en invierno y más calor en verano? ¿Por qué?

4 ¿Qué elementos determinan el clima? (II)

LA PRESIÓN ATMOSFÉRICA

La **presión atmosférica** es la fuerza que ejerce la **atmósfera** sobre la superficie terrestre. Se mide con el **barómetro** y se expresa en **hectopascales (hPa)**. Depende de dos factores:

- **La altitud.**
  - Cuanto más **baja** es la **altitud**, a nivel del mar, mayor es la masa de aire sobre la superficie terrestre, el aire pesa más y la **presión será mayor**.
  - Cuanto **mayor** es la **altitud**, la masa de aire disminuye y la **presión será menor**.

  Aunque la presión no se perciba de manera directa, sí se nota cuando, al subir o bajar un puerto de montaña en coche, se nos taponan los oídos.

- **La temperatura del aire.**
  - Cuando el aire es **caliente**, se dilata y pesa menos, por lo que tiende a ascender y originar áreas de **bajas presiones**, llamadas **depresiones** o **borrascas.** El aire, al ascender, arrastra vapor de agua que se condensa y favorece que se originen cielos con nubes y precipitaciones.
  - Cuando el aire es **frío**, se comprime y pesa más, por lo que tiende a descender, y crear zonas de **altas presiones**, llamadas **anticiclones.** El aire descendente es menos húmedo por lo que se asocia con cielos despejados y tiempo seco.

Disminución de la presión con la altitud

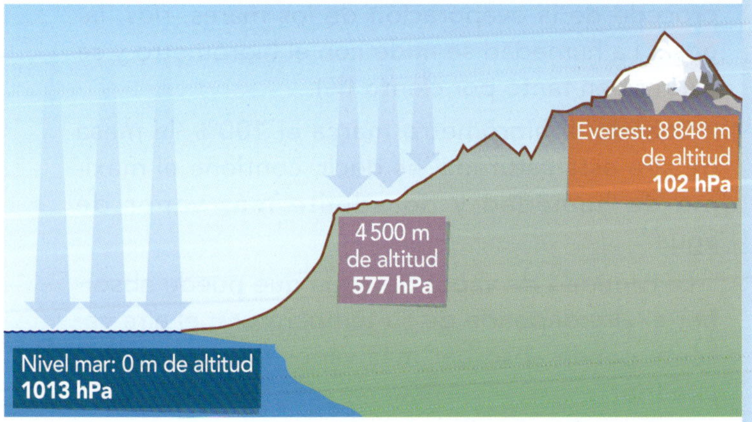

Presión atmosférica y vientos

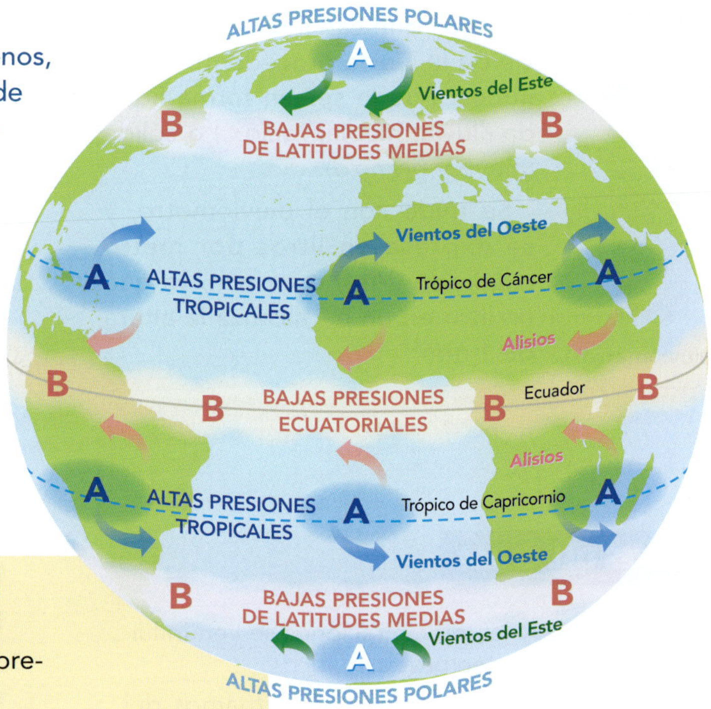

En la zona ecuatorial y en las zonas templadas de la Tierra dominan las bajas presiones (B).

En las zonas tropicales y en las zonas polares predominan las altas presiones (A).

¿Cómo se mueve el aire en los anticiclones y las borrascas?

Debido al movimiento de rotación de la Tierra, el aire nunca sube (depresión o borrasca) o baja (anticiclón) en línea recta, sino en espiral.

De igual modo, en la superficie terrestre, el aire se mueve de forma curva y no en línea recta.

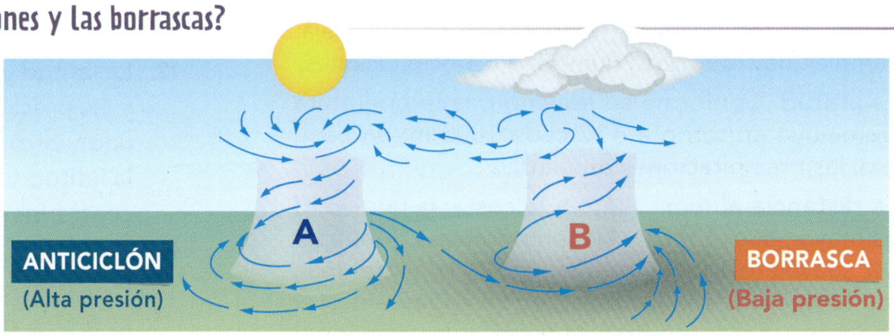

EL VIENTO

El viento es el aire de la atmósfera en movimiento. Se origina entre dos zonas con presiones atmosféricas diferentes.

El aire siempre sopla desde las altas presiones, donde la masa de aire es más densa y está más comprimida, a las bajas presiones, donde el aire es poco denso.

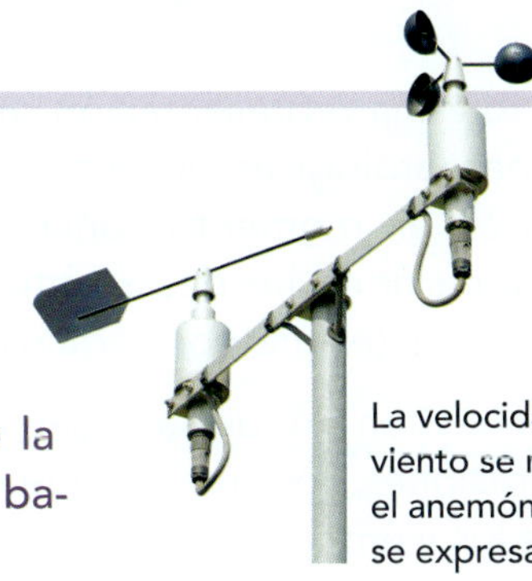

La velocidad del viento se mide con el anemómetro, y se expresa en km/h.

La dirección del viento la indica la veleta.

Los tipos de viento

Según su alcance, los vientos se pueden clasificar en tres tipos:

- **Vientos planetarios.** Son vientos que afectan a grandes extensiones de la Tierra, y mantienen una dirección constante.

  Ejemplos de vientos planetarios son los **alisios**, que circulan desde los trópicos hacia el Ecuador, los **vientos del Oeste**, que se dirigen desde los trópicos a las latitudes medias, y los **vientos polares**, que circulan en las altas latitudes de los hemisferios Norte y Sur.
- **Vientos estacionales.** Son aquellos que cambian según las estaciones del año o el momento del día, y su dirección no es constante. Las **brisas**, los **ciclones** y los **monzones** son ejemplos de vientos estacionales.
- **Vientos locales.** Son vientos que soplan en una determinada zona de la Tierra. Algunos ejemplos son el **cierzo** y la **tramontana** de la Península Ibérica.

La **brisa marina** es un viento fresco y húmedo que sopla durante el día desde el mar hacia la costa.

El **terral** es un viento fresco y seco que sopla durante la noche desde la costa hacia el mar.

Observo y comprendo

14. ¿Qué es la presión atmosférica? ¿Cómo se mide? ¿Cómo varía con la altitud?

15. ¿Sabrías explicar por qué cuando subimos una montaña elevada sentimos fatiga e incluso mareo?

16. Explica por qué se forma el viento, cómo se mide y cómo se conoce su dirección.

17. Explica qué son la brisa marina y el terral, cuándo soplan, cómo se forman y a qué se deben.

Causas múltiples | Analizo los factores

18. La dirección del viento guarda una estrecha relación con la presión atmosférica. ¿Sabrías explicar en qué consiste dicha relación?

19. El aire caliente pesa menos que el frío. ¿Qué fenómeno explica esta circunstancia? ¿Qué consecuencias tiene con respecto a la humedad del aire?

20. ¿Por qué el aire no circula en línea recta y sí formando líneas curvas o espirales?

5 ¿Qué nos dicen los mapas del tiempo?

El frente polar

Los mapas del tiempo son una representación gráfica de las condiciones meteorológicas de una zona determinada del planeta en un momento concreto. Su elaboración se realiza a partir de los datos obtenidos en las estaciones y los satélites meteorológicos.

Los mapas del tiempo muestran dónde se sitúan las zonas de altas y bajas presiones, los frentes que se forman y la circulación de los vientos. Con la información que proporcionan, es posible pronosticar cómo será el tiempo en una zona en los días venideros.

Distribución de los anticiclones y las borrascas

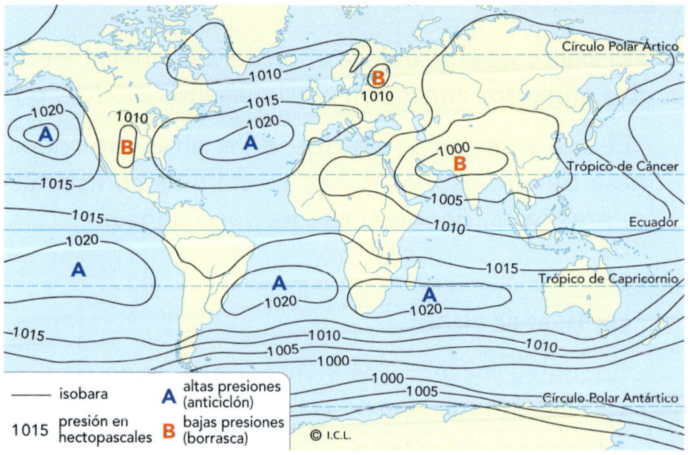

ANTICICLONES Y BORRASCAS: LAS ISOBARAS

Los anticiclones y las borrascas se dibujan en los mapas mediante isobaras, que son líneas que unen puntos de la superficie terrestre con la misma presión.

La presión atmosférica normal, a cero metros sobre el nivel del mar, es de 1013 hPa. Las variaciones de esta presión son lo que definimos como alta presión (anticiclones con valores superiores a 1013 hPa) o baja presión (borrascas con valores inferiores a 1013 hPa).

Anticiclones

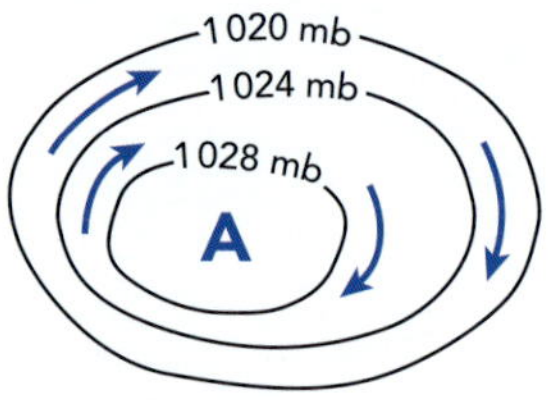

- En el hemisferio Norte, el aire de los anticiclones gira en el sentido de las agujas del reloj.
- Los valores máximos de presión se sitúan en el centro de los anticiclones y se indican con un número.
- Los anticiclones reflejan un tiempo estable, sin lluvias, y con temperaturas altas en verano y frías en invierno.

Borrascas

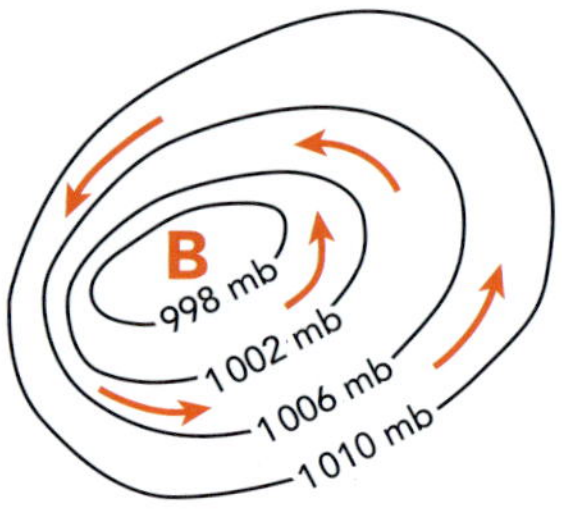

- En el hemisferio Norte, el aire de las bajas presiones o borrascas gira en el sentido contrario a las agujas del reloj.
- Los valores mínimos de presión se sitúan en el centro de las borrascas y se indican con un número.
- Las borrascas reflejan un tiempo inestable, con nubosidad, lluvias o tormentas.

LOS FRENTES

Las masas de aire no se mezclan sino que se empujan unas a otras. Cuando dos masas de aire de distinta presión (alta y baja) se encuentran, chocan entre sí y forman un frente. Los frentes siempre se asocian a tiempo inestable, es decir, a precipitaciones.

Las masas de aire pueden ser, a su vez, frías o calientes. De ahí que se hable de frentes cálidos y frentes fríos.

- La llegada de un frente cálido suele traer un aumento de la humedad en forma de chubascos y neblinas. La temperatura tiende a subir y el viento aumenta, aunque no tanto como en un frente frío.
- La llegada de un frente frío supone un gran aumento de la humedad, que origina lluvias muy abundantes y hasta nieve. La temperatura disminuye y el viento es fuerte e intenso.

Frente cálido. Se forma cuando el aire caliente, ligero, asciende sobre el aire frío, pesado, que permanece en la base.

Se representa con semicírculos de color rojo.

Frente frío. Se forma cuando el aire frío se introduce por debajo del cálido y lo impulsa con fuerza hacia arriba.

Se representa con triángulos de color azul.

Frente ocluido. Se forma cuando se encuentran dos frentes, uno frío y otro cálido, que acaban por fusionarse.

Se representa con semicírculos y triángulos de color lila.

El mapa del tiempo

Los mapas del tiempo representan las isobaras, las borrascas, los anticiclones y los frentes.

Con ellos es posible determinar qué tiempo hace y cómo evolucionará en las próximas horas.

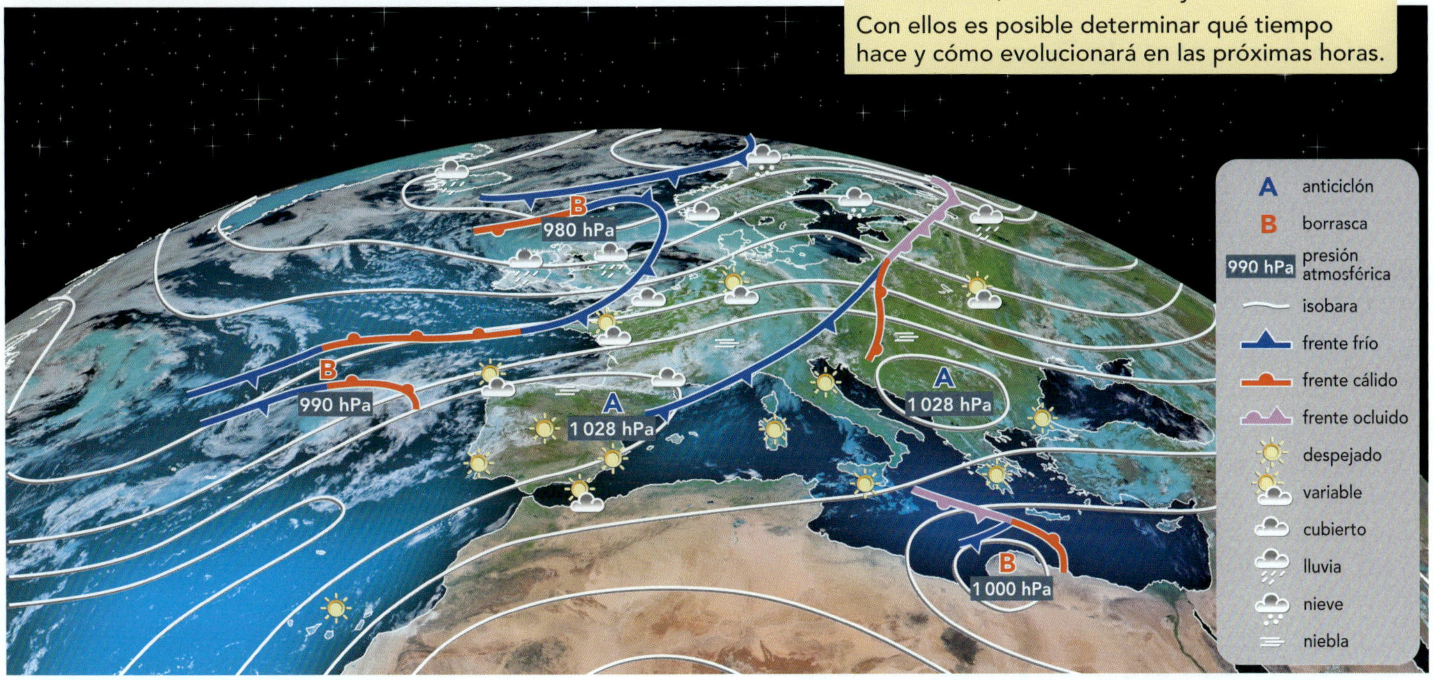

LOS VIENTOS

Como ya hemos visto, el aire siempre va de las altas a las bajas presiones. Su intensidad o velocidad viene determinada por la proximidad de las isobaras, de manera que cuanto más cerca estén, más fuerte soplará el viento.

En los mapas del tiempo, los vientos se representan con un símbolo, a modo de flecha, que señala la dirección y la velocidad del viento.

La dirección nos indica de dónde viene el viento, no hacia dónde va.

El número de *barbas* de la flecha señala su fuerza: a más *barbas*, mayor intensidad del viento.

Observo y analizo

21. ¿En qué dirección giran los vientos en los anticiclones? ¿Y en las borrascas?

22. ¿Con qué tipo de tiempo se asocia la presencia de un anticiclón? ¿Y una borrasca?

23. ¿Por qué la llegada de un frente implica un aumento de las precipitaciones?

24. ¿De qué depende la menor o mayor intensidad del viento? ¿A qué nos referimos cuando hablamos de la dirección del viento?

Procesos geográficos | Interpreto los cambios

25. ¿Qué símbolos hay en los mapas del tiempo?

26. Interpreta el mapa del tiempo que aparece en esta página relativo a la Península Ibérica. Redacta la información según este guion:
- *Tiempo: estable o inestable.*
- *Precipitaciones: borrascas, frentes.*
- *Temperaturas: en aumento o descenso.*
- *Viento: dirección e intensidad.*

6 ¿Se puede evitar el cambio climático?

El calentamiento de la Tierra...

A lo largo de la evolución del planeta, han existido grandes variaciones en las características del clima, ya que se han sucedido periodos de calor extremo con eras glaciares.

En tiempos recientes, a lo largo del siglo XX, se ha comprobado un cambio en el comportamiento del clima, que se ha evidenciado a partir de un notable **aumento de la temperatura media** de la Tierra, que se prevé que continúe en el siglo XXI.

El calentamiento de la Tierra, cuyas primeras consecuencias ya se están dejando sentir, es motivo de preocupación por el efecto que pueda tener sobre todos los seres vivos.

La temperatura media de la Tierra

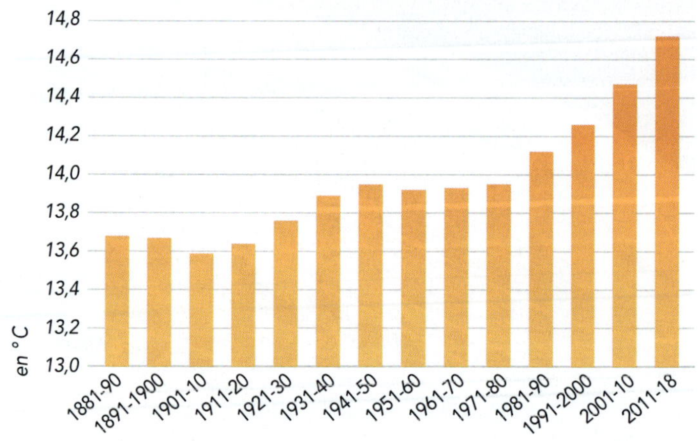

¿CÓMO ACTÚA EL EFECTO INVERNADERO?

El Sol emite radiaciones que atraviesan la atmósfera y llegan a la Tierra. Parte de esta radiación calienta el suelo, y otra, es reflejada y vuelve a la atmósfera.

Los llamados gases de efecto invernadero (dióxido de carbono, metano, gases fluorados) impiden que el calor que emite el suelo se pierda durante la noche, y que la diferencia entre las temperaturas diurna y nocturna sea muy acusada.

Como vemos, los gases de efecto invernadero realizan una función similar a los plásticos o vidrios de los invernaderos, por lo que reciben el mismo nombre.

Si el efecto invernadero funciona de manera natural, la temperatura media que alcanza la superficie del planeta es de 14 °C y, gracias a ello, la vida se hace posible.

Cuando la concentración de gases de efecto invernadero aumenta en la atmósfera, la cantidad de radiación que no puede escapar al espacio es mayor, por lo que aumenta en exceso la temperatura media de la Tierra.

Este calentamiento global es el responsable del cambio climático de la Tierra.

El efecto invernadero

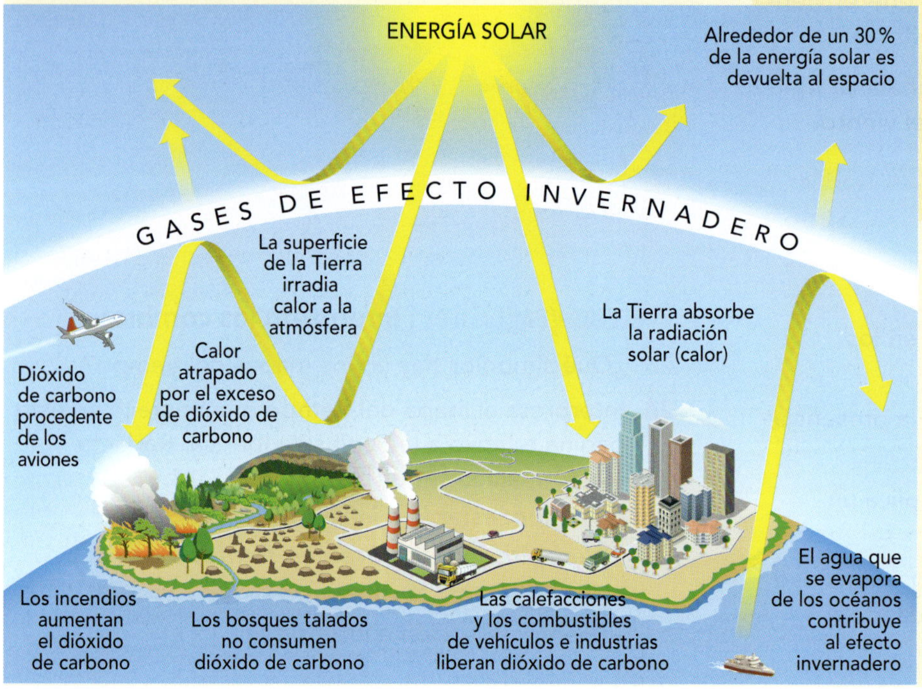

El **dióxido de carbono** es el principal gas emitido por las actividades humanas, y se produce por la quema de combustible, como el petróleo y el carbón, para crear energía y utilizarla en la industria y el transporte.

Emisión de gases de efecto invernadero	en %
Producción de electricidad	26 %
Transportes	13 %
Industria	19 %
Agricultura	14 %
Deforestación	17 %
Viviendas y oficinas	8 %
Residuos	3 %

Efectos del calentamiento global

1. Disminución del agua dulce.
2. Inundaciones. 3. Plagas. 4. Desertificación.
5. Huracanes. 6. Reducción de los glaciares.

... tiene consecuencias visibles...

El cambio climático que se está produciendo como consecuencia del calentamiento de la Tierra es el problema medioambiental más grave que existe en la actualidad, y está teniendo numerosas consecuencias a nivel global.

... que deben frenarse...

Para el futuro desarrollo de los seres vivos, debemos procurar el mantenimiento de la atmósfera en las condiciones idóneas.

La constatación del cambio climático en las últimas décadas ha alertado a la humanidad sobre sus posibles consecuencias, y ha movido muchas conciencias a favor de preservar la atmósfera e impedir el calentamiento de la Tierra.

... mediante el compromiso de todos

Para frenar el calentamiento global, los diferentes países del mundo han decidido la celebración periódica de Conferencias Internacionales sobre el Cambio Climático.

Además, *Adoptar medidas urgentes para combatir el cambio climático y sus efectos* ha sido incluido como uno de los **Objetivos de Desarrollo Sostenible** (ODS) que la ONU se ha marcado como reto para lograr en el año 2030.

Conferencias sobre el cambio climático

El primer hito importante para tratar de reducir el calentamiento global fue la **Conferencia de Kyoto** (1997), que estableció una reducción de emisiones de CO_2 para los países desarrollados.

Posteriormente, la **Cumbre de París** (2015) acordó evitar una subida de la temperatura mundial por encima de los 2 °C hasta finales de siglo.

La **Cumbre de Madrid** (2019) concluyó sin ningún resultado importante para frenar el cambio climático.

Observo y comprendo

27. Relaciona y ordena los conceptos de *cambio climático*, *calentamiento global* y *efecto invernadero* en función de que uno sea la causa o la consecuencia del otro.

Comparo

28. Ordena los efectos del calentamiento global según la gravedad que consideres que tienen.

Compromiso cívico | Tomo la iniciativa

29. Interpreta la frase de Eduardo Galeano y reflexiona sobre cómo te implica personalmente:

    Mucha gente pequeña, en lugares pequeños, haciendo cosas pequeñas, puede cambiar el mundo.

30. Los ODS implican a todos. ¿Qué puedes hacer tú para frenar el cambio climático? Aporta una idea o propuesta de actuación concreta.

1. Resumo lo esencial

Tiempo y clima

- El tiempo es el estado de la atmósfera en un lugar concreto y en un momento determinado. La meteorología es la ciencia que estudia el tiempo atmosférico y sus características.
- El clima es el estado de la atmósfera en un territorio extenso y en un espacio de tiempo prolongado (varios años). La climatología es la ciencia que estudia el clima, sus causas y variaciones a largo plazo.

La atmósfera

- Es la capa gaseosa que rodea la Tierra. Hace posible la vida en el planeta, pues regula la temperatura, protege del impacto de los meteoritos y filtra las radiaciones solares dañinas para los seres vivos.

Los elementos del clima

- La temperatura es el grado de calentamiento de la atmósfera y determina cinco zonas climáticas: una cálida, dos templadas y dos frías.
- La humedad es la cantidad de vapor de agua de la atmósfera. El aire caliente puede absorber más vapor de agua que el aire frío.
- La precipitación es la cantidad de agua en forma de lluvia, nieve o granizo que cae sobre la superficie terrestre, procedente de las nubes.
- La presión atmosférica es el peso de la atmósfera sobre la superficie terrestre. Las altas presiones (anticiclones) originan un tiempo estable, sin lluvias. Las bajas presiones (borrascas) dan lugar a un tiempo inestable, con nubes y precipitaciones.
- El viento es el aire en movimiento. Siempre sopla de las altas a las bajas presiones. Existen vientos planetarios, como los alisios; estacionales, como los monzones; y locales, como el cierzo.

El calentamiento de la Tierra

- Desde el siglo XX, se ha comprobado un aumento de la temperatura media de la Tierra, que continúa en la actualidad. Este calentamiento estaría motivado por ciertas actividades humanas que emiten gases que incrementan el efecto invernadero.
- La evidencia del cambio climático ha llevado a muchos países a tratar de buscar soluciones para frenar el calentamiento de la Tierra y sus negativas consecuencias sobre el medioambiente (desertificación, plagas, huracanes, inundaciones...).

ACTIVIDAD COLABORATIVA pág. 134
Elaboramos un decálogo contra el cambio climático

a. Completo el mapa conceptual

Copia y completa en tu cuaderno este mapa conceptual:

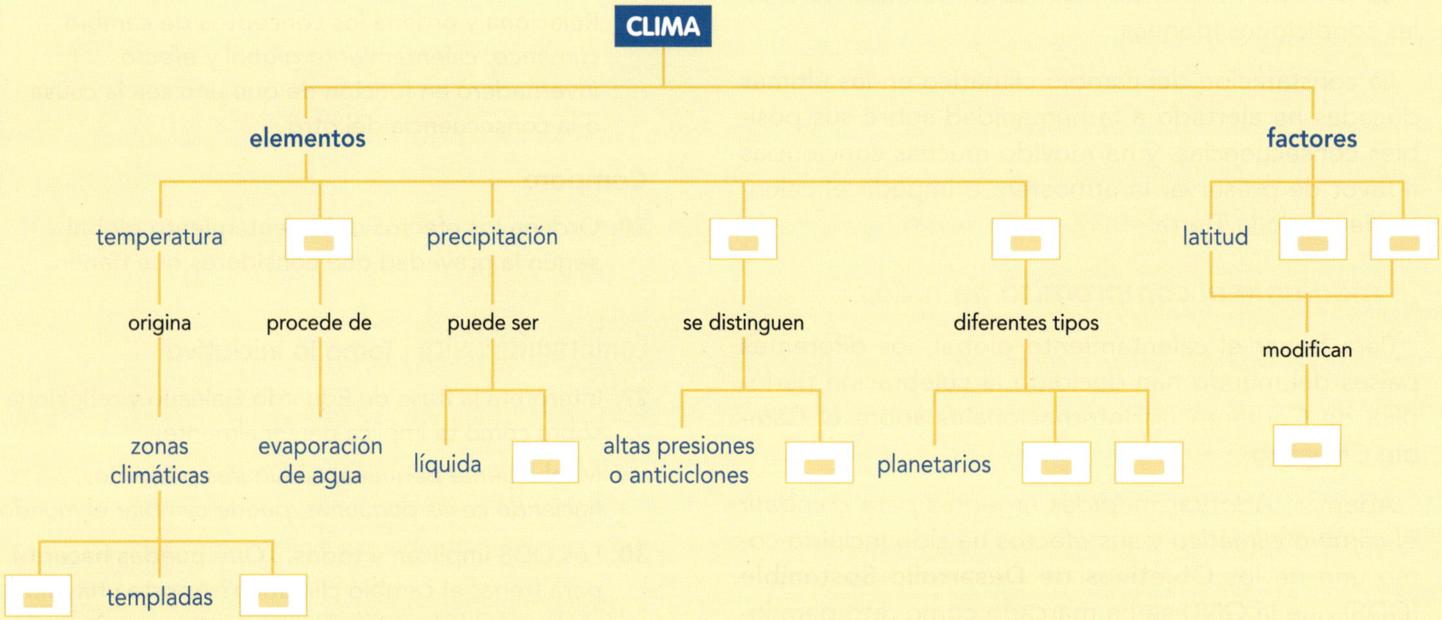

2. Repaso lo aprendido

a. Sintetizo

- ¿Qué es el tiempo? ¿Y el clima? ¿En qué se diferencian?
- ¿Cuáles son los elementos atmosféricos de los que dependen el tiempo y el clima? Explícalos.

b. Defino conceptos

- brisa marina
- efecto invernadero
- capa de ozono
- amplitud térmica
- estratosfera
- troposfera
- aire saturado
- terral

c. Identifico símbolos

Reproduce en tu cuaderno estos símbolos e identifícalos con un frente cálido, un frente frío y un frente ocluido:

- ¿Con qué fenómeno atmosférico se relaciona la presencia de frentes en los mapas del tiempo?
- ¿Qué diferencias puedes establecer entre un frente cálido y un frente frío?
- ¿Cuándo se origina un frente ocluido?

d. Explico el esquema

Explica cómo influyen en el clima estos factores:

e. Distingo las características de un fenómeno

Coloca las siguientes características según correspondan a los anticiclones o a las borrascas:

- Es aire húmedo que favorece la formación de nubes y precipitaciones.
- En el hemisferio Norte, el aire gira en sentido contrario a las agujas del reloj.
- Es aire poco pesado ascendente.
- Es aire seco que origina un cielo despejado y un tiempo estable.
- En el hemisferio Norte, el aire gira en el sentido de las agujas del reloj.
- Es aire pesado descendente.

f. Completo un cuadro-resumen

Copia y completa en tu cuaderno el cuadro-resumen que tienes a continuación:

	Presión	Temperatura	Precipitaciones
Tiempo estable			
Tiempo inestable			
Polos Norte/Sur			
Ecuador			

3. Aprendo a hacer. Elaborar un climograma

1. Preparación

a. En una hoja, a ser posible cuadriculada, traza tres ejes, uno horizontal y dos verticales:

- En el eje horizontal, representa los 12 meses del año.
- En el eje vertical izquierdo, sitúa las temperaturas en intervalos de 5 °C en 5 °C, de 10 °C en 10 °C, etc.
- En el eje vertical derecho, sitúa las precipitaciones en intervalos que serán el doble del valor de las temperaturas: de 10 mm en 10 mm, de 20 mm en 20 mm, etc.

Los climogramas representan las temperaturas y las precipitaciones de un determinado lugar a lo largo de todo un año.

También permiten determinar los meses con sequía, la amplitud térmica, la temperatura media, la precipitación media y total, así como sus máximas y sus mínimas.

2. Elaboración

a. Señala la temperatura media de cada mes con un punto de color rojo. Luego, une los puntos con una línea continua del mismo color.

b. Señala las precipitaciones de cada mes con una barra azul.

	E	F	M	A	M	J	J	A	S	O	N	D
T (°C)	4,3	5,6	8,0	9,8	13,8	18,8	22,7	22,6	18,4	12,7	7,9	5,3
P (mm)	45	41	32	56	60	44	15	17	37	53	49	58

3. Análisis e interpretación

a. Temperaturas.

- ¿Cuál es la temperatura media anual? ¿Crees que representa un clima cálido o templado? ¿Por qué?
- ¿Cuáles son los meses con temperaturas máximas y mínimas? ¿En qué hemisferio del planeta situarías este lugar?
- Calcula la oscilación o amplitud térmica anual: ¿es muy elevada? ¿Crees que se trata de un lugar próximo al mar? ¿Por qué?

b. Precipitaciones.

- ¿Cuál es el total de precipitación anual? ¿En qué meses son más abundantes las precipitaciones? ¿En qué meses llueve menos?
- Explica cómo se distribuyen las lluvias durante el año. Ten en cuenta que cuando la barra de precipitaciones se sitúa por debajo de la curva de temperaturas, está indicando meses secos.

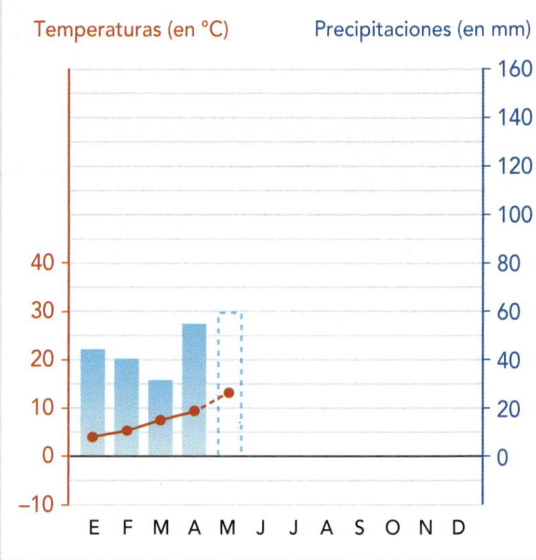

4. Interpreto un mapa del tiempo. La situación en Europa

Fíjate en el mapa y resuelve estas cuestiones:

a. ¿Qué nombre reciben las líneas blancas? ¿Qué nos indican las flechas?

b. ¿Qué representan las letras A y B? ¿Qué presión tiene cada uno de ellos? ¿Se trata de altas o bajas presiones? ¿Qué tiempo pronostica su presencia?

c. Busca si hay frentes, y di de qué tipo son (cálidos, fríos u ocluidos). ¿Qué indica su presencia?

d. Deduce cuál será la intensidad y la dirección del viento predominante en la Península Ibérica. ¿Cómo lo has sabido?

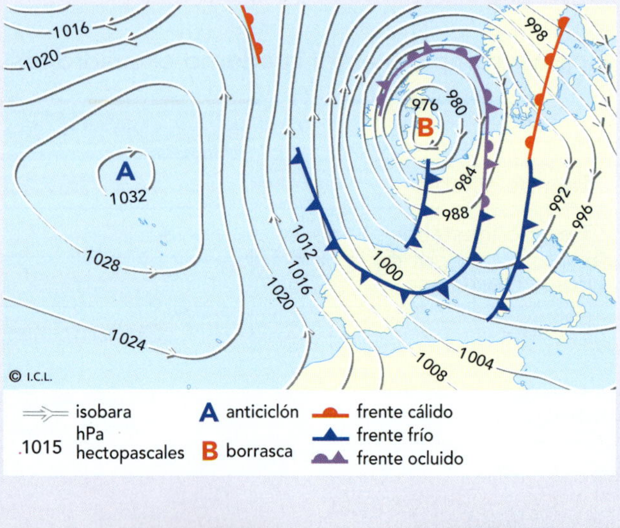

5. Evalúo fuentes geográficas. Los vientos monzones

Los monzones son vientos estacionales que se producen por efecto de las diferencias de temperatura entre el océano Índico y el sur del continente asiático, sobre todo, la península de Indostán, en la India.

Lee y completa, con las palabras que tienes al final de estas líneas, el texto de los monzones:

Himalaya, continente, condensan, estival, humedad, Bengala, frente e invierno.

El monzón ______ (junio a septiembre) trae la gran lluvia. Las flechas rojas sobre el mar Arábigo y el golfo de ______ marcan sus dos brazos de viento, cargados de ______ marina.

Cuando llegan al ______, las pesadas nubes suben, se refrescan y sus partículas de vapor se ______. Finalmente, ambos ramales chocan contra las montañas, así las flechas llegan a los Ghates occidentales. Aquí el ______ nuboso se refrigera y deja sobre la costa sur más de 1500 m^3 de precipitaciones. Las flechas llegan al ______, barrera que obliga a las nubes a subir en espiral, provocando grandes lluvias en sus estribaciones (...). A partir de octubre, las condiciones cambian: el monzón de ______ trae mucha menos lluvia.

Revista *Geo*, n.º 154, noviembre de 1999. (Adaptación)

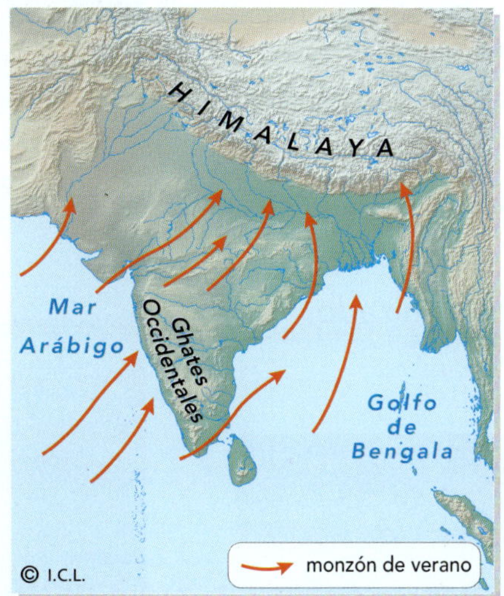

Monzón de verano

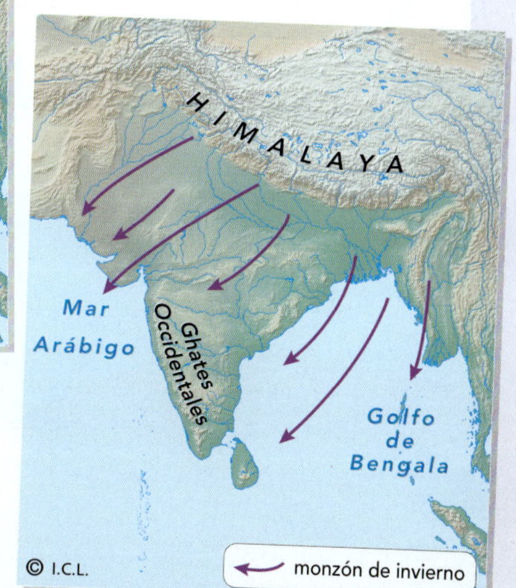

Monzón de invierno

6. Analizo el vídeo

El frente polar

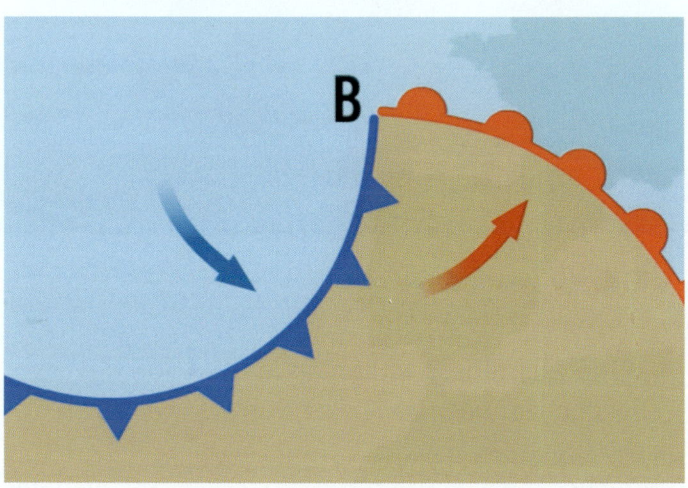

Mira detenidamente el vídeo sobre el frente polar que te presentamos en el apartado 5: *¿Qué nos dicen los mapas del tiempo*? Luego, realiza estas actividades:

a. ¿Qué es un frente?

b. Explica cómo se origina el frente polar.

c. ¿Qué son los frentes fríos y cálidos? ¿Cómo se representan en los mapas del tiempo?

d. ¿Qué tipo de tiempo se asocia al paso de un frente cálido? ¿Y de un frente frío?

e. ¿Cuándo se forma un frente ocluido? ¿Cómo lo identificamos en los mapas? ¿A qué tipo de tiempo corresponde?

5 ¿Por qué son tan diferentes los paisajes de la Tierra?

En este tema aprenderás:

- Qué es el paisaje y qué diferencias existen entre los diferentes paisajes de la Tierra.
- Que existen paisajes poco transformados, pero también paisajes modificados por la intervención humana a lo largo del tiempo.
- Por qué los bosques son fundamentales para la vida.
- Cómo se comenta un paisaje humanizado.

Dunas de arenas rojas y acacias africanas, en Namibia.

Empiezo

Observo...

- ¿Qué elementos te llaman la atención del paisaje de Vietnam? ¿Por qué?
- ¿Crees que estamos ante un paisaje transformado por la acción humana? Indica tres aspectos concretos de la imagen que reflejen dicha influencia.

Selva en Camerún.

Estepa en Mongolia.

Taiga en Siberia.

Tundra en Alaska.

Selva Negra en Alemania.

Campos de arroz rodeados de montañas boscosas en Vietnam.

... pienso...

- El escritor chino Lin Yutang afirmó: "La mitad de la belleza depende del paisaje, y la otra mitad, de la persona que lo mira". ¿Qué quiso decir?
- ¿Qué es para ti el paisaje? ¿Crees que un desierto como el de la imagen lateral puede considerarse bonito? Argumenta tu respuesta.

... y me pregunto

Después de ver el vídeo, plantea dos preguntas que te parezcan interesantes sobre el **ODS 15. Vida de ecosistemas terrestres**, y ponlas en común con el resto de la clase.

15 VIDA DE ECOSISTEMAS TERRESTRES

1 ¿Qué entendemos por paisaje?

El paisaje que percibimos...

El **paisaje** es el aspecto que adopta el territorio, y que es resultado de la interacción de factores naturales y humanos. De este modo, podemos distinguir entre **paisajes naturales** y **paisajes humanizados**.

En un sentido más amplio, el paisaje forma parte del patrimonio cultural. Así, el **paisaje cultural** es la suma de elementos naturales y humanos, ya sean de tipo material (edificios, carreteras...) o inmaterial (tradiciones, creencias...).

La **protección del paisaje** es fundamental, ya que desempeña un papel muy importante a nivel ecológico y cultural. Además, supone una gran oportunidad para el desarrollo económico y social de los territorios, siempre y cuando se gestionen de forma sostenible.

... puede ser un paisaje natural...

El paisaje natural es aquel que no ha sido modificado por el ser humano. Está determinado por:

- **Factores físicos**, como el clima, el relieve, la hidrografía y los suelos.
- **Factores biológicos**, como la vegetación y la fauna.

La combinación de estos factores genera distintos paisajes, en diferentes **zonas bioclimáticas**, según su cercanía al Ecuador, la altitud y la distancia al mar.

Los factores del paisaje

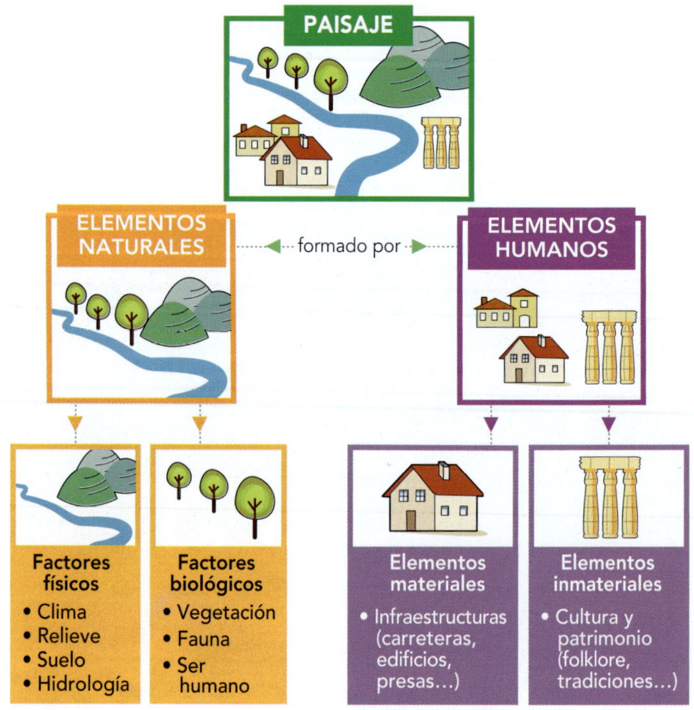

Zonas bioclimáticas de la Tierra

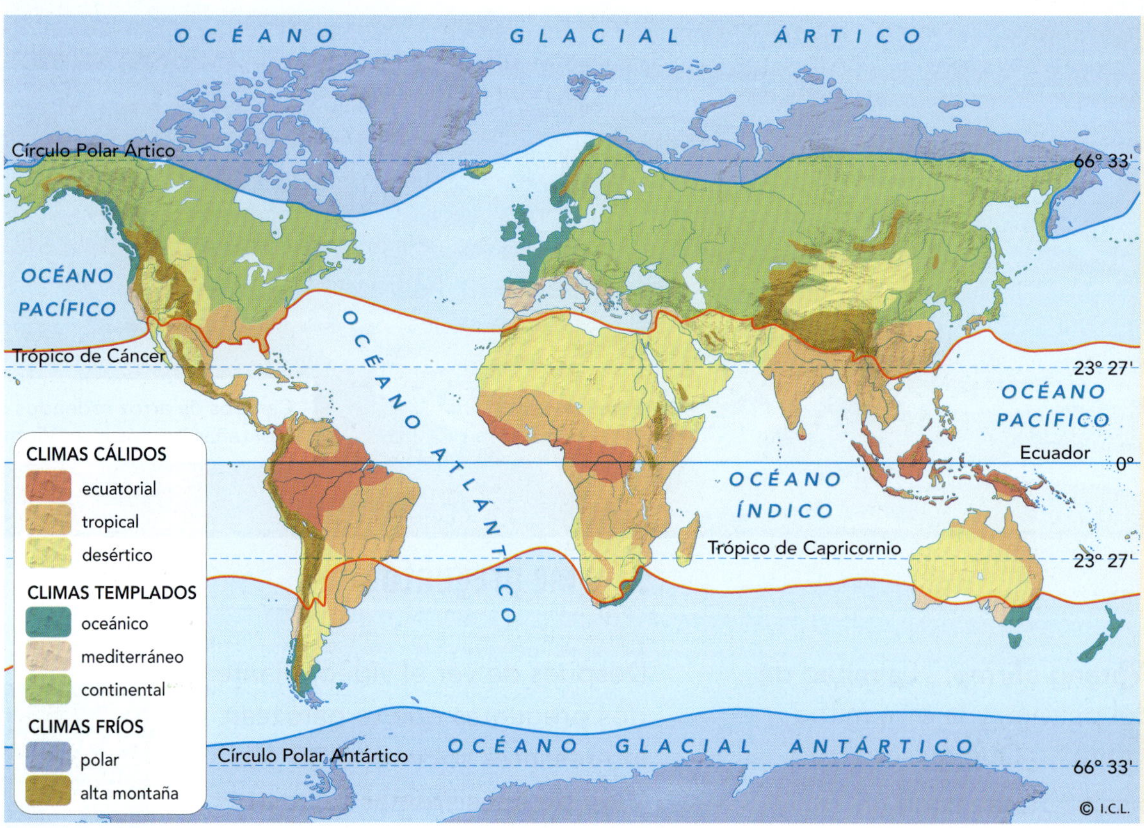

zonas frías
Entre los 60° y 90° de latitud Norte y Sur. En alta montaña, a más de 2 500 m.

zonas templadas
Entre los 30° y 60° de latitud Norte y Sur.

zona cálida
Entre los 0° y 30° de latitud Norte y Sur.

Los paisajes desérticos y de montaña son azonales, es decir, pueden hallarse en distintas zonas bioclimáticas.

... o un paisaje humanizado

El paisaje humanizado es el resultado de la intervención del ser humano en un territorio determinado a lo largo del tiempo. Puede ser de dos tipos:

- **Paisaje modificado**. Es aquel que ha sido variado por el ser humano, sin alterar el equilibrio ecológico de forma permanente (por ejemplo, un bosque repoblado o una dehesa).
- **Paisaje ordenado**. Es aquel que ha sido transformado por el ser humano de forma planificada, mediante la construcción de edificios e infraestructuras, la roturación de bosques o el establecimiento de actividades económicas diversas.

  En función de su ubicación, puede ser un **paisaje rural** (por ejemplo, cultivos de regadío) o un **paisaje urbano** (construcción de viviendas, calles, polideportivos, jardines...).

La ordenación del territorio

En la actualidad, la modificación del paisaje la realizan las administraciones públicas: es lo que se llama **ordenación del territorio.**

Para poder planificar una ocupación ordenada y gestionar de manera sostenible un territorio, hay que conocer los elementos que integran y condicionan el paisaje.

Si se conoce o se prevé la evolución de cada paisaje, será posible protegerlos y conservarlos, además de reducir los efectos negativos que las actividades humanas generan en ellos.

La construcción de una carretera o un campo de golf origina una alteración del paisaje. Por ello, las administraciones obligan a realizar un estudio previo para saber qué huella dejará en el paisaje, y exigen tomar medidas para minimizar el impacto ambiental.

Campo de golf.

Las Médulas, paisaje cultural

El yacimiento de Las Medulas (León) es un ejemplo de evolución del paisaje: el primitivo **paisaje natural** fue modificado cuando en época romana se inició la extracción de oro en este lugar, convirtiéndose así en un **paisaje minero**. En la actualidad, es visitado por su interés arqueológico, por lo que constituye un **paisaje cultural y turístico**.

Comprendo

1. ¿Qué es el paisaje? Toma fotografías de paisajes naturales y humanizados de tu entorno, y comenta en clase sus características.
2. Accede a esta visita del yacimiento de Las Médulas en www.tiching.com/778542. ¿Qué elementos te indican el cambio de un paisaje natural a otro humanizado?

Reflexiono

3. Explica por qué es necesario establecer normas que ordenen el territorio. ¿Qué problemas ocasionaría la falta de planificación del territorio?

Patrimonio ambiental y desarrollo sostenible | Asumo los ODS

4. Investiga el ODS 15. Vida de ecosistemas terrestres, en www.tiching.com/778544 e identifica cuáles son las principales amenazas que afectan a los paisajes. ¿Qué metas se proponen para cumplir con este objetivo? ¿Qué puedes hacer tú para ayudar a alcanzarlo?

2 ¿Por qué es tan importante el bioclima ecuatorial?

La selva ecuatorial

Altas temperaturas, abundantes precipitaciones...

Las regiones del **clima ecuatorial** se encuentran en torno al Ecuador: cuenca del río Amazonas y zonas de Centroamérica, cuenca del río Congo y golfo de Guinea, y Sudeste de Asia. Su proximidad al Ecuador hace que los rayos solares incidan perpendicularmente, por lo que estos lugares pertenecen a la zona cálida de la Tierra.

Los **climas ecuatoriales** se caracterizan por **altas temperaturas**, estables durante todo el año (en torno a 25 °C), sin apenas amplitud térmica anual y entre el día y la noche.

Las **precipitaciones** son muy frecuentes y **abundantes** (superan los 1 500 mm anuales) y se reparten a lo largo de todo el año.

Por ello, los **ríos** de la zona ecuatorial, como el Amazonas, el Congo y el Mekong son regulares y muy caudalosos.

... y una vegetación exuberante y llena de vida...

Las elevadas temperaturas, unidas a lluvias prácticamente diarias, producen una elevada sensación de calor y humedad, y determinan la existencia de un tipo de bosque muy frondoso, denominado **selva** (o **jungla**, en Asia). La vegetación ecuatorial presenta distintos niveles según la altura y la luz que reciba:

- **Suelo forestal**. Es la tierra orgánica, muy fértil, que alberga hongos, insectos y bacterias.
- **Sotobosque**. Lo forman los arbustos y árboles jóvenes adaptados a la sombra. Monos, aves y lagartos son sus habitantes.
- **Dosel**. Lo componen las copas y zonas superiores de los árboles. Alberga la mayor biodiversidad de seres vivos.
- **Capa emergente**. La integran los árboles aislados que se elevan sobre el dosel. En ella habitan algunas aves y murciélagos.

Todo ello explica que en las zonas de clima ecuatorial se encuentre el 50 % de la biodiversidad de la Tierra. Debemos tomar conciencia de que el equilibrio climático de nuestro planeta depende de la preservación de los ecosistemas ecuatoriales.

Bioclima ecuatorial

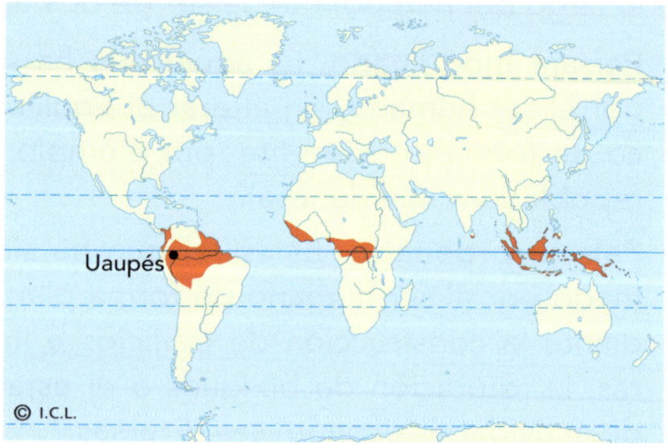

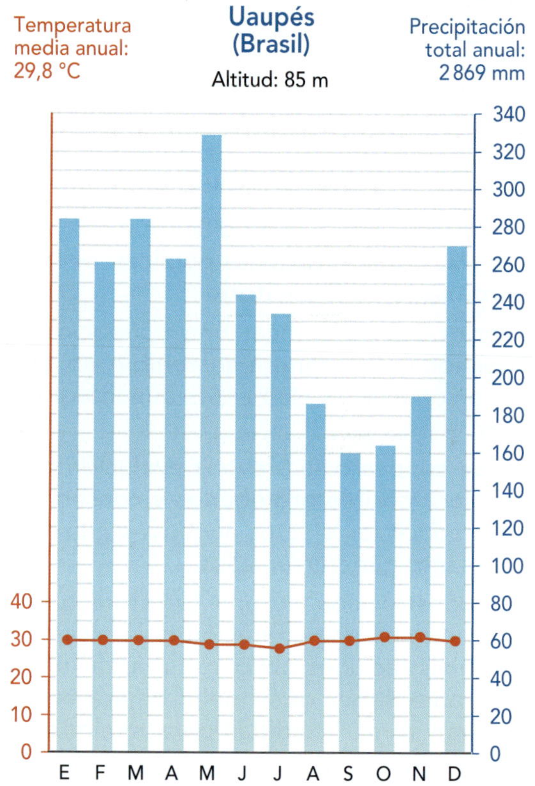

Causas de la deforestación de la Amazonia

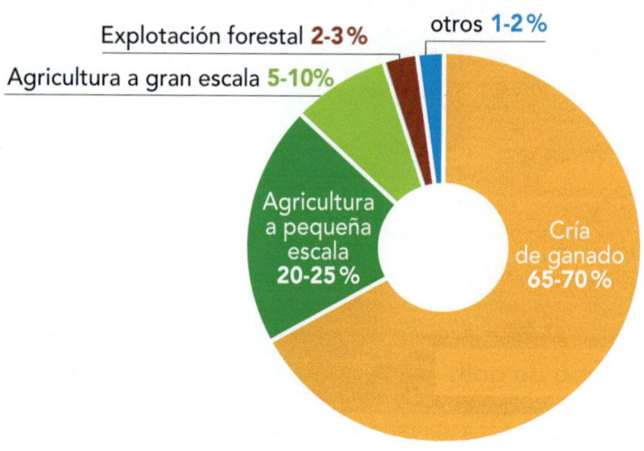

manglar

orquídeas

lianas

Selva amazónica.

... pero amenazada por la deforestación

Las regiones del clima ecuatorial están **muy poco pobladas**, salvo en las zonas asiáticas. Ello se debe a las condiciones de calor y humedad, la dificultad de las comunicaciones y la facilidad de propagación de diversas enfermedades.

En algunas zonas, como la Amazonia, sobreviven **culturas indígenas**, como los guaraníes o los yanomamis, cuyas formas de vida sostenible apenas tienen impacto en el medio natural.

La **deforestación masiva** de las selvas ecuatoriales se ha incrementado durante las últimas décadas, poniendo en peligro el equilibrio de su ecosistema. Este retroceso es debido a:

- La **extensión de la ganadería bovina**, que ha situado a Brasil como principal exportador mundial de carne de vacuno.
- El **aumento de la agricultura de plantación** con cultivos como la caña de azúcar, la palmera aceitera y la soja.
- La **tala de árboles** para comercializar su madera (ébano, caoba o teca) y elaborar pasta de celulosa para la fabricación de papel.
- La **explotación de los recursos mineros** del subsuelo.
- La **construcción de ciudades e infraestructuras**.

Observo y analizo

5. Realiza una visita a la isla de Borneo en www.tiching.com/778545 y contesta:
   - ¿Cómo crees que influyen las plantaciones de palmeras aceiteras en la biodiversidad de la isla?
   - Averigua qué animal está en peligro de extinción en la isla, y cuáles son los motivos.
6. Analiza el gráfico de la Amazonia brasileña: ¿qué actividad supone una mayor pérdida de selva?

Causas múltiples | Explico el ecosistema

7. Observa el climograma y las imágenes. ¿Qué relación crees que guardan las precipitaciones y las temperaturas con la biodiversidad ecuatorial?

3 ¿Qué diversidad presenta el bioclima tropical?

Las precipitaciones determinan dos estaciones...

Las regiones de **clima tropical** se localizan en el Norte y en el Sur de la zona ecuatorial, entre los trópicos de Cáncer y de Capricornio (África subsahariana, regiones de Sudamérica, como la cuenca del Amazonas, Sudeste asiático y Norte de Australia).

Al situarse en la zona de los climas cálidos, sus **temperaturas** son relativamente **elevadas** todo el año, y la amplitud térmica reducida.

Las **precipitaciones** son **abundantes** (entre 750 y 1 500 mm anuales) y determinan dos estaciones diferenciadas: una seca en invierno y otra húmeda en verano. En función de la cercanía al Ecuador y de la cantidad de precipitaciones, podemos distinguir entre un **clima tropical húmedo** y un **clima tropical seco** o de sabana.

Bioclima tropical

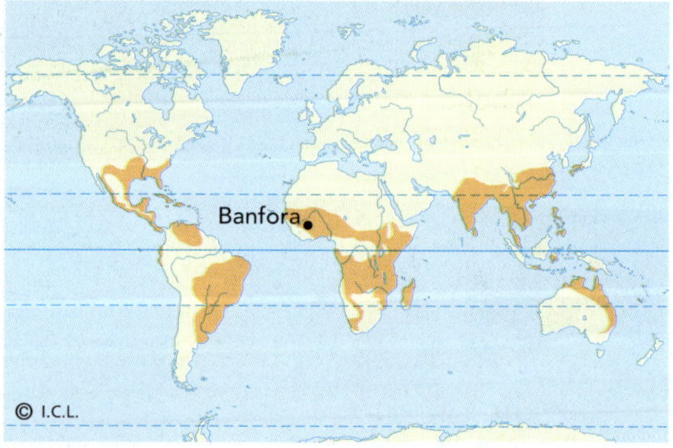

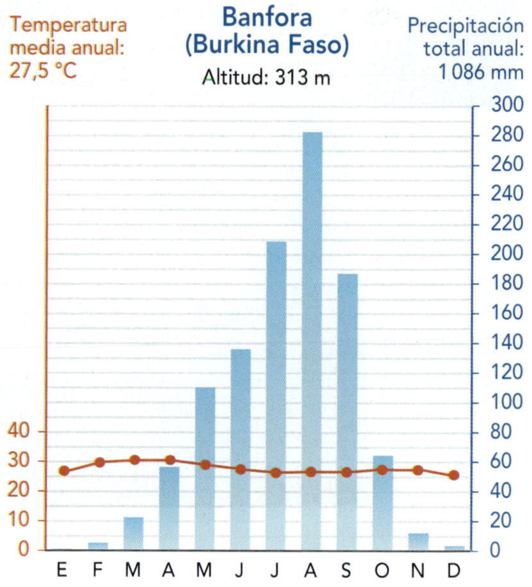

... y paisajes diferentes en función de su cercanía al Ecuador...

En relación al Ecuador, los paisajes tropicales pueden ser:

- **Bosques tropicales**. La proximidad al Ecuador genera bosques de vegetación similar a la de la selva, aunque con árboles de menor altura y variedad.
- **Sabanas**. La mayor distancia al Ecuador y la mayor duración de la estación seca ocasionan que las grandes llanuras de la sabana estén cubiertas por una vegetación formada por hierbas (hierbas de elefante, de hasta 3 metros de altura en la estación húmeda), arbustos y algunos árboles (como las acacias y los baobabs).
- **Estepas**. La lejanía del Ecuador ocasiona que en las estepas la estación seca abarque la mayor parte del año. Las escasas lluvias originan paisajes con una vegetación pobre, a base de especies con hojas duras y espinosas para evitar la pérdida de humedad.

La sabana

El bosque tropical

árbol de Kapok

bromelia

árbol del caucho

Bosque tropical a orillas del río Chobe, Zambia.

... modificados por la acción humana

Las actividades humanas modifican el equilibrio de extensas regiones, y en particular de la sabana, de diferentes maneras:

- La **ganadería** y el **sobrepastoreo** provocan la desaparición de las hierbas y beneficia el avance de especies leñosas.
- La **agricultura** transforma la cubierta vegetal, pues es habitual incendiar las tierras de arbustos para poder cultivar. Este hecho provoca la degradación de las especies vegetales y de los suelos.

Este proceso está ocasionando la **desertificación** de algunas zonas de las sabanas del África subsahariana, Brasil y Australia, además del empobrecimiento de la población y la emigración de personas y animales.

La sequedad de la estepa únicamente permite algunas actividades ganaderas.

Observo y comprendo

8. Observa las fotografías del bosque tropical y la sabana. ¿Qué diferencias aprecias? ¿Te parece un paisaje natural o humanizado?
9. Analiza el climograma y relaciona las precipitaciones y las temperaturas con el tipo de vegetación.

Patrimonio ambiental y desarrollo sostenible | Descubro el patrimonio ambiental

10. Busca en Internet fotografías de la fauna y la flora de la sabana:
   - Razona si la sabana se ha convertido en una zona de turismo de safaris.
   - ¿Crees que este turismo afecta de manera positiva o negativa? Argumenta tu respuesta.

4 ¿A qué se debe la aridez del bioclima desértico?

Los desiertos son el conjunto bioclimático más extenso del planeta...

Los paisajes de desierto y semidesierto (regiones muy áridas y áridas) ocupan enormes extensiones de la superficie terrestre, en particular las **áreas cercanas a los trópicos** (como, por ejemplo, el Sahara, el mayor desierto del mundo) y buena parte de la **zona templada** (centro de Asia, Oeste de Norteamérica...).

La extensión de las zonas desérticas es aún mayor porque están bordeadas por tierras áridas, semiáridas y esteparias, con grave riesgo de degradarse y convertirse en desiertos. En total, la aridez cubre más del 40 % de la superficie terrestre.

... tienen precipitaciones escasas e irregulares...

Hay desiertos cálidos, templados y fríos según sus temperaturas, pero lo común en todos ellos es un gran **déficit de agua**, debido a que la pérdida de agua a través de la evaporación y transpiración de las plantas es superior a la que reciben. La falta de humedad se debe a la escasez e irregularidad de las lluvias y a la elevada temperatura de muchas regiones desérticas.

La temperatura media anual es elevada, pero la ausencia de nubes provoca una **gran amplitud térmica** o diferencia de temperaturas entre el día y la noche.

La escasez de precipitaciones puede tener varias causas:

- Las **altas presiones tropicales**, como en los desiertos del Sahara, Arabia, Kalahari y Australia.
- Las **barreras montañosas** que frenan los vientos húmedos, como en México, EE. UU., Asia central o el Oeste y Sur de Argentina.
- Las **corrientes frías costeras**, que originan un aire fresco y estable con ausencia de precipitaciones, como en Atacama, Baja California y Namibia.

... y vegetación y fauna pobres

Las **plantas** que sobreviven a las extremas condiciones del desierto son escasas y crecen dispersas, para repartirse el agua. Son plantas **xerófilas** (adaptadas a la aridez) y de pequeño tamaño: espinas en lugar de hojas, piel gruesa para reducir la transpiración, acumulación de agua (cactus) y desarrollo de raíces en horizontal o vertical para captar la humedad.

Hay también plantas, como las palmeras y acacias, que no necesitan gran adaptación, debido a que crecen únicamente en lugares favorables como los oasis.

La **fauna** también es reducida, por la escasez de nutrientes, y suele estar adaptada a la vida nocturna: arácnidos, reptiles, roedores, gacelas, zorros, etc. Destacan el camello y el dromedario, capaces de acumular agua y soportar muchos días sin beber.

Desierto de Mohave en California (EEUU).

Laguna salada en Atacama (Chile).

Según la FAO, las tierras áridas o secas de la Tierra incluyen todas las áreas con déficit de agua, desde las muy áridas o desérticas, hasta las esteparias (sabanas y estepas secas).

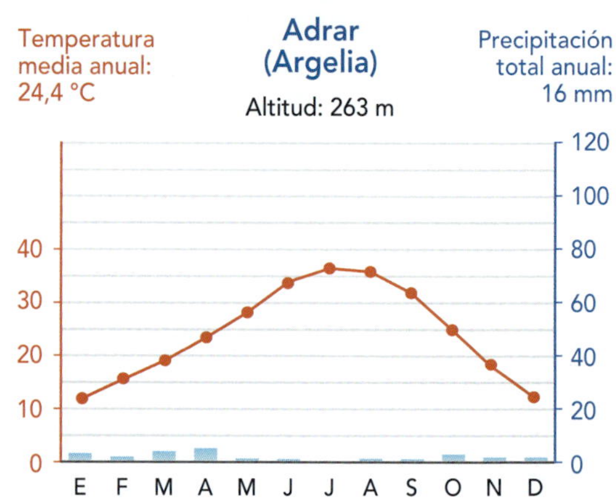

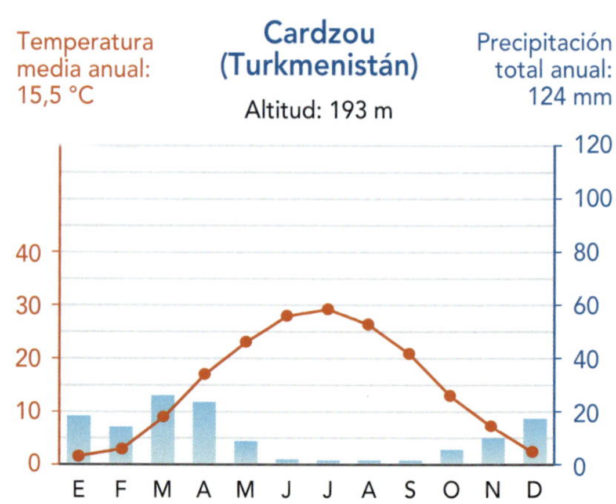

Las tierras áridas o secas de nuestro planeta

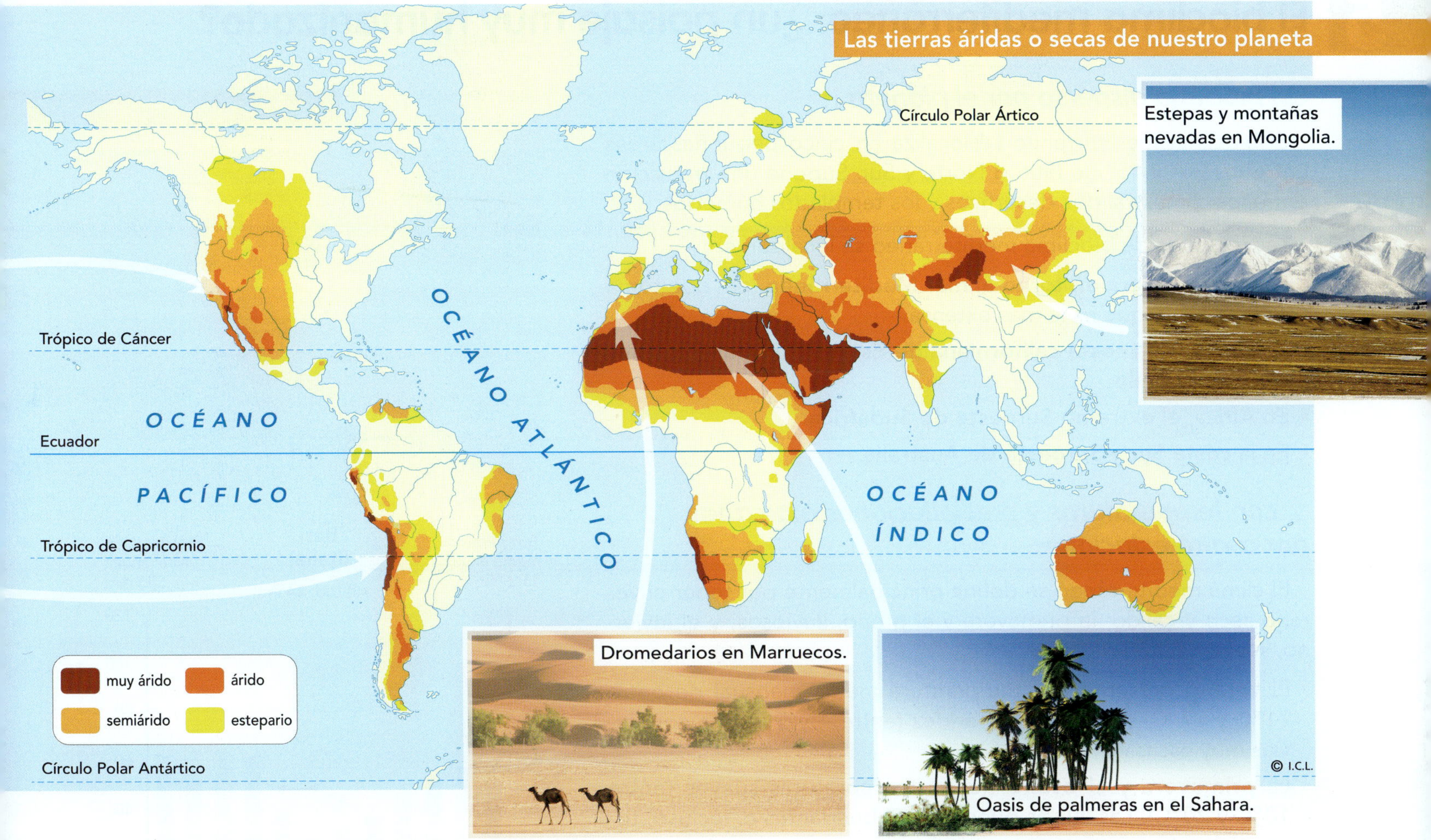

Estepas y montañas nevadas en Mongolia.

Dromedarios en Marruecos.

Oasis de palmeras en el Sahara.

La desertificación

La desertificación es la degradación de tierras secas aún fértiles en **tierras desérticas e improductivas**, como consecuencia de la **acción humana**. Esta degradación puede fácilmente producirse por incendios, sobrepastoreo y una utilización excesiva de agua para la agricultura.

La pérdida de fertilidad del suelo impide la vida de las plantas, que dejan así de producir recursos, de fabricar oxígeno y de captar carbono del aire. No es difícil ni costoso prevenir la desertificación, pero sí lo es, y mucho, recuperar las tierras ya convertidas en desierto.

Debido a las graves consecuencias humanas y ambientales de la desertificación, la ONU y otras organizaciones internacionales promueven investigaciones y programas para aumentar la fertilidad de las tierras áridas con una agricultura y ganadería adaptadas a ese entorno.

Avance de la desertificación en el Norte de China.

Localizo

11. Con la ayuda de un mapa político, indica los países de Europa, América y África en peligro de desertificación.

Razono

12. ¿Qué características tienen los climas de Adrar y Cardzou? ¿Cómo será la vegetación y el paisaje de estos lugares?

13. ¿Cómo explicas que las plantas y los dromedarios que muestran las fotografías puedan vivir en lugares tan secos? ¿Cómo se adaptan al medio?

Compromiso cívico | Me comprometo

14. Lee el texto que encontrarás en www.tiching.com/778540. Localiza Burkina Faso, explica la investigación que se está llevando a cabo y cómo esta puede frenar la desertificación.

15. ¿Cómo perjudica la desertificación a la vida y a la actividad humanas? ¿Qué beneficios directos obtiene cualquier persona si se reduce la desertificación?

5 El bioclima mediterráneo: ¿un paisaje muy humanizado?

Un bioclima disperso por el planeta...

El bioclima mediterráneo se localiza en cinco pequeñas áreas entre los 30° y 45° de latitud Norte y Sur. Supone una transición entre los climas cálidos desérticos y los templados húmedos.

Las regiones de bioclima mediterráneo se localizan en:

- La **franja costera en torno al mar Mediterráneo**, del que toma su nombre, y que es la más extensa.
- En América, la **costa californiana de Estados Unidos** y la **zona central de Chile**.
- En África, el **extremo Suroeste de Sudáfrica**.
- En la **costa Sur y Suroeste de Australia**.

Bioclima mediterráneo

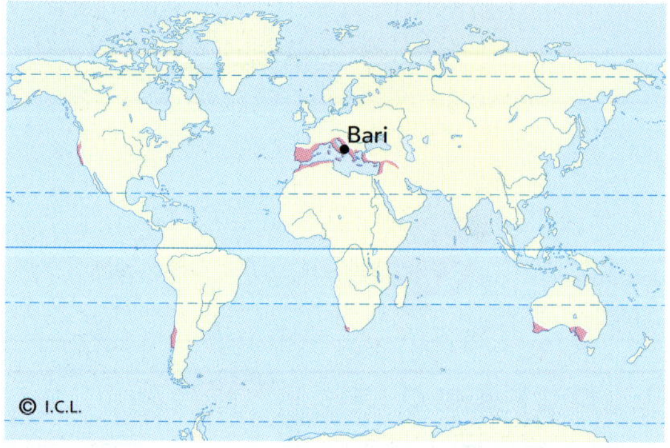

... con temperaturas y precipitaciones marcadas por cuatro estaciones...

El clima mediterráneo se define principalmente por tener el verano seco y cálido; la primavera y el otoño, lluviosos; y el invierno, suave:

- El **verano** presenta una temperatura media mensual de entre 21 °C y 27 °C, y una notable aridez (entre 4 y 5 meses con lluvias muy escasas).
- La **primavera** y el **otoño** tienen temperaturas suaves (entre 10 °C y 20 °C). Las lluvias pueden ser abundantes e, incluso, torrenciales, lo que origina inundaciones.
- El **invierno es fresco**, con temperaturas entre 9 °C y 13 °C, y moderadamente lluvioso.

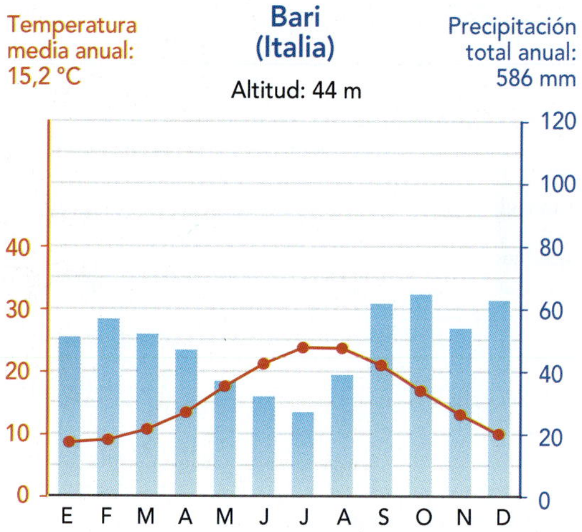

... un paisaje natural escaso, con vegetación resistente a la aridez...

La intensa aridez del verano impone unas duras condiciones para la vida vegetal espontánea, que queda prácticamente interrumpida en esos meses.

Por esta razón predominan las **plantas esclerófilas** o resistentes a la aridez: **bosque perennifolio** de pinos y encinas, y **matorral** de jaras, retamas, coscoja, lentisco, lavanda, palmito, etc.

Los árboles caducifolios solo crecen de manera espontánea en los bosques de ribera.

Paisaje mediterráneo de pinos, encinas y matorral en California.

Incendios en el Mediterráneo

Más del 80 % de la superficie que se quema cada año en Europa pertenece a países de la cuenca del Mediterráneo.

La expansión de los incendios se debe a la despoblación del medio rural, al abandono de las actividades agrarias y a las prolongadas sequías y olas de calor.

Las consecuencias de esta situación son los graves daños ambientales y económicos, y un elevado riesgo para las vidas humanas.

coscoja

palmito

pinos y matorral espinoso

Costa mediterránea de Croacia.

... y paisajes humanizados muy urbanizados

El mar Mediterráneo ha atraído a pobladores desde hace siglos. El bosque aún se conserva en algunas montañas, pero las llanuras pronto fueron deforestadas y aprovechadas con el desarrollo de una **agricultura tradicional de secano** (cereal, olivo, vid) **y de regadío** en las riberas de los ríos (hortalizas, frutas).

En las últimas décadas, los paisajes mediterráneos sufren una intensa transformación debido a la **agricultura industrializada de invernaderos y riego por goteo** y, sobre todo, a causa de la **creciente urbanización** de las áreas más favorables al turismo. Esta actividad ha originado una urbanización masiva que ha degradado notablemente el ecosistema costero, destruyendo el paisaje natural y haciéndolo más vulnerable a los riesgos del cambio climático.

En amplias zonas de la costa mediterránea ha habido una intensa urbanización (Mónaco).

Localizo

16. Di el nombre de cinco países de distintos continentes con bioclima mediterráneo.

Comparo y razono

17. Explica, a partir del climograma de Bari, las características del clima mediterráneo.

Causas múltiples | Analizo los factores

18. Observa la vegetación espontánea en las imágenes de California, identifica alguna especie e indica cómo se ve condicionada por el clima mediterráneo.

19. ¿Qué características climáticas hacen del Mediterráneo una región muy turística? Explica qué repercusión tiene este atractivo turístico sobre el paisaje.

6 ¿Cómo influye el mar en el bioclima oceánico?

Un conjunto bioclimático húmedo...

El clima oceánico o atlántico se da en la zona templada de la Tierra, en las regiones costeras afectadas por vientos provenientes del océano, que evaporan mucha agua.

Se encuentra en zonas de Europa (**Portugal, Reino Unido, Bélgica**), de América (**Argentina, Chile, Canadá, Estados Unidos**), del **Sur de África** y de Oceanía (**Australia** y **Nueva Zelanda**).

La temperatura media es de unos 10 °C. Los **inviernos** son **moderadamente fríos** (temperatura media entre 6 °C y 10 °C), y los **veranos, frescos** (alrededor de 20 °C). La cercanía al mar y su efecto regulador de las temperaturas determina una amplitud térmica anual reducida (de entre 10 °C y 12 °C).

La **pluviosidad es elevada** (entre 1 000 y 2 000 mm anuales) y se distribuye a lo largo de todo el año, aunque el máximo suele situarse en invierno.

... con extensos bosques caducifolios...

Gracias a las temperaturas suaves y a las lluvias regulares e intensas, la vegetación es abundante y variada. Abundan los **bosques de hoja caduca** (robles, hayas, arces y castaños) y los **prados**, que facilitan el desarrollo de la actividad ganadera. Cuando el bosque se degrada, aparece la landa (brezo, tojo, retama...).

En las zonas de inviernos más largos y fríos, los árboles caducifolios son progresivamente sustituidos por **coníferas** (pinos, abetos, etc.), más resistentes al frío. De ahí que también encontremos **bosques mixtos**.

... y muy transformado por la actividad humana

De antiguo, las fértiles regiones de clima oceánico acogieron a muchos pobladores que talaron los bosques para su aprovechamiento agrícola, ganadero y forestal.

El gran crecimiento de la población en los dos últimos siglos ha multiplicado el **espacio urbanizado** de forma que, sobre todo en Europa y Asia, los bosques originarios han quedado reducidos a **áreas y parques protegidos**.

Bioclima oceánico

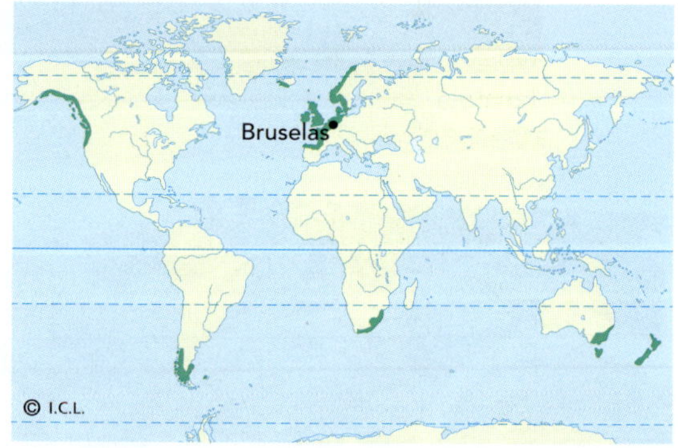

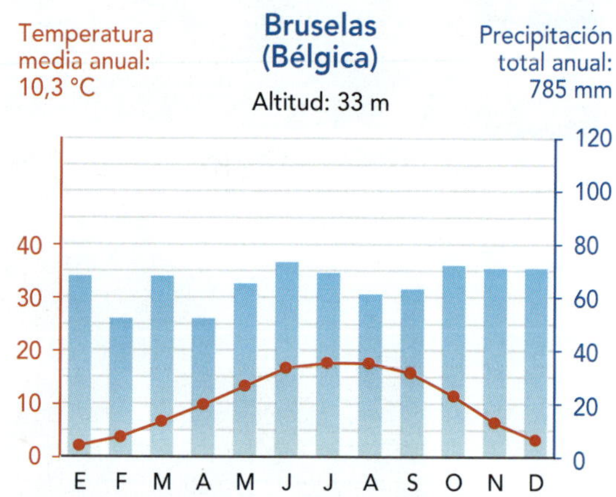

Ganadería extensiva de ganado ovino en Australia.

Bosque caducifolio en otoño.

La riqueza paisajística del bosque caducifolio

La variación de temperaturas entre invierno y verano produce cambios radicales en los árboles caducifolios.

El espectáculo que supone la caída de las hojas en otoño anuncia que los árboles caducifolios reducen en gran medida su vida vegetal para protegerse así del frío y de la falta de luz.

Por el contrario, el calor, la luz y las lluvias en primavera y verano permiten a los árboles una intensa actividad y producir hojas nuevas, flores y frutos.

Paisaje oceánico

Prados atlánticos en la costa de Irlanda.

landa

castaño

bosque de árboles caducifolios

Las amenazas al bosque templado

Al contrario que en Europa, los bosques templados se conservan en gran medida, en su estado originario, en Norteamérica y el hemisferio Sur, y poseen gran diversidad de especies.

Hoy en día, además de las actividades agrarias y la urbanización, dos grandes peligros amenazan a estos bosques: la **reforestación**, con especies de crecimiento rápido en explotaciones de monocultivo, y los **incendios**, muchas veces provocados para poder construir nuevas urbanizaciones e infraestructuras.

Explotación forestal de eucaliptos para la industria papelera en Australia.

Localizo

20. Con la ayuda de un mapa político, indica cinco países de distintos continentes donde se da el clima atlántico.

Observo y analizo

21. Explica, según el climograma, las características del clima oceánico.

22. Observa el bosque caducifolio en otoño y explica los cambios que se producen con la nueva estación.

Causas múltiples | Analizo los factores

23. ¿Qué rasgo del clima oceánico hace posible el bosque caducifolio? ¿Por qué?

24. ¿Qué factores explican que Norteamérica, Chile o Nueva Zelanda conserven mejor que Europa sus bosques oceánicos?

25. ¿Qué amenazas sufren los bosques templados?

7 ¿Cuáles son los grandes contrastes del bioclima continental?

Un conjunto bioclimático de influencia continental...

El paisaje continental se localiza en zonas con barreras montañosas que impiden la influencia del mar, o con vientos fríos de los polos que extreman las temperaturas.

Se da principalmente en el hemisferio Norte, en las tierras del **interior de los continentes europeo y asiático**, así como también en **América del Norte**.

Las regiones continentales no reciben la influencia reguladora del mar y, por ello, presentan **temperaturas extremas** (se calientan mucho en verano y se enfrían mucho en invierno). En verano pueden alcanzar los 30 °C, y en invierno, estar por debajo de 0 °C.

Las **precipitaciones son relativamente escasas** y se concentran principalmente en verano, en ocasiones bajo torrenciales aguaceros. Los inviernos suelen ser secos y son frecuentes las heladas y las nevadas. En verano, el recalentamiento del suelo y del aire origina temperaturas muy elevadas.

... con extensos bosques boreales y estepas...

La **taiga** o **bosque boreal** crece en regiones de inviernos muy fríos y veranos cortos y lluviosos. La actividad biológica de la taiga se limita al corto verano pero, por su enorme extensión, tiene un gran papel en el medioambiente terrestre.

El bosque boreal está formado por coníferas (abetos, pinos...), árboles de hoja perenne adaptados a temperaturas muy frías. Con más calor, crecen, además, abedules de hoja caduca. En los suelos húmedos donde hay materia vegetal se crean turberas donde se acumula **turba**, materia orgánica que se utiliza como combustible.

Más al Sur, las **estepas** (palabra de origen ruso) o **praderas** (como se llaman en Norteamérica) crecen en regiones de inviernos también fríos o muy fríos, pero con veranos más cálidos y secos.

La escasez de agua no facilita el crecimiento de árboles en las regiones esteparias, pero permite una gran variedad de **plantas herbáceas**, especialmente gramíneas, que le dan el color verde característico y que requieren ser utilizadas como pasto o segadas para su adecuada regeneración año tras año.

Bioclima continental

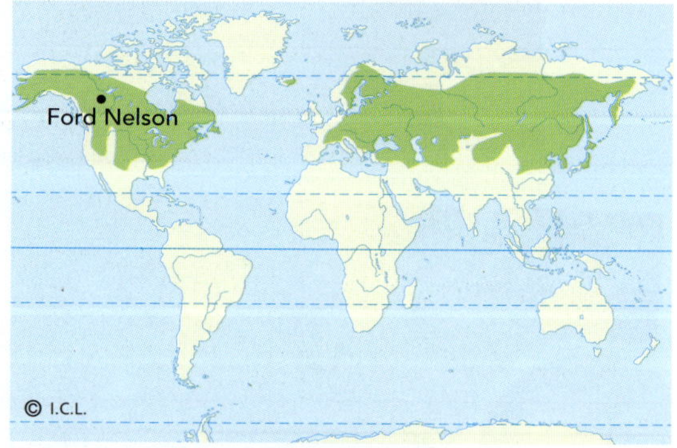

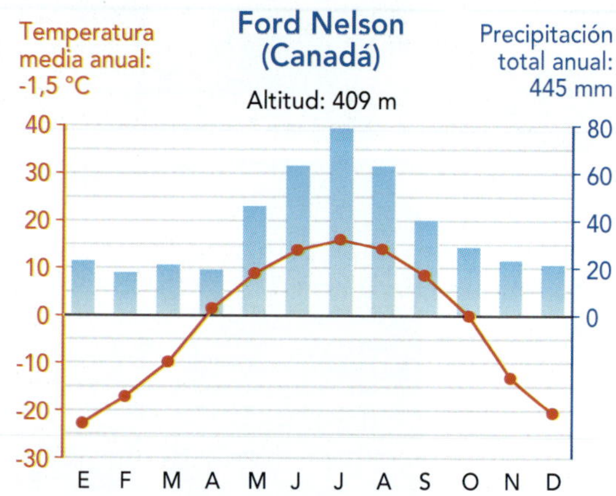

Estepa en Mongolia.

Agricultura intensiva en las antiguas praderas norteamericanas.

Una explotación agraria extensiva

Las antiguas praderas y estepas han sido desde antiguo explotadas por la fertilidad de sus suelos, primero para la ganadería extensiva y, después, para la agricultura.

Es destacable el caso de Estados Unidos, cuyas praderas estuvieron pobladas por grandes rebaños de bisontes salvajes hasta casi su exterminio en el siglo XIX, y que hoy en día se han convertido en extensas explotaciones agrarias de cereal (trigo y maíz).

Bosque boreal en Alaska.

... y escasa presencia humana

Los bosques boreales han sufrido pocas transformaciones en el pasado, especialmente en el Norte de Canadá y la Rusia siberiana, por la **limitada presencia de seres humanos**, que se concentra en pequeños pueblos y ciudades. Por esta razón aún conservan parte de sus rasgos originarios.

Pese a sus pobres recursos alimentarios, la inmensa extensión de este bosque permite conservar una importante **fauna salvaje** de grandes herbívoros (alces, renos, ciervos) y carnívoros (osos, lobos, zorros, linces...), además de roedores, aves, etc.

Sin embargo, hoy en día, estos bosques están amenazados por la creciente **explotación maderera**, sobre todo para la fabricación de celulosa para hacer papel, ya que requieren muchos años para su regeneración.

Tala de bosques para la industria maderera en Canadá.

Localizo

26. Busca en un mapa político cinco países de diferentes continentes donde se extienda la taiga.

Observo y comparo

27. ¿Qué especies caracterizan el bosque de taiga? ¿Cómo lo relacionarías con las condiciones climáticas del lugar?

28. Señala similitudes y diferencias entre la vegetación y los climas oceánico, mediterráneo y continental.

Procesos geográficos | Analizo el impacto

29. ¿Qué cambios han sufrido en los últimos siglos las praderas norteamericanas?

30. ¿Qué amenazas deben afrontar los grandes bosques boreales?

8 ¿Cuáles son los bioclimas de las regiones más frías?

Las zonas más frías de la Tierra...

Las regiones más frías de la Tierra se sitúan entre **los polos y sus círculos polares**, y también en cordilleras y áreas de gran altitud, como el **Himalaya**, el **Tíbet** o los **Andes**.

La inclinación del eje de la Tierra respecto a las zonas polares es la responsable de las bajas temperaturas (los rayos solares llegan muy inclinados) y de que los días y las noches duren 6 meses.

Las estaciones están poco marcadas y solo se diferencian **un invierno extremadamente frío**, cuyas temperaturas pueden llegar a –90 °C, y **un verano** donde se alcanzan, como máximo, los 10 °C.

Las **precipitaciones son prácticamente nulas** (alrededor de 300 mm anuales) y siempre en forma sólida (copos de nieve). También es frecuente la presencia de **tormentas** con vientos fuertes cargados de nieve.

... presentan un paisaje de hielo y tundra...

Tanto en las regiones polares como en las de alta montaña, se distinguen dos grandes conjuntos bioclimáticos:

- Los **desiertos fríos**, que son extensiones de hielo, glaciares, nieve y roca desnuda. Ocupan una enorme extensión en la **Antártida** y en **Groenlandia**.

  Este paisaje helado es propio de un clima con precipitaciones muy escasas y temperaturas extremadamente frías, que **no permiten la vida vegetal**, aunque sí la de algunos animales (**oso polar**, **foca** y **pingüino**), que se alimentan de recursos marinos.
- La **tundra polar y alpina**, que está formada por **praderas muy frías** y aparece en latitudes más bajas, con mas precipitaciones y una temperatura superior a 0 °C en algunos meses. Apenas existe en el hemisferio Sur, y en el Norte forma una franja entre el **desierto polar y la taiga**.

  El deshielo de la capa superior del suelo en verano permite que crezcan **musgos**, **hierbas** y **matorral bajo**. En la tundra viven herbívoros como el **buey almizclero** y el **reno**; carnívoros como **lobos**, **osos** y **zorros**; **roedores** y gran variedad de **aves acuáticas**.

Bioclimas polar y alta montaña

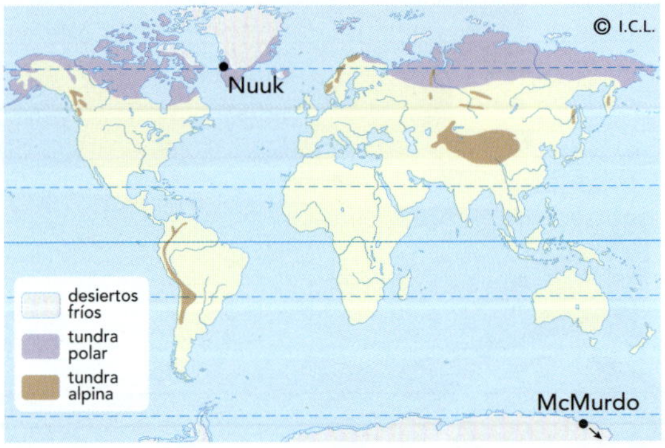

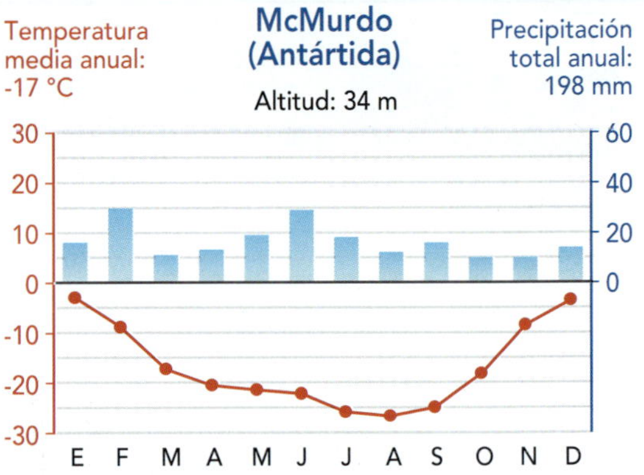

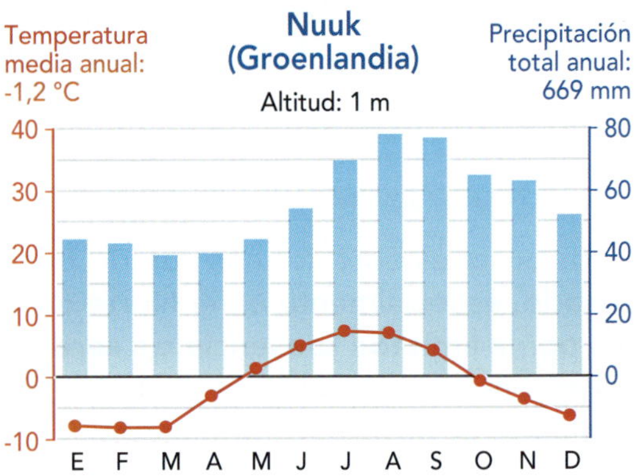

El bioclima de alta montaña

Las altas montañas también tienen en sus cumbres bioclimas muy fríos. En ellas, a medida que aumenta la altitud, crecen las precipitaciones y baja la temperatura.

Por eso se escalonan en pisos varios bioclimas, con vegetación y fauna diferentes según la altura. En orden ascendente, aparecen: el **bosque caducifolio**; el **bosque de coníferas**, más resistente; la **tundra alpina**, con ricos pastos para el ganado; y en la cima, el piso de nieves, glaciares y rocas.

Distribución de la vegetación de alta montaña

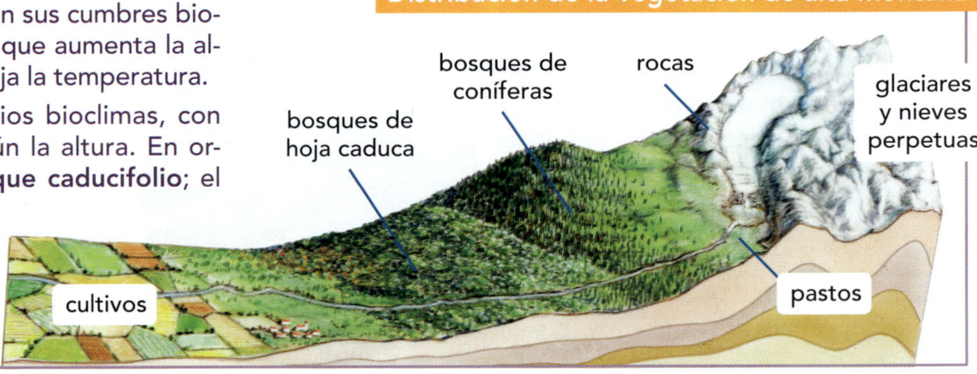

Paisaje de tundra

Islandia.

Paisaje de alta montaña

Cordillera del Himalaya.

... con nuevas actividades económicas

Tradicionalmente, la tundra de las zonas polares ha sido habitada por los **esquimales** (en Norteamérica), un pueblo de cazadores y pescadores, y por los **lapones** (en el Norte de Escandinavia), dedicados al pastoreo de rebaños de renos.

La vida de estos pueblos ha cambiado mucho con la introducción de tecnología moderna y la facilidad de las comunicaciones. Además, se explotan **recursos minerales**, entre ellos, el petróleo.

Los habitantes de la alta montaña se dedican a la **ganadería**, a la **explotación del bosque** y a la **producción de energía hidroeléctrica**. La **agricultura** se concentra en el fondo de los valles.

Actualmente tienen gran importancia las **actividades deportivas y turísticas**, lo que ha comportado la mejora del nivel de vida de los habitantes de estos lugares, pero también un aumento de la construcción y una degradación de muchos espacios naturales.

Casas de vivos colores en Groenlandia para resaltar en un paisaje blanco y gris.

Localizo

31. Busca en un atlas y di en qué países de América y Asia se da el clima polar. ¿En qué isla domina el desierto frío y a qué país pertenece?

Observo y razono

32. ¿Qué diferencias climáticas observas entre McMurdo y Nuuk? ¿A qué tipo de clima corresponde cada climograma?

Fuentes de información geográfica | Interpreto fuentes geográficas

33. Busca en Google Maps el Everest (coordenadas 27.988552, 86.925059). A 40 Km al Sur, encontrarás Chaurikharka, y a 30 km al Norte, Zhufeng Base Camp. Observa las fotos de esos lugares y explica las diferencias en su bioclima y vegetación.

34. Señala los diferentes pisos de vegetación que aparecen representados en el paisaje de alta montaña.

9 ¿Por qué los bosques son fundamentales para el planeta?

Un bosque es un espacio de más de 0,5 hectáreas con árboles de altura superior a 5 metros y una cubierta de ramas y hojas superior al 10% del tamaño de los árboles.

Ahora mira a tu alrededor. Seguro que en tu casa hay algún mueble de madera y libros o revistas con hojas de papel. Tal vez hayas tenido que tomar algún medicamento, acompañado de un vaso de agua. Pues bien, todos estos elementos guardan una estrecha relación con los bosques.

¿Sabes por qué los bosques son tan importantes para nuestras vidas?

¿CUÁNTA SUPERFICIE FORESTAL HAY EN LA TIERRA?

Extensión de los bosques en el mundo

Aproximadamente el 30% de la superficie de nuestro planeta está cubierta por bosques, la mayoría de los cuales son bosques ecuatoriales y tropicales.

Rusia, Brasil, Canadá, Estados Unidos y China contienen más de la mitad de toda la superficie forestal del mundo.

Superficie forestal de la Tierra

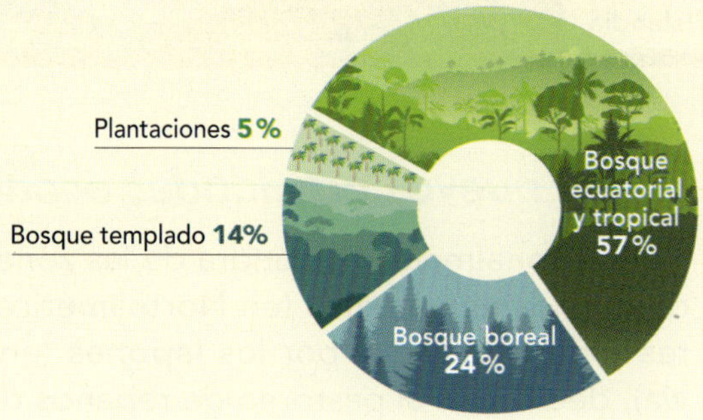

¿SE ESTÁ DEFORESTANDO EL PLANETA?

La deforestación es la tala de un bosque eliminándolo por completo. Sus causas pueden ser naturales, como un incendio, o debidas a actividades humanas como la agricultura y la ganadería, la tala de árboles para la industria papelera o maderera, la urbanización y construcción de infraestructuras, etc.

Sus efectos son muy negativos, tanto para el medio ambiente (pérdida de biodiversidad, cambio del clima, alteración del ciclo del agua y del carbono) como para la sociedad (incremento de la pobreza, aumento de las migraciones...).

Área forestal por persona

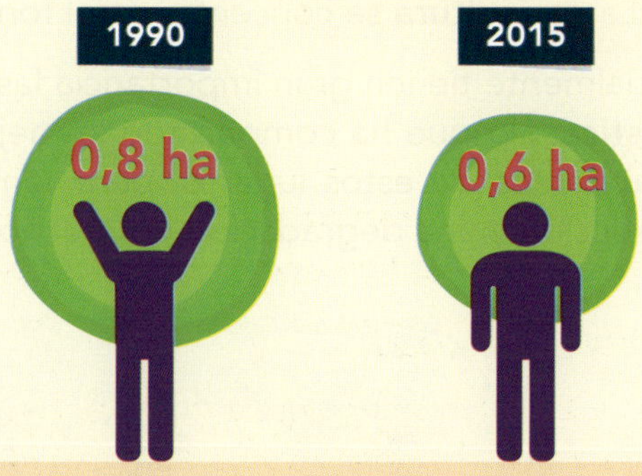

La Tierra se está deforestando. Desde el comienzo de la civilización humana el número total de árboles ha disminuido un 46%.

Actualmente, la superficie forestal de la Tierra está desapareciendo a un ritmo equivalente a 27 campos de fútbol por minuto.

¿QUÉ NOS APORTAN LOS BOSQUES?

Aire

Los bosques frenan el cambio climático y disminuyen la contaminación atmosférica, pues cada año eliminan unos 2,1 millones de toneladas de carbono.

De hecho, gran parte del oxígeno que consumimos los seres vivos procede de las selvas ecuatoriales.

Agua

Los bosques toman el agua del subsuelo a través de sus raíces y lo liberan en forma de vapor de agua a la atmósfera, gracias a la transpiración provocada por el Sol.

Esto permite regular el ciclo del agua, mantener la pureza de la misma y provocar un cierto descenso en las temperaturas.

Vida

Los bosques proporcionan alimentos y recursos a miles de millones de seres vivos, contribuyendo a la biodiversidad. Además, en ellos aún habitan más de 2000 pueblos indígenas.

Tierra

Los bosques evitan la erosión y la pérdida de suelos. También protegen las cuencas hidrográficas de los ríos.

Materias primas

El 34% de los bosques tienen como función principal la producción de madera y otras materias primas.

Madera: material de construcción, elaboración de muebles, leña o biomasa.

Corcho: aislante térmico y acústico, tapones, etc.

Resina: disolventes, impermeabilizantes, industria farmacéutica, goma de mascar, etc.

Frutos: setas, piñones, bellotas, castañas, etc.

Plantas: usos medicinales y aromáticos.

Localizo

35. ¿En qué regiones del planeta se localizan las mayores superficies cubiertas por bosques?

Observo y analizo

36. ¿Qué evolución ha tenido la masa boscosa del planeta en las últimas décadas? ¿A qué es debida la deforestación? ¿Qué consecuencias tiene?

Razono

37. ¿Qué beneficios producen los bosques? ¿Qué quiere decir que son "los pulmones del planeta"?

38. Como ya conoces, el ODS 15 trata de la vida de los ecosistemas terrestres. Explica las metas de este objetivo que guardan relación con la conservación y la protección de los bosques.

Compromiso cívico | Tomo la iniciativa

39. ¿Creéis que la sociedad está suficientemente concienciada sobre la necesidad de proteger los bosques?

Reuníos en grupos y elaborad un póster digital sobre la necesidad de preservar los bosques.

1. Resumo lo esencial

El paisaje ecuatorial

- Es propio de regiones situadas en torno al Ecuador. Las temperaturas son siempre muy altas (25 °C), y las precipitaciones, muy abundantes (unos 2000 mm). La vegetación es exuberante, de selva, con numerosas especies vegetales.

El paisaje tropical

- Se localiza cerca de los trópicos de Cáncer y Capricornio. Las temperaturas son elevadas durante todo el año, y las lluvias marcan dos estaciones: húmeda y seca. La vegetación puede ser de bosque tropical, de sabana o de estepa.

El paisaje desértico

- Los desiertos cálidos ocupan amplias zonas de la Tierra, principalmente cerca de los trópicos. Se caracterizan por la falta de agua, a causa de la escasez de las lluvias, y la amplitud térmica día-noche. La vegetación es escasa, y está adaptada a la aridez.

El paisaje mediterráneo

- Se da en la costa del Mediterráneo y en las costas de California, Chile, Sudáfrica y del Sur y Sudoeste de Australia. Se caracteriza por veranos cálidos y secos e inviernos suaves, y por lluvias en primavera y otoño, además de árboles de hoja perenne y sotobosque de matorral.

El paisaje oceánico

- Se localiza en las zonas templadas de la Tierra que tienen gran influencia de los océanos. Los inviernos son fríos, y los veranos, frescos, con una alta pluviosidad distribuida a lo largo de todo el año. Crecen bosques de hoja caduca y abundan los prados.

El paisaje continental

- Es el paisaje propio de las tierras interiores de Europa, Asia y América del Norte, que no reciben la influencia del mar. Las temperaturas son extremas (altas en verano y muy bajas en invierno) y las precipitaciones son escasas. En las zonas más al Norte hay bosques de coníferas o taiga, y al Sur predominan las llanuras (estepas o praderas).

El paisaje de zonas frías

- Entre los polos y los círculos polares se encuentran las zonas más frías del planeta. Los inviernos son muy fríos, y los veranos, fríos. Las precipitaciones son casi nulas. Estas características apenas permiten la vida vegetal, excepto por la tundra en verano.
- En las zonas de alta montaña, las temperaturas son bajas durante todo el año y, las precipitaciones, abundantes en forma de nieve. La vegetación de alta montaña varía según la latitud, la altitud y la orientación.

ACTIVIDAD COLABORATIVA pág. 135
Montamos una exposición

a. Completo el mapa conceptual

Copia y completa en tu cuaderno este mapa conceptual:

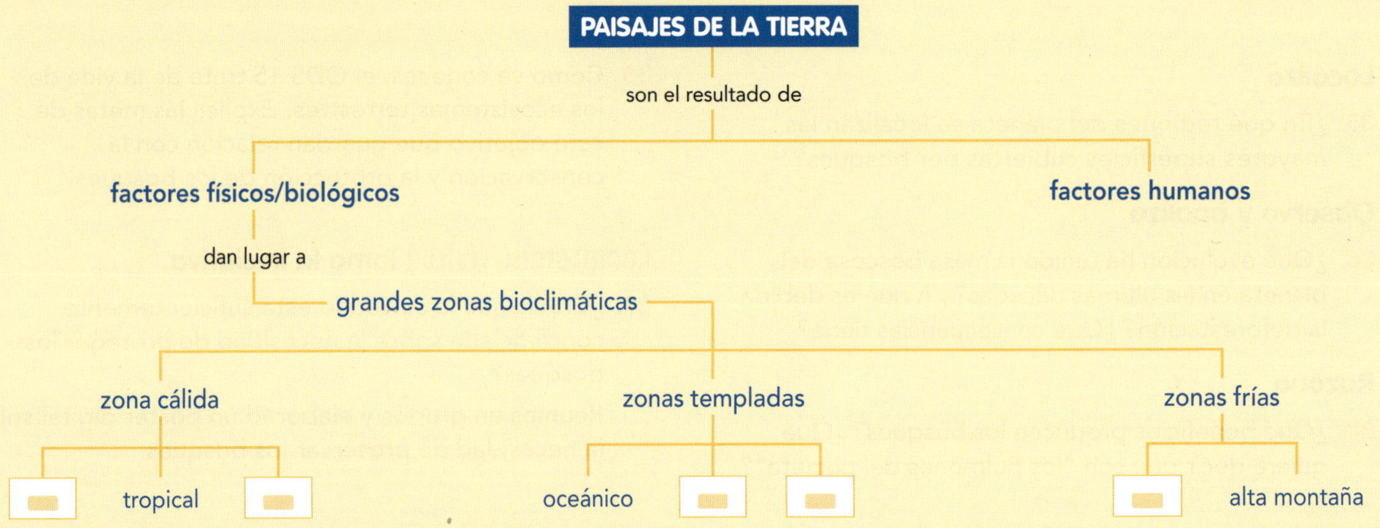

2. Repaso lo aprendido

a. Sintetizo

- ¿Cuáles son los climas propios de las zonas cálidas de la Tierra?
- ¿Cuáles son los paisajes de climas templados?
- ¿Cuáles son los paisajes de las zonas frías?

b. Defino conceptos

- sabana
- estepa
- selva
- desierto
- tundra
- taiga
- pradera
- oasis

c. Reflexiono

Imagina que el próximo verano vas a pasar las vacaciones a uno de estos tres lugares: Iquitos (Perú), Alaska o las islas Fiyi.

- Escoge un destino y explica por qué lo has elegido.
- Prepara una lista con el equipaje imprescindible.
- Relaciona el equipaje elegido para el viaje con el clima y el paisaje que vas a encontrar.

d. Identifico climas

Lee estas características climáticas y descubre a qué climas pertenecen:

- Hace calor y llueve todo el año.
- Hay una estación seca y otra húmeda.
- Hace mucho calor y llueve muy poco.
- Hace mucho frío y apenas llueve.
- Llueve más en primavera y otoño.

e. Describo una imagen

- ¿A qué tipo de paisaje corresponde esta fotografía? ¿A qué zona climática crees que pertenece? ¿Qué elementos propios de este paisaje identificas?
- Cita algunas zonas de la Tierra donde puedes encontrar un paisaje como este.

f. Completo un cuadro-resumen

Copia y completa en tu cuaderno el cuadro-resumen que tienes a continuación:

	Ubicación	Temperaturas	Precipitaciones	Vegetación
Paisaje ecuatorial	En torno al Ecuador			
Paisaje tropical		Elevadas todo el año		
Paisaje desértico				Xerófila
Paisaje mediterráneo				
Paisaje oceánico				
Paisaje continental				
Paisaje polar			Casi nulas	
Paisaje de alta montaña				

3. Aprendo a hacer. Comentar un paisaje humanizado

Uno de los objetivos de la geografía es la interpretación de los paisajes naturales y humanos.

A partir del guion que tienes a continuación, realiza el comentario de este paisaje humanizado.

El viaducto de Ipiñarri (640 m) en Bergara, dentro de la autopista guipuzcoana A-1.

1. Presentación y localización

a. Localiza dónde está ubicada la imagen y escribe una visión general de cómo es el lugar.

2. Análisis de los elementos naturales del paisaje

a. Relieve: ¿Hay montañas, valles, llanuras...? ¿Cómo son?

b. Aguas: ¿Se ve algún río, lago, etc.? ¿De qué anchura, caudal, etc.?

c. Vegetación: ¿Hay bosque, matorral, praderas...? ¿Dónde? ¿De qué tipo son? ¿Dónde se sitúan? ¿Requieren muchas o pocas precipitaciones?

3. Análisis de los elementos humanos del paisaje

a. ¿Qué actividades agrícolas, ganaderas o de explotación forestal parecen desarrollarse?

b. ¿Existen minas, canteras o fábricas?

c. ¿Qué tipo de vías de comunicación existen?

d. ¿Ves edificios residenciales? ¿Están agrupados o dispersos? ¿Son pisos o viviendas individuales?

e. ¿En qué paisaje natural se sitúan estos elementos humanos y por qué?

4. Interpretación de la interacción entre naturaleza y actividad humana

a. El tipo de clima:

– A partir de la vegetación natural y de las actividades agrarias observadas, ¿qué temperaturas y precipitaciones tendrá el clima? ¿Qué tipo de clima crees que es?

b. Actividades humanas adaptadas al medio natural:

– ¿Qué actividades agrarias aprovechan las condiciones del relieve y del clima?

– ¿Qué actividad industrial aprovecha los recursos de la zona?

c. Actividades humanas que modifican el medio:

– ¿Qué elementos humanos han modificado el medio natural? ¿Cómo lo han hecho?

– ¿Qué consecuencias tienen para ese medio?

5. Conclusión

a. Transmite tu opinión o impresión personal. ¿Qué aspectos destacarías como positivos? ¿Y negativos? ¿Te gustaría vivir allí?

4. Localizo en el espacio. Paisajes del mundo

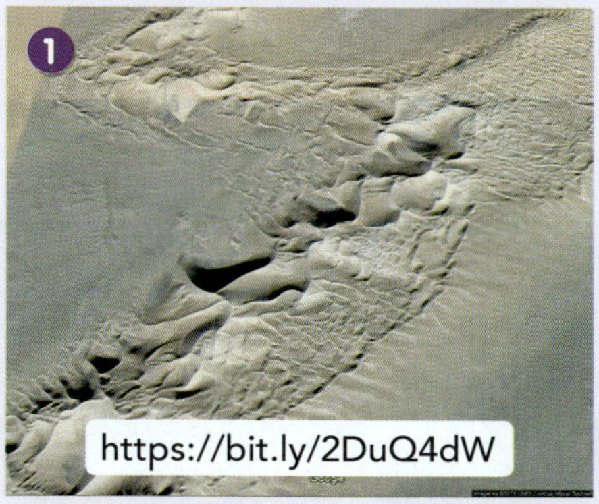

a. Localiza en Google Maps los paisajes siguientes y anota su emplazamiento exacto (coordenadas y país).

b. Indica qué tipo de paisaje representa cada imagen y describe brevemente sus características (temperaturas, precipitaciones, vegetación, etc.).

c. ¿Cuál de los tres paisajes te parece que ha sido más modificado por el ser humano? ¿Qué elementos corroboran tu opinión?

d. ¿Crees que se ha hecho de forma aleatoria o existe una cierta ordenación del territorio? ¿Por qué?

5. Evalúo fuentes geográficas. ¿Ganamos o perdemos bosques?

a. ¿Cuál es el país que más ha incrementado su superficie forestal entre 1990 y 2015?

b. ¿Qué otros países han aumentado notablemente su superficie forestal?

c. ¿Cuáles son los países que más superficie forestal han perdido? ¿En qué zonas bioclimáticas se encuentran?

d. Teniendo en cuenta lo que has estudiado en la unidad, ¿a qué crees que se debe?

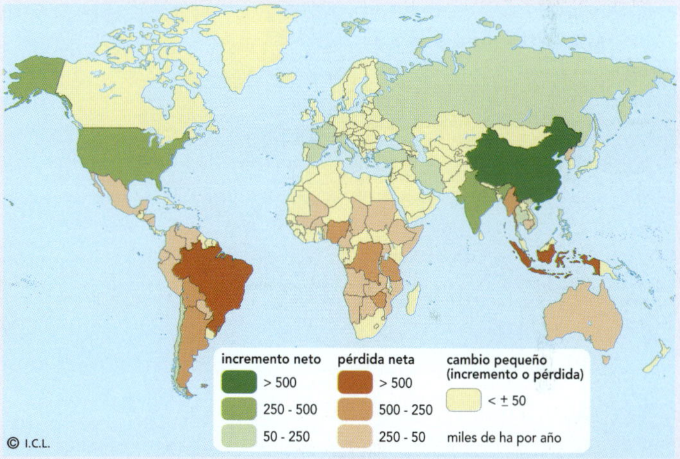

6. Analizo el vídeo

La selva ecuatorial

Mira y escucha detenidamente el vídeo que te presentamos en el apartado 2: *¿Por qué son tan importantes los paisajes ecuatoriales?* Luego, responde a las cuestiones siguientes:

a. ¿A qué tipo de clima está asociada la selva ecuatorial? ¿Qué factores permiten su crecimiento?

b. ¿Cuáles son las características de este tipo de bosque?

c. ¿Por qué existen diferentes pisos de vegetación? ¿Cuáles son? ¿Qué tipo de plantas los constituyen?

d. En la selva ecuatorial también es posible observar lianas y epífitas, explica qué son.

6 ¿Cómo es el medio físico de España?

En este tema aprenderás:

- Cómo es el relieve, las formas del litoral y los recursos hídricos de España.
- Qué tipos de climas y paisajes encontramos en España.
- Cómo las actividades humanas modifican y afectan al medio natural del paisaje.
- Cómo se comenta un mapa temático sobre la distribución de la vegetación.

Empiezo

Observo...

- Describe cómo es el paisaje que muestra la imagen central.
- ¿A qué clima de los que has estudiado crees que corresponde?
- ¿Crees que es un paisaje natural o humanizado? ¿Por qué?

Lugo, Galicia.

Consuegra, Castilla-La Mancha.

Cerler, Aragón.

Puerto Rico, Canarias.

Santanyí, Illes Balears.

Parque Nacional de los Picos de Europa (Cantabria).

... pienso...

- ¿Qué intervenciones humanas puedes apreciar en la imagen central?
- ¿Por qué crees que es importante conservar este tipo de paisajes?
- ¿Qué riesgos crees que podrían destruir este paisaje en el futuro?

... y me pregunto

Después de ver el vídeo, plantea dos preguntas que te parezcan interesantes sobre el **ODS 11. Ciudades y comunidades sostenibles**, y ponlas en común con el resto de la clase.

1 ¿Cómo es el relieve de España?

El territorio español lo forman la **Península Ibérica** (salvo el territorio de Portugal, Andorra y Gibraltar), los archipiélagos de **Baleares** y **Canarias**, y las ciudades de **Ceuta** y **Melilla**, en el Norte de África, además de una serie de pequeños islotes y peñones.

Un relieve peninsular elevado y abrupto...

El relieve peninsular se caracteriza por ser bastante elevado, pues presenta una altitud media de 660 m. Esta altitud, solo superada por Suiza en Europa, se debe más que a la presencia de altas cordilleras, a la elevada superficie de la Meseta, que ocupa buena parte del espacio central de la Península.

La disposición del relieve permite su configuración en tres grandes unidades:

- La **Meseta** es la unidad de relieve más extensa, se sitúa en el centro y tiene una altitud media de 600 m. Está rodeada por montañas y una llanura rocosa (penillanura) en la frontera con Portugal, lo que le da cierto aspecto de fortaleza amurallada.

  Por su antigüedad, muchas de las montañas de la Meseta presentan sus cumbres desgastadas por la erosión. Entre ellas, podemos diferenciar:

  – **Montañas interiores**: Sistema Central y Montes de Toledo.

  – **Montañas que rodean la Meseta**: Macizo Galaico-Leonés, Cordillera Cantábrica, Sistema Ibérico y Sierra Morena.
- Las **montañas exteriores de la Meseta**: Montes Vascos, Pirineos, Cordilleras Costero-Catalanas y Cordilleras Béticas.
- Las dos grandes **depresiones exteriores** de los ríos **Ebro** y **Guadalquivir**.

... y un relieve insular diverso

El espacio geográfico español incluye dos archipiélagos, cuyo relieve presenta características muy diferentes, fruto de su distinta formación:

- Las islas Baleares, en el mar Mediterráneo, se consideran una **prolongación del relieve peninsular**.

  Las islas de Mallorca, Ibiza y Formentera son fragmentos relacionados con las Cordilleras Béticas, que se prolongan sumergidas más allá del cabo de la Nao, en Alicante. En cambio, el relieve de la isla de Menorca está relacionado con las Cordilleras Costero-Catalanas.
- Las islas Canarias se ubican en el océano Atlántico, frente a la costa de Marruecos. Su relieve es muy accidentado y presenta un origen **volcánico**. Por eso existen playas de arena negra y formas de relieve características de las islas como los *roques*.

  En la isla de Tenerife se encuentra el pico más alto de España, el Teide, con 3715 m.

El **Macizo Galaico-Leonés** se compone de los Montes de León y el Macizo Galaico. Sus antiguas montañas están redondeadas por la erosión.

La **Meseta** constituye un gran bloque macizo, básicamente plano y elevado sobre el nivel del mar, que se encuentra ligeramente inclinado hacia el Atlántico, hacia donde suelen discurrir sus aguas superficiales.

El **Sistema Central** es una elevada barrera que divide la Meseta en dos: la **Submeseta Norte** y la **Submeseta Sur**.

En las dos submesetas, la penillanura, más ganadera, ocupa el Oeste; y las llanuras, más agrícolas, el Centro y el Este.

Los **Montes de Toledo**, de baja altitud, dividen la Submeseta Sur en dos cuencas: la del Tajo y la del Guadiana.

Sierra Morena es un gran escalón que separa la Meseta del valle del Guadalquivir.

La **depresión del Guadalquivir**, entre Sierra Morena y la Cordillera Subbética, forma una suave llanura de baja altitud y abierta al mar.

La **Cordillera Cantábrica** se extiende paralela a la costa. En el centro, los Picos de Europa, de agudas cumbres, superan los 2 500 m.

Los **Montes Vascos** tienen una altitud moderada y se sitúan entre la Cordillera Cantábrica y los Pirineos.

Los **Pirineos** es una gran cordillera por su altitud y longitud, que separa la Península del resto de Europa. Sus picos puntiagudos se encuentran entre los de mayor altitud de la Península.

Las **Cordilleras Costero-Catalanas** las forman montañas antiguas de altitud media, paralelas a la costa, que cierran por el Este la depresión del Ebro.

La **depresión del Ebro** forma una llanura con una altitud media de 250 m, generada por los sedimentos erosionados de las montañas.

El **Sistema Ibérico** forma el borde oriental de la Meseta. La separa del valle del Ebro y de la costa levantina, y enlaza con el Sistema Bético.

Las **Cordilleras Béticas** están formadas por dos cordilleras: la Subbética y la Penibética. La Cordillera Penibética, de formas más redondeadas, tiene el pico de mayor altitud de la Península, el Mulhacén (3 479 m).

Observo

1. Consulta la leyenda del mapa: ¿dónde se localizan las llanuras en España? ¿Son abundantes? ¿Cómo reconoces en el mapa la extensión que tiene la Meseta?

2. ¿A qué se debe la elevada altitud media de la Península Ibérica?

Razono

3. ¿Crees que las lluvias del Atlántico y del Mediterráneo tendrán igual acceso a la Meseta? Razona tu repuesta.

Localización | Representa la localización

4. Dibuja un mapa de la Península distinguiendo las grandes unidades de relieve del interior de la Meseta, de su reborde y exteriores a esta.

5. Completa el mapa con los archipiélagos y los picos más altos de cada unidad montañosa.

6. Busca fotografías de montañas, valles y llanuras características de esas unidades de relieve y colócalas en las zonas correspondientes de tu mapa de España.

2 Las costas y los ríos de España

Unas costas condicionadas por el relieve...

Las costas del territorio español están condicionadas por el relieve del interior:

- Las **costas altas** y sus acantilados se encuentran donde las montañas llegan hasta el mar, como en las costas cantábrica y atlántica.
- Las **costas bajas** están donde hay llanuras, en forma de playas con dunas, marismas, etc., como ocurre en la mayor parte de la costa mediterránea.

... donde desembocan los ríos españoles

Los ríos de la Península Ibérica se distribuyen en tres vertientes hidrográficas según el mar u océano donde desembocan:

- Los **ríos de la vertiente cantábrica** son **cortos**, pues nacen muy cerca del mar, en la Cordillera Cantábrica. Son ríos **caudalosos y regulares**, debido a las abundantes precipitaciones del clima oceánico.

  Llegan hasta la costa a través de profundos valles, excavados por la fuerza de sus corrientes y el gran desnivel.
- Los **ríos de la vertiente atlántica** son **largos**, porque nacen cerca del mar Mediterráneo; sin embargo, la leve inclinación de la Meseta hacia el océano Atlántico explica que los ríos desemboquen allí.

  Se trata de ríos **caudalosos**, debido al gran número de afluentes que reciben, pero su régimen es irregular, pues presentan estiajes en verano y crecidas en primavera.
- Los **ríos de la vertiente mediterránea**, salvo el río Ebro, son **cortos**, debido a la proximidad de sus nacimientos al mar Mediterráneo.

  Las escasas precipitaciones, particularmente en las zonas más meridionales, explican que sean ríos **poco caudalosos** y **muy irregulares**. Presentan un fuerte estiaje en verano y crecidas en otoño por las lluvias torrenciales.

En las islas no existen verdaderos ríos como ocurre en la Península Ibérica. En general son cursos de agua intermitente, que en Baleares se denominan **torrentes**, y en Canarias, **barrancos**.

Río Cares, de la vertiente cantábrica.

Río Tajo, de la vertiente atlántica.

Río Mijares, de la vertiente mediterránea.

Otras aguas continentales

Además de los ríos, en España existen:

- Los **lagos**, como el de Sanabria (Zamora), que tiene un origen glaciar y es el más grande de España.
- Los **humedales**, que son de aguas menos profundas que los lagos, como las albuferas o marismas. El humedal más extenso es Doñana, situado entre Huelva, Cádiz y Sevilla.
- Los **acuíferos**, que son aguas subterráneas almacenadas en estratos impermeables.
- Los **glaciares** de los Pirineos, que son los más meridionales de Europa, y se encuentran en regresión por el calentamiento del planeta. Destacan los del Aneto y Monte Perdido.

En las **costas de las islas Canarias**, según sean los relieves, alternan costas altas, con acantilados, con costas bajas que dan lugar a extensas playas que, en ocasiones, forman dunas.

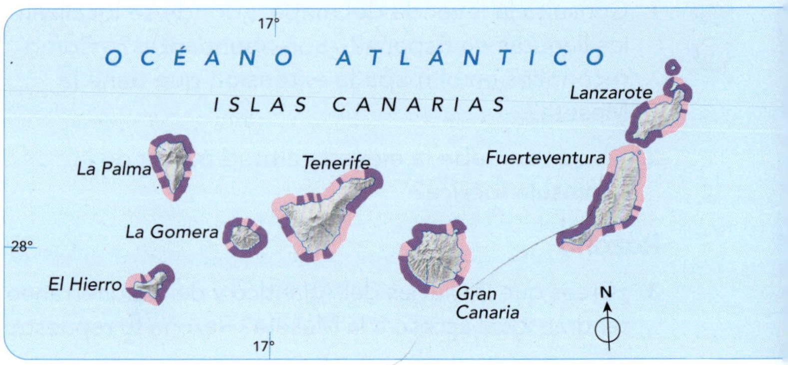

La **costa cantábrica** se extiende desde la punta de la Estaca de Bares hasta la frontera con Francia. Son costas altas y rocosas, con acantilados, puntas y cabos. Entre los acantilados surgen rías.

La **costa atlántica** se extiende desde la punta de la Estaca de Bares hasta el estrecho de Gibraltar. Comprende las costas altas, rocosas, recortadas y con abundantes rías de Galicia, y las costas bajas, arenosas y llanas de la parte de Andalucía.

La **costa mediterránea** se extiende por el Este y Sur de la Península, desde el estrecho de Gibraltar hasta la frontera con Francia, comprendiendo también las islas Baleares, Ceuta y Melilla. Es la costa más extensa de España y en ella se alternan costas bajas y costas altas.

Observo y comprendo

7. ¿Qué es una cuenca hidrográfica? Observa el mapa, identifica y localiza las distintas cuencas hidrográficas, y establece su relación con las principales formaciones del relieve peninsular.

Razono

8. ¿Cómo influye en las vertientes hidrográficas que la Meseta esté inclinada hacia el Atlántico? ¿Por qué los ríos cantábricos son cortos y caudalosos, y los del Mediterráneo, cortos e irregulares?

Localización | Representó la localización

9. Elabora un mapa de los recursos hídricos de la Península Ibérica, ubicando los elementos que tienes a continuación:

– Vertientes, ríos principales y sus afluentes.
– Lagos: Sanabria y lagos de Covadonga.
– Humedales: Lagunas de Ruidera, Laguna de Gallocanta, Doñana y Tablas de Daimiel.
– Glaciares: Aneto y Monte Perdido.

3 ¿Por qué son tan variados los climas de España?

España tiene seis tipos de clima, que le proporcionan una gran variedad bioclimática. En esta diversidad climática intervienen diversos factores:

- **La latitud**. Los distintos territorios de España se sitúan entre los 27° y los 44° de latitud Norte. Esta localización la sitúa en la zona templada de la Tierra, próxima a la zona cálida, sobre todo, las islas Canarias.
- **La dinámica general de la atmósfera**. La Península y Baleares se ven afectadas por el Frente Polar que forman las masas de aire tropical y polar. Este frente se desplaza de Oeste a Este y, en primavera y otoño, provoca una sucesión típica de anticiclones y borrascas, con frecuentes cambios de tiempo.

  El clima de Canarias es más estable, por la influencia de la masa de aire tropical y los vientos alisios.
- **La proximidad o no al mar**. Las aguas marinas, más lentas que la tierra en calentarse y enfriarse, moderan las temperaturas y aportan humedad a las zonas costeras.

  Por el contrario, en el interior, el efecto continental extrema el frío en invierno y el calor en verano.
- **La altitud**. La elevada altitud media de la Península Ibérica hace bajar la temperatura e incrementa el efecto continental.
- **La orografía**. Las barreras montañosas del Noroeste y Norte peninsular ocasionan lluvias orográficas o de relieve al paso de los vientos del Oeste y las borrascas atlánticas, que llegan ya secas al interior. Por ello, en el interior las lluvias son más escasas.

  También en Canarias, sus montañas volcánicas provocan lluvias en las laderas del Norte, expuestas a los vientos alisios.

Clima oceánico o atlántico

Rasgos:
- Temperaturas suaves
- Lluvias abundantes y repartidas todo el año

Factores:
- Borrascas del Frente Polar
- Montañas cercanas a la costa

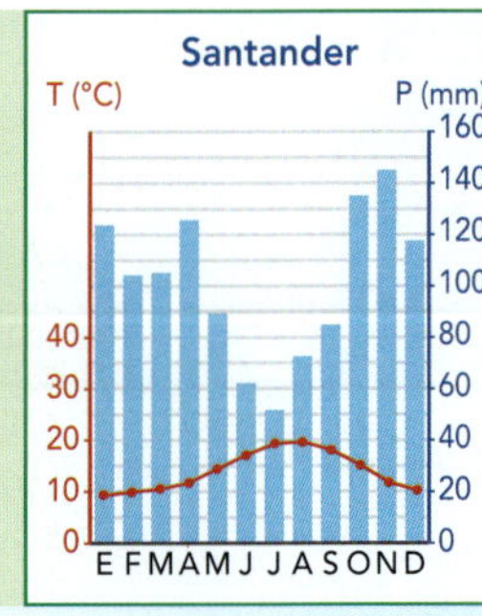

Clima mediterráneo continental

Rasgos:
- Calor en verano y frío en invierno
- Precipitaciones escasas, aridez estival

Factores:
- Frente Polar y masa de aire tropical
- Efecto continental por lejanía del mar
- Aire seco tras las barreras de montaña

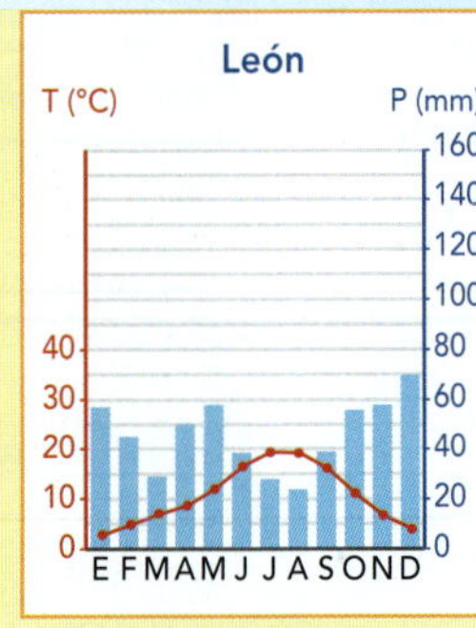

Clima subtropical

Rasgos:
- Temperaturas cálidas y suaves todo el año
- Precipitaciones muy escasas, salvo en altura

Factores:
- Predominio claro de la masa de aire tropical
- Efecto moderador de los alisios y corriente marina fría de Canarias

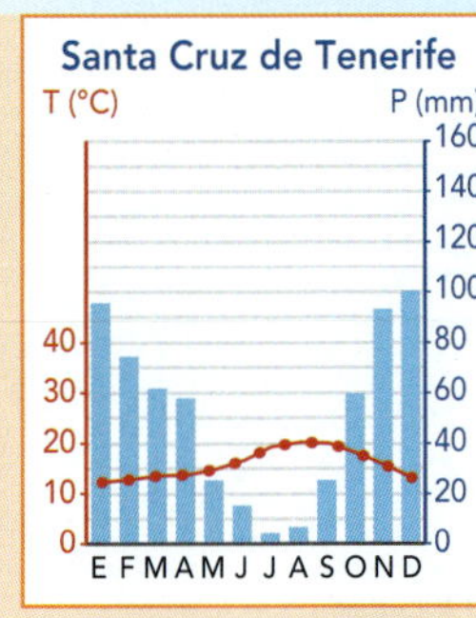

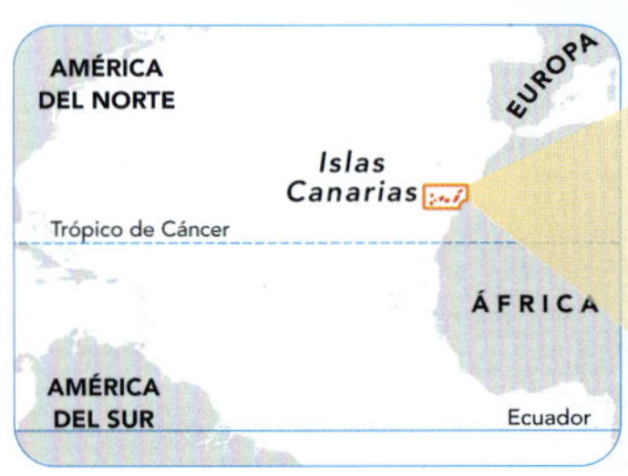

Comprendo y razono

10. ¿Cuál es el tipo de clima más extendido en España? ¿Dónde se localiza? Indica si está próximo el mar y qué unidades de relieve se encuentran en él.
11. ¿Qué rasgo importante tienen en común los tres tipos de climas mediterráneos? Elabora una ficha para cada clima e indica sus principales características (precipitaciones, temperaturas...).
12. Explica con tus palabras por qué la lejanía del mar hace que el interior tenga temperaturas más extremas que la costa.
13. ¿Qué son las lluvias orográficas? Cita algún lugar de España donde sean frecuentes.

Reflexiono

14. ¿Qué clima de España te parece más apropiado para ir a la playa en Navidad? ¿Qué factor es clave en ello?

Temperaturas y precipitaciones en la Península Ibérica

Clima de montaña

Rasgos:

- Frío en invierno y fresco en verano
- Precipitaciones abundantes, a menudo de nieve

Factores:

- Altitud elevada

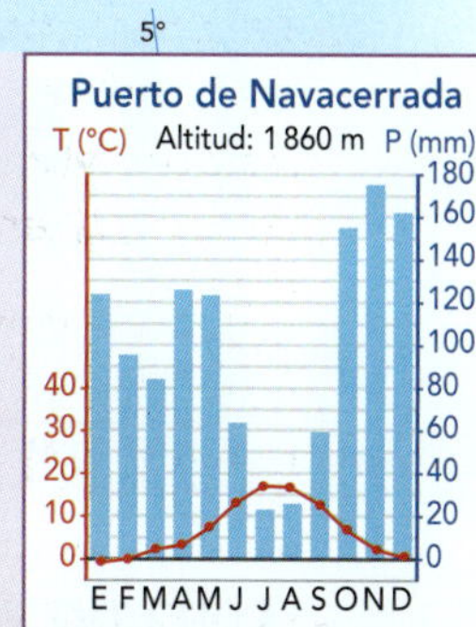

Clima mediterráneo árido

Rasgos:

- Calor en verano y fresco o frío en invierno
- Precipitaciones muy escasas, extrema aridez estival

Factores:

- Frente Polar y masa de aire tropical
- El Sistema Bético impide la llegada de borrascas atlánticas

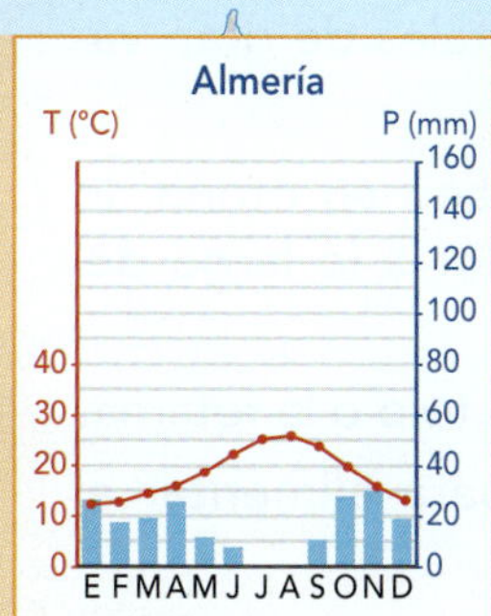

Clima mediterráneo costero

Rasgos:

- Temperaturas cálidas en verano y suaves en invierno
- Precipitaciones escasas, aridez estival

Factores:

- Frente Polar y masa de aire tropical
- Efecto moderador y húmedo del mar

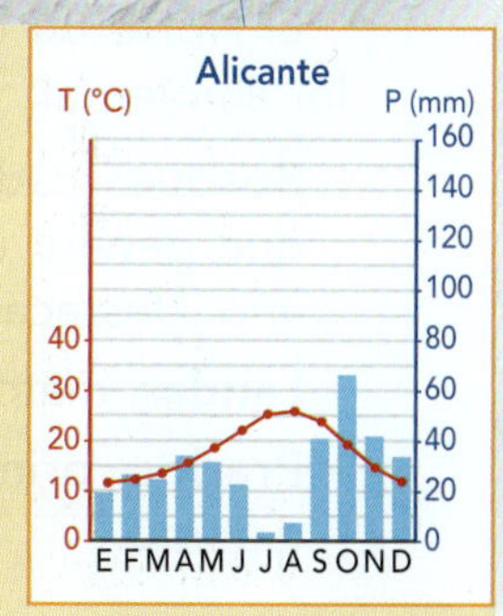

Causas múltiples | Analizo los factores

15. Compara el climograma del clima oceánico con el mediterráneo de costa. ¿Cuáles son las principales diferencias entre ambos? ¿Qué factores son los responsables de esas diferencias?

16. Con ayuda del mapa indica a qué tipo de clima pertenecen León y Alicante. Analiza sus climogramas e indica la diferencia más destacada entre ellos.

17. Solo 123 km separan Oviedo de León, pero hay una cordillera entre las dos. Explica cómo esa cordillera origina una gran diferencia en el clima de ambas ciudades.

18. Observa el mapa de climas y localiza Navacerrada. ¿Sabes en qué unidad de relieve se encuentra? Explica las características del clima de montaña. ¿Qué factor influye decisivamente en él? ¿De qué manera?

4 El paisaje de bioclima oceánico

Un clima húmedo y de suaves temperaturas...

Los paisajes de **bioclima oceánico** se extienden por el Norte de la Península Ibérica, fundamentalmente en Galicia, la cornisa cantábrica y el prepirineo navarro y aragonés.

Se trata de zonas con relieve ondulado y montañoso y con ríos cortos y caudalosos. La proximidad al océano Atlántico y al mar Cantábrico produce **abundantes precipitaciones** y **temperaturas suaves**, con veranos frescos e inviernos no muy fríos.

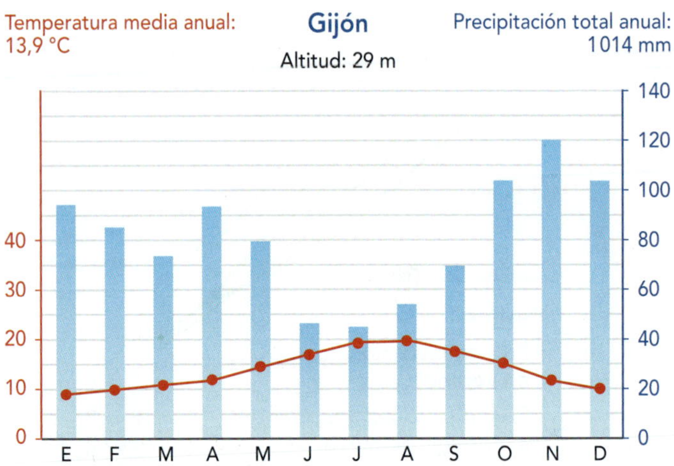

... con una vegetación propia de clima oceánico...

El Norte de la Península alberga formaciones vegetales de gran valor ambiental:

- **Bosques caducifolios**: árboles altos, cuyas hojas caen en otoño, lo que genera una gran riqueza de contrastes de color a lo largo del año. Destacan las hayas, los robles y los castaños.
- **Landas**: matorrales altos y densos, como el brezo, el tojo o la retama.
- **Prados**: principalmente pastos, que se utilizan para alimentar al ganado.

Paisaje oceánico de costa (Asturias).

... modificada por la acción humana

Pese a tratarse de zonas no muy pobladas, el aprovechamiento de los recursos naturales ha ocasionado modificaciones en el paisaje, sobre todo en el de las zonas más próximas a las costas:

- Tradicionalmente, **talando los bosques** para la obtención de pastos, madera y carbón, o para el establecimiento de pequeñas parcelas para el cultivo de patatas, maíz y productos de huerta.
- De forma reciente, a través de la **introducción de especies exóticas**, como pinos y eucaliptos, plantados por su rápido crecimiento para aprovechar su madera para usos industriales (madera y papel).
- La **despoblación de algunas zonas rurales** ha permitido la recuperación de parte de la vegetación leñosa, pero se han perdido formas de vida sostenibles y respetuosas con el medioambiente, así como conocimientos tradicionales sumamente valiosos.

Paisaje oceánico de interior (País Vasco).

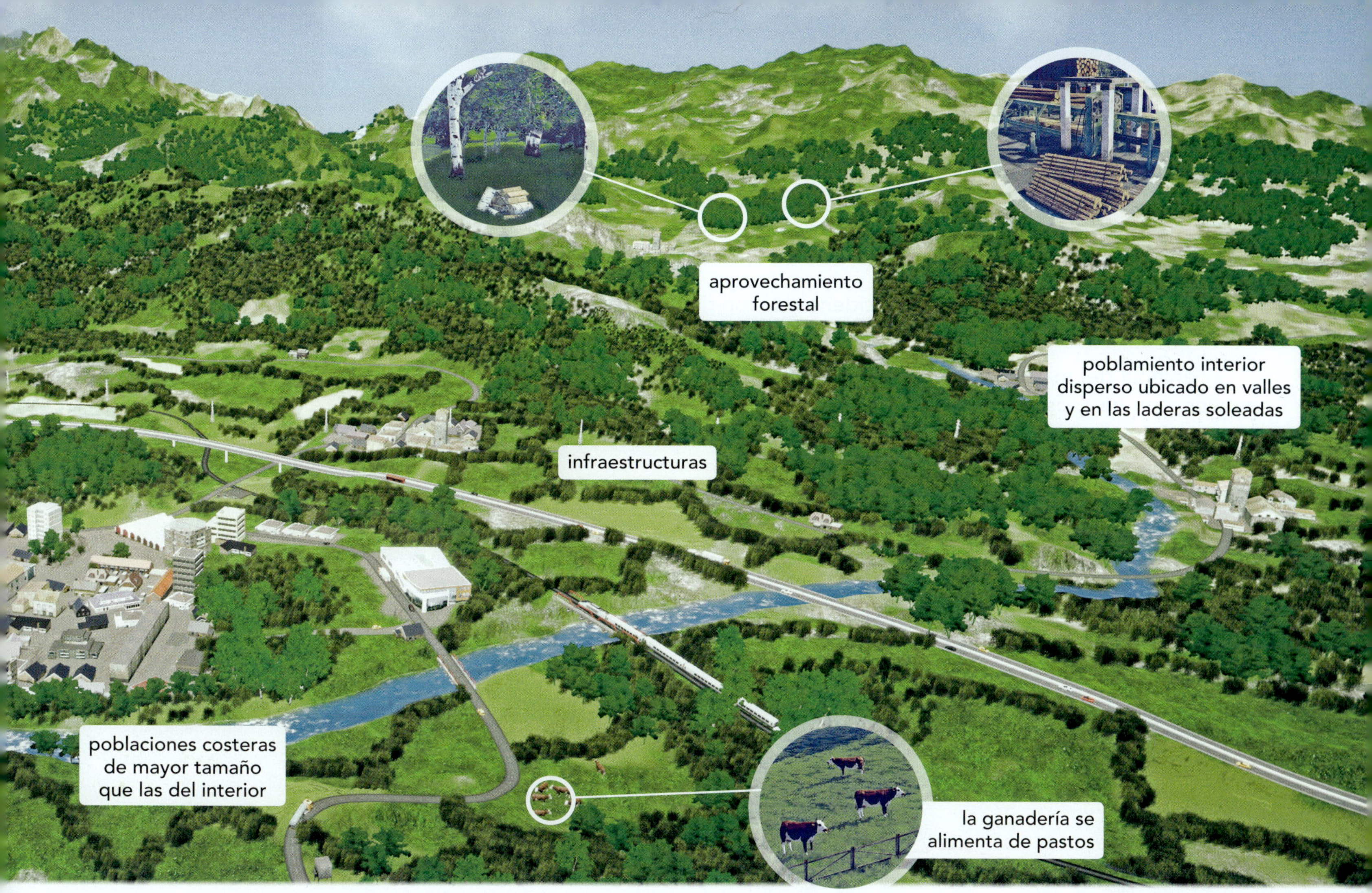

La Selva de Irati, un recurso natural y turístico

La Selva de Irati, con una extensión de 17 080 hectáreas, es el segundo hayedo-abedal más extenso y mejor conservado de Europa, después de la Selva Negra de Alemania.

Este bosque reúne grandes atractivos que debemos preservar: vegetación en estado casi virgen, el curso del río Irati, el embalse de Irabia, una fauna rica y propia, etc.

Observo y analizo

19. Observa el climograma de Gijón y establece qué relación existe entre las precipitaciones y la vegetación en el bioclima oceánico.

20. Fíjate en el dibujo:

- Describe cómo es el paisaje atlántico natural y el humanizado.
- ¿Por qué crees que la mayor parte de la población se asienta en la costa? Indica, al menos, dos razones.
- ¿De qué forma modifica el paisaje cada una de las actividades señaladas?

Patrimonio ambiental y desarrollo sostenible |

Descubro el patrimonio ambiental

21. El Norte de España alberga algunos de los paisajes naturales más singulares de la Península.

- Buscad fotografías sobre paisajes oceánicos de España y realizad una ficha explicativa de cada uno de ellos. Debéis procurar que sean paisajes naturales y humanizados.
- A continuación, pegad las fotografías y las fichas en un gran mural.

5 El paisaje de bioclima mediterráneo

Un clima seco y de temperaturas suaves...

Los paisajes de **bioclima mediterráneo** se extienden fundamentalmente por parte del litoral mediterráneo, las islas Baleares y el Sudoeste de la Península.

En general, presentan un relieve accidentado, con ríos cortos, poco caudalosos y con acusado estiaje.

La **cercanía del mar** hace que las **temperaturas** sean **suaves**, con veranos calurosos e inviernos templados. Las **precipitaciones** son **irregulares** y muy **escasas** en verano, y se concentran en primavera y otoño.

En el Sureste peninsular y el valle del Ebro se da el **mediterráneo árido**, con pocas precipitaciones, gran aridez estival y temperaturas muy suaves.

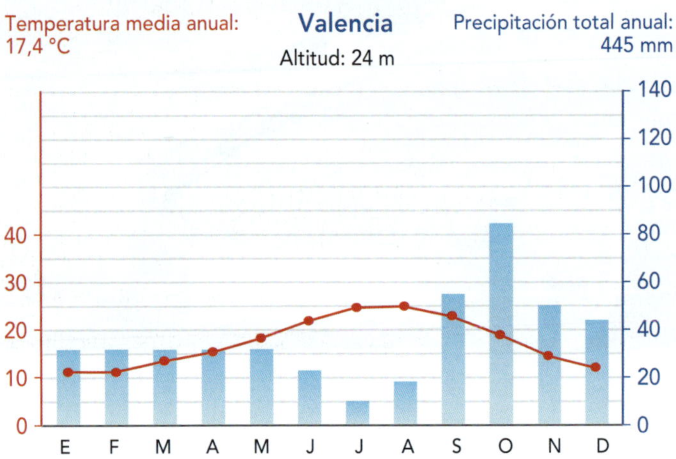

... con una vegetación mediterránea...

Los paisajes tienen una vegetación muy típica formada por:

- **Bosques perennifolios**: formados por encinas, alcornoques y pinos.
- **Matorral**: vegetación de garriga (jara, brezo, retama, romero...).
- **Estepa**: con especies como el tomillo, el palmito o el esparto, típicas de las zonas semiáridas.

Paisaje de la costa alicantina.

... y una intensa intervención humana

Los paisajes mediterráneos son los **más humanizados de la Península**, ya que numerosas culturas se han asentado en sus costas:

- Se trata de **zonas muy pobladas**, con grandes ciudades como Barcelona, Valencia o Málaga.
- La **agricultura de invernadero** es muy productiva y está muy extendida, destacando cultivos como hortalizas, frutas o flores.
- Las buenas comunicaciones posibilitan la existencia de **grandes zonas industriales**.
- Las **actividades turísticas** y **comerciales** generan una gran cantidad de ingresos y puestos de trabajo.

Todas estas actividades han modificado en gran manera los paisajes naturales por la construcción de viviendas, hoteles e infraestructuras.

Vegetación de garriga.

Las riadas y las inundaciones

El riesgo natural más frecuente del paisaje mediterráneo son las riadas y las inundaciones.

Las lluvias de primavera y otoño aumentan el caudal de ríos y arroyos, y provocan su desbordamiento.

Para su prevención se desarrollan medidas como la realización de mapas de inundación, la prohibición de construir en zonas inundables o la construcción de estructuras que evitan y reducen el impacto de las inundaciones.

Inundaciones en Benidorm.

Observo y comparo

22. Describe cómo es el paisaje mediterráneo y compáralo con el paisaje atlántico:
   – ¿Qué similitudes y diferencias observas? ¿Qué factores bioclimáticos explican las diferencias?
   – ¿Cuál ha sufrido mayor impacto humano? ¿Por qué?

Razono

23. ¿Por qué crees que las zonas de bioclima mediterráneo son de las más pobladas de la Península?
24. ¿Cuáles son los principales riesgos naturales más comunes en el paisaje mediterráneo? Busca noticias sobre estos hechos.

Pensamiento crítico | Argumento mi posición

25. ¿Es posible mantener el patrimonio natural de los paisajes mediterráneos sin que se vea afectado el desarrollo económico? Formad tres equipos y debatid sobre ello:
   – **Equipo ecologista.** Para defender el patrimonio natural de la zona y la calidad de vida de las personas.
   – **Equipo empresarial.** Para defender la creación de riqueza y puestos de trabajo.
   – **Equipo autoridades políticas.** Para buscar el bien común.

6 El paisaje de bioclima mediterráneo continental

Un clima seco con temperaturas contrastadas...

Los paisajes de **bioclima mediterráneo continental** comprenden el interior peninsular, particularmente la Submeseta Norte, el valle del Ebro y algunas áreas de la Submeseta Sur.

La **lejanía del mar** produce **precipitaciones escasas**, aunque más abundantes en primavera y otoño, y las **temperaturas registran una gran amplitud térmica**, con veranos calurosos e inviernos fríos.

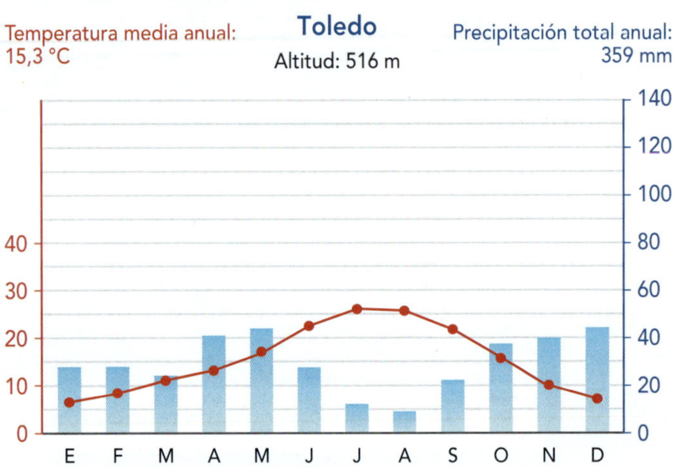

... con una vegetación adaptada a la sequedad...

Se trata de zonas con relieve llano, surcadas por ríos largos y caudalosos, cuyas formaciones vegetales más importantes son:

- **Bosques perennifolios**: los encinares, que tradicionalmente caracterizaban el paisaje del interior peninsular, actualmente han reducido su extensión en favor de las dehesas y cultivos de secano (trigo, cebada) y de regadío (hortalizas, patata, remolacha).

  En las montañas abundan los bosques de coníferas y los prados. Los bosques suponen una fuente importante de ingresos y empleo, pues de ellos se extrae madera, resina y frutos como el piñón.
- **Bosques de ribera**: árboles adaptados a la humedad fluvial, como el sauce, el aliso o el chopo.

Tierra de Campos (Castilla y León).

... y con escasa población

El interior de la Península se encuentra escasamente poblado:

- La población se concentra principalmente en las **capitales de provincia** y **pueblos grandes**, debido a la existencia de más servicios.
- El medio rural se enfrenta a una grave **despoblación**, como consecuencia del envejecimiento de la población y la marcha de jóvenes hacia las ciudades, donde encuentran mejores oportunidades laborales.
- Sin embargo, se están desarrollando iniciativas para detener este fenómeno, a partir de medidas como la **mejora de las comunicaciones** (carreteras, conexión de Internet) o **ventajas** para las familias y empresas.

Molina de Aragón (Castilla-La Mancha).

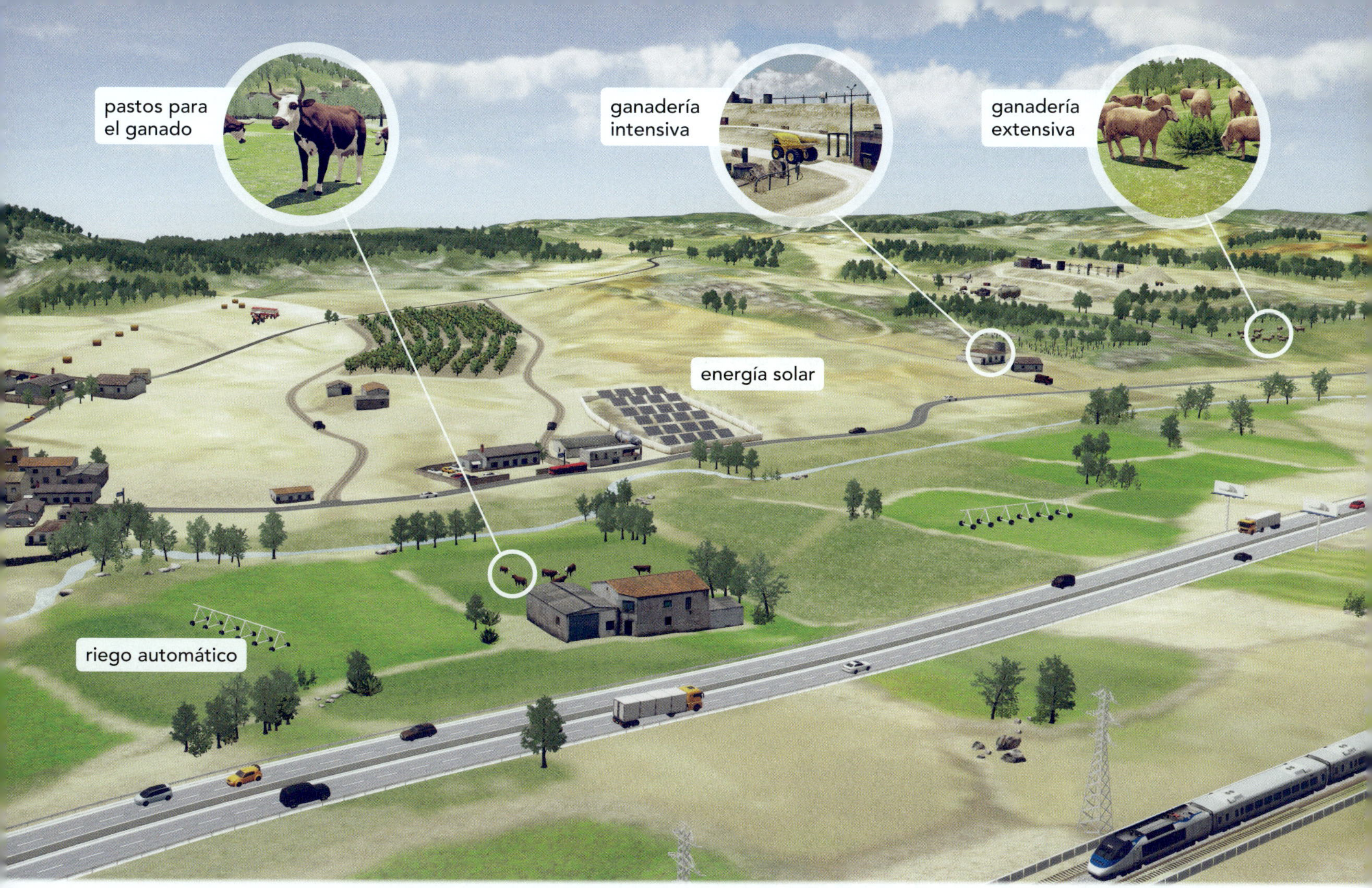

La dehesa, un ecosistema a preservar

Las dehesas son un ejemplo de equilibrio entre explotación humana y conservación de los recursos naturales.

De antiguo, el ser humano ha transformado el bosque de encinas y algarrobos al eliminar parte de la masa arbolada y convertirla en un territorio donde conviven la actividad agrícola con la forestal y la ganadera.

Dehesa extremeña.

Observo y comparo

26. Observa las imágenes y describe cómo es el paisaje del interior peninsular. Compáralo con el mediterráneo litoral y el atlántico y di tres diferencias con cada uno.

Analizo

27. ¿Por qué son extremas las temperaturas y escasas las precipitaciones en el interior peninsular?

28. Teniendo en cuenta factores como la vegetación, el relieve y los recursos hídricos disponibles, ¿dónde ubicarías una explotación agraria de trigo: en un paisaje mediterráneo o en un paisaje mediterráneo continental? ¿Por qué?

Patrimonio ambiental y desarrollo sostenible |

Reflexiono sobre el impacto humano

29. Observa el dibujo superior y explica el impacto humano en el paisaje:
- ¿Qué actividades económicas detectas en él?
- ¿Qué consecuencias para el paisaje crees que puede tener la despoblación?

30. ¿Por qué la dehesa es un ecosistema sostenible a preservar?

7 El paisaje de bioclima de montaña

Un clima frío y lluvioso...

El **clima de montaña** se caracteriza por ser más **frío y lluvioso** que las zonas llanas próximas.

No obstante, según su ubicación, las montañas conservan bastantes rasgos del clima de su zona. Así, la Cordillera Cantábrica, situada en una zona de clima oceánico, es más lluviosa que el Sistema Central o que las Cordilleras Béticas, ambas en áreas de clima mediterráneo continentalizado.

Además, hay diferencias de clima y vegetación entre las laderas de solana (orientadas al Sur) y las de umbría (al Norte y en sombra); estas son más frías y húmedas.

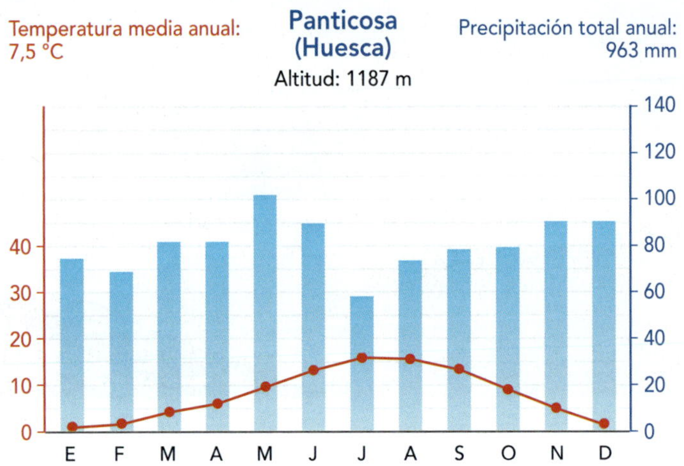

... con vegetación que varía con la altitud...

Las montañas son las áreas **más cubiertas de bosque** y donde mejor se conserva la vegetación natural o autóctona.

Como sabes, en las zonas montañosas la **altitud** marca diferencias de temperatura y precipitación, y en consecuencia el **bosque de montaña se distribuye en pisos**, con las especies de árboles que mejor se adaptan a cada nivel de altura.

... y creciente intervención humana

En las últimas décadas, la intervención humana en las montañas está aumentando mucho, aunque sigue siendo menor que en otras zonas:

- En algunas zonas de bosque se ha producido una **tala excesiva de árboles** y **se han sustituido especies autóctonas** (robles, hayas) por otras de rápido crecimiento utilizadas por la industria maderera y papelera (pinos y eucaliptos).
- El crecimiento del **turismo de montaña** ha comportado la construcción de infraestructuras y alojamientos.

  El esquí es la actividad que más afecta al paisaje natural, pero el senderismo, el barranquismo, etc., también atraen a muchos visitantes que desean disfrutar de la belleza del medio natural.

Pisos de vegetación de la Cordillera Cantábrica

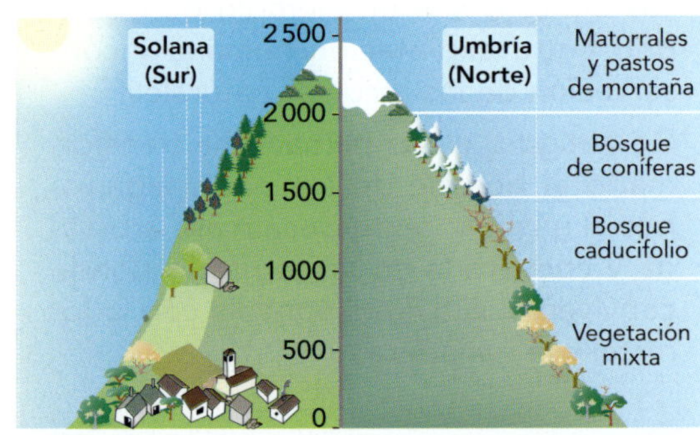

Alta montaña en la Sierra de Gredos.

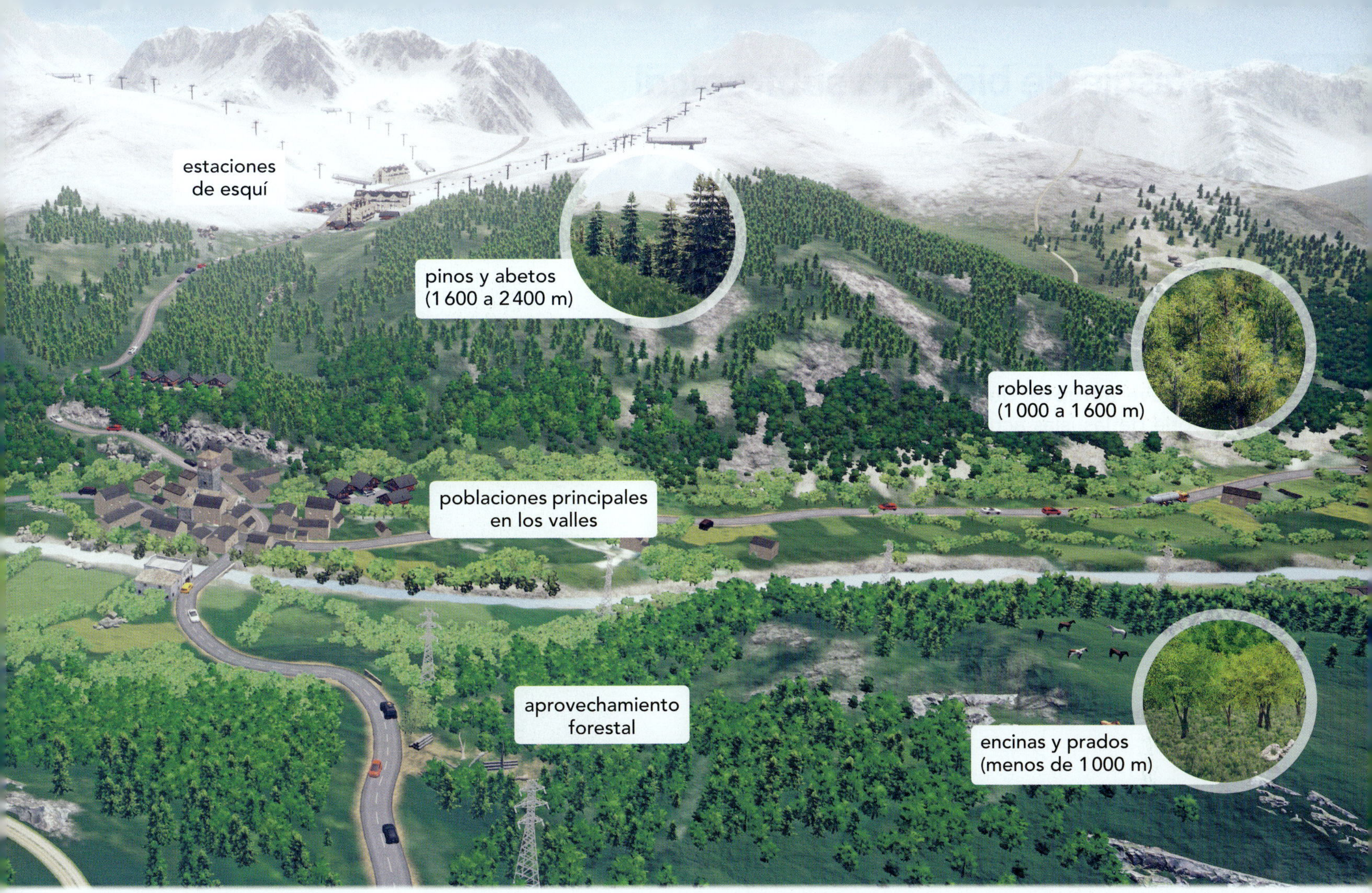

Razono

31. Observa la imagen: ¿qué tipo de vegetación muestra? ¿A qué altitud debe corresponder?

32. Si buscaras una ladera de montaña para practicar esquí: ¿preferirías la solana o la umbría? ¿Por qué?

33. Explica brevemente por qué en la montaña aumentan las precipitaciones y disminuye la temperatura.

Observo y comprendo

34. Observa el dibujo:

- Describe las características del paisaje de montaña. ¿Cómo varía con la altitud?
- Señala aquellas actividades que transforman el paisaje. ¿Cuáles crees que han modificado más este paisaje? Explica el porqué.

Patrimonio ambiental y desarrollo sostenible | Asumo los ODS

35. Además de la vegetación, ¿qué otros elementos de la naturaleza enriquecen los paisajes de montaña?

36. Haz una lista de beneficios que una persona como tú puede obtener de la conservación del paisaje natural de montaña.

37. Busca en Internet alguna de las medidas del ODS 15 adecuada para la conservación de los ecosistemas de montaña. ¿Qué propones para protegerlos del turismo más agresivo?

15 VIDA DE ECOSISTEMAS TERRESTRES

8 El paisaje de bioclima subtropical

Un clima cálido y moderado...

Canarias cuenta con diferentes variedades climáticas debido a la influencia de distintos factores:

- La **cercanía al Trópico de Cáncer** y la **influencia del Sahara**, que originan un clima cálido y árido.
- La **corriente de Canarias**, cuyas aguas frías suavizan las temperaturas de verano.
- Un **relieve abrupto**, de origen volcánico, que en la mayoría de las islas actúa como obstáculo y barrera de los vientos.
- Los **alisios**, vientos del Noreste, que provocan nubes y lluvias de relieve en las laderas de barlovento (400-1 200 m de altitud).

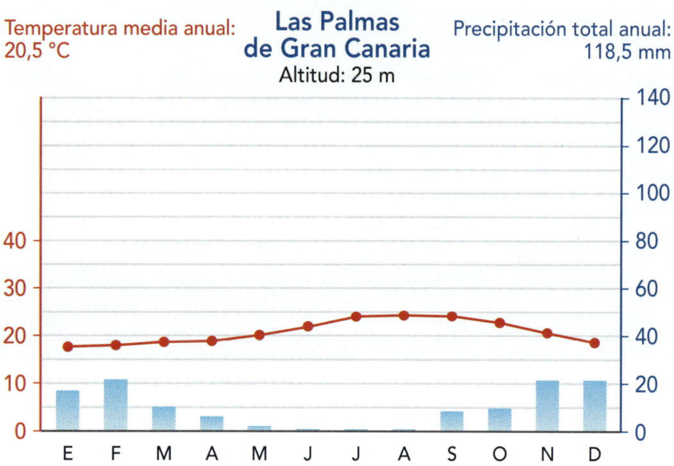

... con una vegetación muy original...

Según el clima, existen diferentes tipos de vegetación espontánea, desde la propia de desiertos cálidos hasta la de bosque húmedo:

- **Vegetación xerófila**: en las zonas bajas de clima cálido y árido (tabaibas, cardones...).
- **Endemismos**: en áreas de clima cálido y humedad (dragos y sabinas).
- **Laurisilva**: bosque húmedo en zonas lluviosas y templadas del Norte de algunas islas (laurel, brezo...).
- **Bosque de pino canario** y **matorrales** a considerable altura.

Drago, especie exclusiva de Canarias.

... y una acción humana que transforma el paisaje

Las peculiaridades del relieve, clima y vegetación de Canarias condicionan la actividad humana, que ha dejado su huella en el paisaje:

- Tradicionalmente, con **cultivos para autoconsumo** (cereales, patata, vid) en **bancales**, u **hoyos** en la arena volcánica que recogen la escasa agua existente.
- Más recientemente, con **cultivos tropicales irrigados** de plátano, piña, aguacate... o de producción temprana (tomate, pepino...).
- El clima y la riqueza paisajista atrae el turismo a Canarias, que transforma y modifica esos paisajes con **infraestructuras** y **urbanizaciones**.

Complejo turístico Puerto Rico (Gran Canaria).

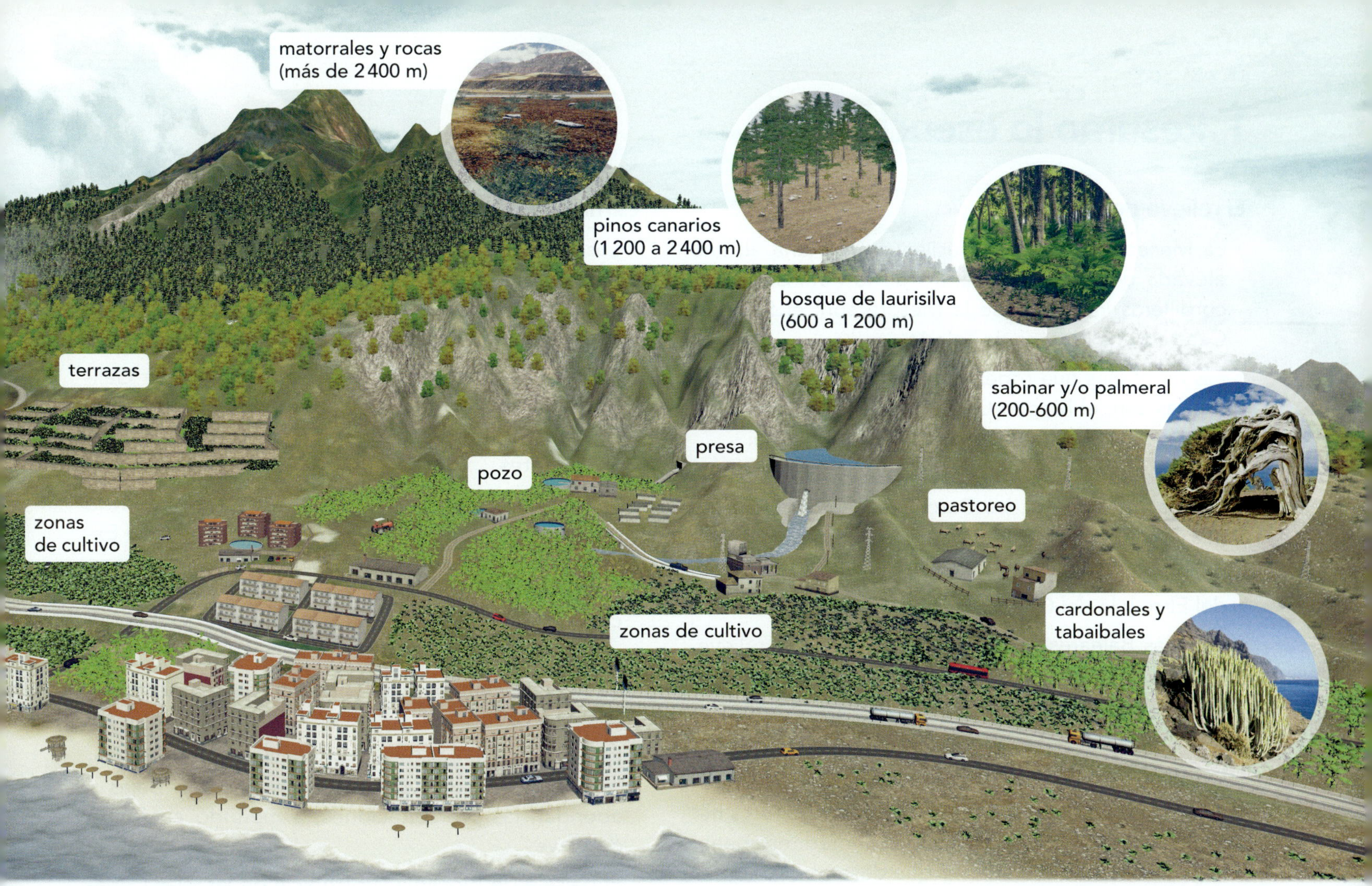

Observo y comparo

38. Compara el climograma de Las Palmas de Gran Canaria con el de Gijón. Señala las principales diferencias entre sus temperaturas y sus precipitaciones.

39. Describe el paisaje canario y destaca tres características específicas que lo diferencien de los paisajes peninsulares.

Razono

40. ¿Crees que en el cartel turístico han escrito por error *invierno* en lugar de *verano*? Explícalo.

Causas múltiples | Analizo los factores

41. Observa en la fotografía satélite que hay nubes en las islas y no las hay en el mar que las separa. Explica qué factores provocan esta situación.

42. Señala dos tipos de paisajes vegetales que no existirían sin estas nubes. Explica por qué.

43. El turismo es la principal actividad económica de Canarias. Además de "sol y playa", ¿qué otros aspectos destacarías de las islas para atraer turistas? Diseña un cartel para expresar tu idea.

1. Resumo lo esencial

El relieve de España

- La Meseta es una extensa llanura con una altitud elevada que ocupa el centro de la Península. Las cordilleras interiores de la Meseta son: el Sistema Central y los Montes de Toledo.
- Las montañas que rodean la Meseta de diversas altitudes son: el Macizo Galaico-Leonés, la Cordillera Cantábrica, el Sistema Ibérico y Sierra Morena.
- En la periferia peninsular se encuentran los Montes Vascos, los Pirineos, las Cordilleras Costero-Catalanas y las Cordilleras Béticas.
- En la Península existen dos grandes depresiones: la del Ebro y la del Guadalquivir.
- Las islas Baleares son una prolongación del relieve peninsular, mientras que las islas Canarias presentan un relieve accidentado de origen volcánico.

Los ríos y las costas de España

- En España, los ríos se agrupan en tres vertientes hidrográficas (cantábrica, atlántica y mediterránea), según el océano o mar en el que desembocan.
- Las costas altas se dan donde las montañas llegan al mar, mientras que las bajas donde hay llanuras.

Climas y paisajes de España

- Los climas y los paisajes que dominan en la Península Ibérica son los propios de las tierras templadas, aunque factores como la latitud, la altitud o la influencia del mar generan una variedad de climas.
- El paisaje de bioclima oceánico es propio de Galicia, la cornisa cantábrica y el prepirineo occidental. Las temperaturas son suaves, y las precipitaciones, abundantes.
- El paisaje de bioclima mediterráneo se extiende por el litoral del Este y Sur peninsular, parte de Extremadura y Castilla-La Mancha, y el archipiélago balear. Las temperaturas son suaves, y las precipitaciones, escasas.
- El paisaje de bioclima mediterráneo continental ocupa la parte central de la Península. Las temperaturas son muy contrastadas, y las precipitaciones, escasas.
- El paisaje de bioclima de montaña se da en las sierras más elevadas. Las temperaturas son bajas y abundan las precipitaciones, a menudo en forma de nieve.
- El paisaje de bioclima subtropical de las islas Canarias presenta unas temperaturas altas casi todo el año y unas precipitaciones escasas e irregulares.

a. Completo el mapa conceptual

Copia y completa en tu cuaderno este mapa conceptual:

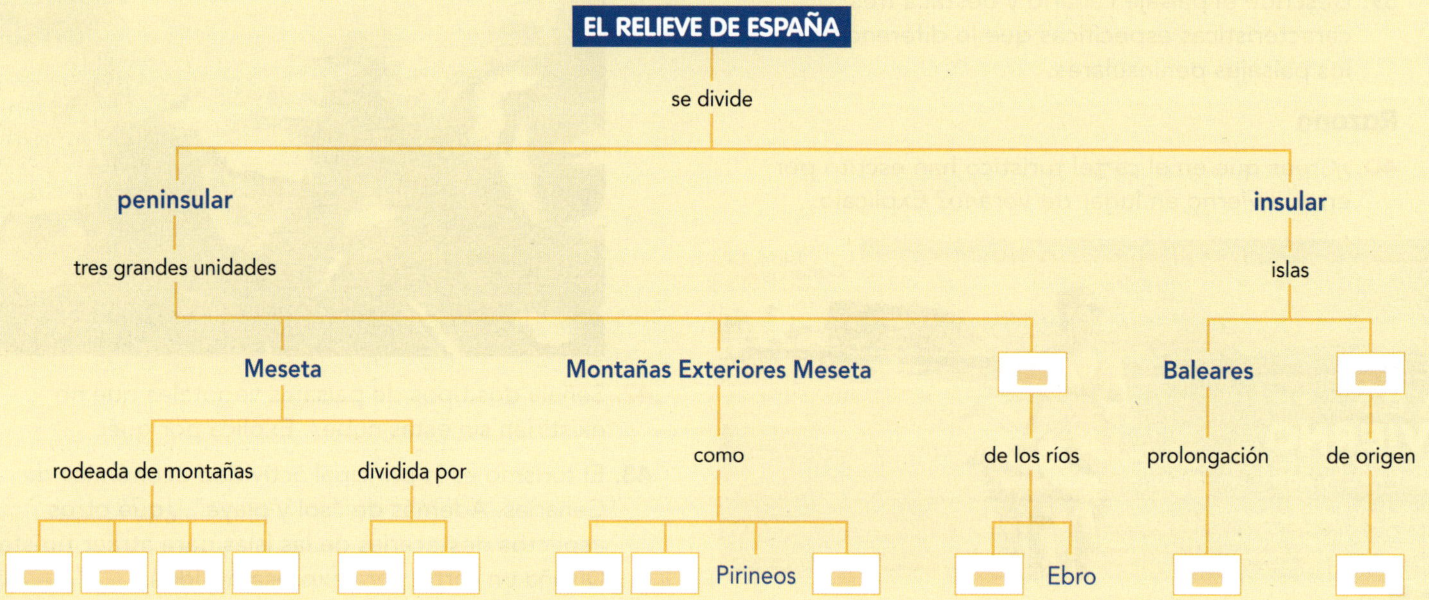

2. Repaso lo aprendido

a. Sintetizo

- ¿Qué caracteriza el relieve peninsular? ¿Cuáles son sus principales unidades de relieve?
- ¿Qué climas predominan en España? ¿Qué factores influyen en la diversidad de climas y paisajes?

b. Defino conceptos

- Meseta
- dehesa
- vertiente hidrográfica
- depresión
- laurisilva
- bosque caducifolio

c. Explico el esquema

Explica cómo intervienen estos factores para poder afirmar que "España presenta una gran variedad bioclimática".

d. Relaciono conceptos

Explica la vinculación que existe entre:

- paisaje subtropical/endemismos
- paisaje oceánico/ganado vacuno
- paisaje mediterráneo continental/medio rural despoblado
- paisaje de montaña/pisos de vegetación
- paisaje mediterráneo/actividad turística

e. Identifico características de las costas

Señala a qué tipo de costa (atlántica, cantábrica o mediterránea) corresponden estas afirmaciones:

- Se extiende desde la punta de la Estaca de Bares hasta el estrecho de Gibraltar.
- Costas bajas, llanas y arenosas en Andalucía.
- Se alternan costas bajas y costas altas.
- Costa alta y recortada con numerosas rías.
- Es la costa más extensa de España.
- Se extiende por el Sur y el Este de la Península.
- Costa acantilada y rocosa con puntas y cabos.
- Se extiende desde la punta de la Estaca de Bares hasta la frontera con Francia.

f. Completo un cuadro-resumen

Copia y completa en tu cuaderno el cuadro-resumen que tienes a continuación:

	Vertiente atlántica	Vertiente cantábrica	Vertiente mediterránea
Ríos principales			
Longitud			
Caudal y regularidad			
Estiajes			
Torrencialidad			

3. Aprendo a hacer. Analizar un mapa temático

Los mapas son una herramienta básica para el estudio de la geografía. Para analizar y comentar un mapa, se han de tener en cuenta aspectos como el territorio que representa y la leyenda que muestra la información detallada del mapa.

Un mapa temático representa un fenómeno geográfico concreto, que puede ser de muchos tipos: corocromático (donde se utilizan colores o tramas sin cuantificar el fenómeno), de isolíneas (líneas que unen puntos del mismo color), de figuras (se utilizan símbolos), de diagramas (se representan barras, sectores...), entre otros.

La distribución de la vegetación

1. Localización y descripción

- **a.** Identifica el espacio geográfico que representa el mapa.
- **b.** ¿A qué fenómeno geográfico se refiere el mapa?
- **c.** ¿Qué tipo de mapa se ha elegido para proporcionar la información?

2. Análisis

- **a.** ¿Qué tipos de bosque crecen en España?
- **b.** ¿Qué árboles están asociados a cada tipo de bosque? ¿Cuáles de ellos son caducifolios? ¿Y perennifolios?
- **c.** ¿Dónde se localiza en la Península Ibérica cada tipo de bosque?
- **d.** ¿En qué zonas predomina el matorral? ¿Ocupa el matorral una gran extensión en el territorio peninsular?
- **e.** ¿Dónde es posible encontrar tabaibas, cardones, dragos y sabinas? ¿Por qué no se encuentra este tipo de vegetación en la Península?

3. Conclusión

- **a.** A partir de la distribución de las formaciones vegetales por el territorio español, asocia cada especie con un tipo de clima.
- **b.** Señala cuáles son las necesidades de temperatura, precipitación, humedad, etc., que requiere cada formación vegetal para que pueda crecer.

4. Evalúo fuentes geográficas. Comparo un texto geográfico

El griego Estrabón, uno de los geógrafos más famosos de toda la historia, describió en su obra *Geografía* algunas de las características de la Península Ibérica. Curiosamente, Estrabón nunca viajó hasta aquí, y escribió su obra a partir de libros anteriores.

Imagina que tuvieras la oportunidad de describir a Estrabón cómo es la Península Ibérica: para ello, lee detenidamente los fragmentos siguientes y, a partir de tus conocimientos sobre el tema, explícale cómo son actualmente los aspectos descritos en cada fragmento.

Descripción de la Península Ibérica por Estrabón

Iberia, en su mayor extensión, es poco habitable, pues casi toda se halla cubierta de montes, bosques y llanuras de suelo pobre y desigualmente regado.

La región septentrional es muy fría por ser accidentada en extremo, y por estar al lado del mar se halla privada de relaciones y comunicaciones con las demás tierras. (...) La meridional casi toda ella es fértil.

Las orillas del Baítis son las más pobladas (...). Varias cadenas montañosas y llenas de metales siguen la orilla septentrional del río, (...) existe gran cantidad de plata, cobre y oro.

5. Analizo procesos geográficos. Evolución de un paisaje

Las actividades humanas modifican el medio físico. Para analizar su evolución existen herramientas como el comparador de ortofotos del Instituto Geográfico Nacional (IGN):

a. Observa estas dos fotografías de Marbella y contesta a estas preguntas:

- ¿Qué infraestructuras aparecen en la imagen de 2016 que no existían en la ortofotomapa de 1956-1957?
- ¿Cómo ha sido la evolución del poblamiento en el territorio?
- ¿Crees que guarda alguna relación con la economía actual de esta localidad?

b. Dentro del Instituto Cartográfico, ve a Actividades y selecciona "Observación del territorio". Te aparecerán los visualizadores y debes entrar en el "Comparador de ortofotos PNOA".

Una vez dentro del comparador, introduce el nombre del topónimo; en este caso, Marbella, y activa en la etiqueta de la parte inferior izquierda la capa "Americano, Serie B, 1956-57".

Ahora, busca alguna de estas tres ciudades: Guadalajara, Badajoz y Zaragoza, y explica qué cambios observas entre los años de la década de 1950 y la actualidad. ¿Qué diferencias encuentras? ¿Crees que han crecido de una forma ordenada? Razona tu respuesta.

Marbella (Vuelo Americano, Serie B, 1956-1957).

Marbella (PNOA, 2016).

6. Analizo el vídeo

Un paisaje típicamente mediterráneo

Mira detenidamente el vídeo sobre la vegetación de clima templado mediterráneo que presentamos en el apartado 5: *El paisaje de bioclima mediterráneo*. Luego, realiza estas actividades:

a. Cuando en el vídeo se habla de la vegetación secundaria, ¿a qué hace referencia? ¿Por qué las regiones de clima templado mediterráneo han modificado tanto su paisaje?

b. ¿Qué es una planta xerófila? ¿Qué característica tienen este tipo de plantas? ¿Cómo son?

c. ¿Qué tipo de vegetación se asocia a una región de suelo granítico?

d. ¿Cómo es el tipo de vegetación que se asocia a los suelos calcáreos? ¿Qué plantas predominan?

1. Elaboramos un atlas geográfico

Tesoros de la Tierra

El planeta Tierra es un mosaico de formas de relieve muy diferentes, algunas de ellas verdaderamente sorprendentes. ¿Os animáis a dar la vuelta al mundo para conocerlas?

Antes de emprender un viaje por los cinco continentes, vais a confeccionar un atlas que ilustre los lugares singulares del planeta que os gustaría visitar. Lo podréis consultar y compartir con otros viajeros tan aventureros y comprometidos con nuestro patrimonio natural como vosotros.

- Parque Provincial Ischigualasto (Valle de la Luna). San Juan, Argentina.
- Coordenadas: 30°S 67°O

	Valle de la Luna
Tipo de relieve	
Extensión, altura...	
Principal agente de erosión	
Materiales	
Observaciones/Curiosidades	

El Patrimonio de la Humanidad

La UNESCO incluye en la lista del Patrimonio Mundial de la Humanidad no solo monumentos culturales, tales como edificios históricos, conjuntos urbanos, industrias y paisajes culturales, sino también yacimientos geológicos, paisajes naturales y reservas naturales.

Consulta la página web de la UNESCO para conocer algunos de los paisajes naturales más singulares del planeta: www.tiching.com/778402.

Trabajo colaborativo

1. Organización de los grupos colaborativos

a. Dividid la clase en 5 grupos, uno por cada continente (excepto la Antártida). Cada miembro del grupo se centrará en:

- **Llanuras:** mesetas, páramos...
- **Montañas:** cordilleras, sierras, picos, volcanes...
- **Valles:** depresiones, cañones, gargantas, desfiladeros, fallas, fosas...
- **Desiertos:** cálidos (*ergs*, dunas...) y fríos (circos glaciares, morenas...).

2. Localización de los destinos

a. Cada grupo buscará en Internet las formas de relieve más singulares de cada continente (por su altitud, su profundidad, su belleza...) y elegirá cinco. Compartid la información que vayáis encontrando durante todo el proceso.

b. Elegid una imagen representativa de cada lugar.

c. Buscad la ubicación (pais y región) y las coordenadas geográficas.

3. Fichas de datos relevantes

a. Completad una ficha que recoja los principales aspectos de cada lugar, como la del modelo.

4. Diseño y elaboración de un atlas

a. La clase recopilará todas las imágenes y los datos (ubicación y ficha) de los distintos lugares del mundo y decidirá cómo organizar el material de manera estructurada y, a la vez, creativa.

b. El atlas puede ser tanto físico como digital. A modo de ejemplo, poned un mapa con las localizaciones en el anverso; haced un *collage* con las imágenes y las tablas en el reverso.

c. Incluid una referencia bibliográfica con las fuentes de información consultadas y la procedencia de las imágenes.

2. Lanzamos una campaña para el ahorro de agua

El uso sostenible del agua

El agua dulce es un recurso de la naturaleza indispensable para la vida, pero también un bien escaso que debemos proteger y conservar.

España es uno de los países que más agua consume debido a su grado de desarrollo, al carácter intensivo de su agricultura y al uso para actividades turísticas. Por otra parte, el clima mediterráneo (litoral o interior), que se da en la mayor parte del territorio, se caracteriza por largos periodos de ausencia de lluvias, lo que provoca problemas en el abastecimiento y disponibilidad de agua para el consumo humano.

Podéis fomentar el uso sostenible y el ahorro de agua organizando una campaña a partir de las tareas siguientes.

Tomo conciencia. Desde lo global a lo local

Consulta la página web de la ONU sobre el agua para conocer algunos datos sobre los desafíos globales del agua: www.tiching.com/778360.

Consulta después la página web de la Agenda Local 21 de tu ciudad o tu capital de provincia, y observa la evolución reciente en el consumo de agua por habitante.

Consumo doméstico total

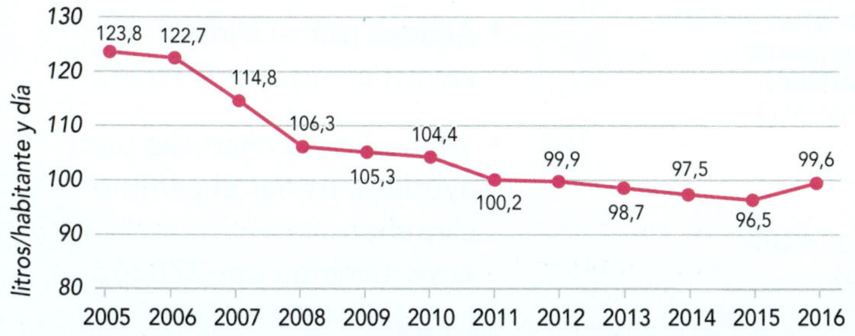

Investigo en mi entorno

Averigua

- Si el ayuntamiento tiene un programa de ahorro de agua.
- De dónde procede el agua potable de tu municipio (río, emblase, canal, acuífero...) y cómo se depuran las aguas residuales.
- De dónde viene el agua para regar los jardines, plantas, etc., de tu barrio.
- Cuál es el consumo total anual de agua en tu centro escolar.

Haz una encuesta en el centro escolar

- Personas que se duchan/se bañan.
- Presencia/ausencia de dispositivos reductores de caudal de agua en el hogar.
- Consumo de agua embortellada/del grifo.
- Índice de eficiencia energética de sus electrodomésticos (lavadora, lavaplatos).

Llegamos a un consenso

Hacemos una lluvia de ideas a partir de las tareas previas y elaboramos un decálogo de buenas prácticas para ahorrar agua en nuestra vida diaria.

Trabajo colaborativo

1. Organización de los grupos colaborativos

a. Dividid la clase en grupos. Cada uno elegirá un medio de difusión para lanzar la campaña de ahorro de agua: un blog, un cartel, un logotipo, un podcast, una serie de mensajes en redes sociales, una tarjeta de compromisos con el ahorro de agua, etc.

2. Difusión de la campaña

a. Exponed al resto de vuestra comunidad educativa (alumnado, profesorado y familias) y entorno (asociación de vecinos, ONGs...) vuestras ideas sobre el ahorro de agua en base a los datos recopilados y las tareas realizadas. Informadles sobre los canales y medios de difusión utilizados.

3. Evaluación de la campaña

a. Dejad pasar tres meses desde la campaña y realizad de nuevo las entrevistas para comprobar si vuestros compañeros han modificado sus hábitos respecto al consumo responsable de agua.

b. Elaborad unas conclusiones a partir de los resultados de las entrevistas y valorad la eficacia de los medios de difusión utilizados.

3. Elaboramos un decálogo contra el cambio climático

La Cumbre del Clima

El Acuerdo de París, firmado en 2016, fue el primer pacto mundial en defensa del clima del planeta. Los países firmantes acordaron poner en marcha medidas concretas contra el calentamiento global a partir de enero de 2020.

Habéis sido elegidos para formar parte de la Cumbre del Clima de este año como integrantes de una delegación mundial de jóvenes. Es una magnífica ocasión para recordar a los gobernantes que han de cumplir sus compromisos y para proponer vuestras soluciones al problema del cambio climático.

Planteamiento del caso

Vuestra aportación en la asamblea plenaria se centrará en la propuesta de un conjunto de 10 medidas (decálogo) para reducir el impacto del cambio climático.

Las medidas van dirigidas a la población y no necesariamente a los gobiernos u otras instituciones.

Se centrarán en los objetivos siguientes: la reducción de emisiones de gases de efecto invernadero y el ahorro y la eficiencia energética.

Fuentes para consultar

- Guía de los vagos para salvar el mundo.
  www.tiching.com/778361
- Alianza por el clima.
  www.tiching.com/778362
- 10 medidas concretas para ayudar a frenar el cambio climático.
  www.tiching.com/778363

Trabajo colaborativo

1. **Organización de los grupos colaborativos**

   Organizaos en grupos de trabajo de seis. Los miembros del grupo trabajarán en parejas y se encargarán de una tarea en el proceso de la elaboración del decálogo:

   a. **Documentalistas:** extraerán ideas a partir de las fuentes que se proporcionan aquí y en las páginas del tema.

   b. **Redactores:** redactarán los textos que formarán parte del decálogo.

   c. **Ilustradores:** propondrán y buscarán la ilustración que acompañará a cada medida.

2. **Propuestas para un decálogo**

   a. Diseñad vuestro decálogo y planteadlo de manera clara y concisa (puede ser una infografía).

   b. Ordenad las 10 medidas por orden de importancia, según vuestro criterio.

3. **Elaboración y difusión del decálogo conjunto**

   a. Comparad los decálogos de los distintos grupos y valorad todas las propuestas.

   b. Elaborad el decálogo ilustrado definitivo con la aprobación de toda la clase y después difundidlo en las redes.

4. Montamos una exposición

Paisajes del mundo y biodiversidad

Antes de iniciar tu viaje, visita:
www.tiching.com/778364

¿Sabías que cada día se extinguen 150 especies de animales? ¿Y que cada año se pierden 3,3 millones de hectáreas de bosque?

La biodiversidad es la suma de todos los ecosistemas, especies y diversidad genética de tipo terrestre, marino y acuático. Aunque su preservación es vital, en la actualidad se enfrenta a graves riesgos, lo cual representa una amenaza para el desarrollo humano.

¡Es el momento de actuar! Os proponemos realizar una campaña de sensibilización sobre el patrimonio paisajístico y la biodiversidad. Con este fin, montaréis una exposición con fotografías e ilustraciones de paisajes del mundo.

Trabajo colaborativo

1. Toma de conciencia

a. Realizad una búsqueda en los siguientes medios digitales para investigar los problemas medioambientales que afectan a los paisajes y su biodiversidad.

ORGANISMOS
- ONU Medio Ambiente (PNUMA)
- Agencia Europea de Medio Ambiente

ONGs
- Greenpeace
- World Wildlife Fund
- SEO/BirdLife
- The Nature Conservancy

b. Elaborad entre toda la clase un listado de los problemas que consideréis más importantes y otro listado con propuestas para hallar soluciones.

2. Organización de los grupos colaborativos

a. Formad grupos. Cada uno se centra en uno de los conjuntos bioclimáticos estudiados en el tema 5.

b. Recopilad información sobre sus características (fotografías, mapas, gráficos, páginas web, etc.), así como los riesgos que amenazan su biodiversidad.

3. Preparación de la exposición

a. Seleccionad e imprimid los materiales. Redactad fichas con la información básica para interpretar cada fotografía, gráfico, etc.

b. Montad todos los materiales sobre un mural de grandes dimensiones (como un rollo de papel continuo que cubra toda una pared).

c. Podéis generar códigos QR para que los visitantes puedan acceder a las páginas web que seleccionéis.

4. Campaña de sensibilización

a. Invitad a la exposición a vuestra comunidad educativa (alumnado, profesorado y familias), así como a a vuestro entorno (ayuntamiento, ONGs y asociaciones locales), y presentadles cada paisaje.

b. Redactad una nota de prensa, acompañada de fotografías, y anunciad la exposición en los medios digitales.

5. Reflexión y debate final

a. Reflexionad, junto a los asistentes, sobre los problemas y soluciones que habéis analizado al inicio del proyecto. Respetad los turnos de palabra a la hora de establecer un debate en torno a la importancia de conservar la biodiversidad.

Atlas

Geográfico del Mundo

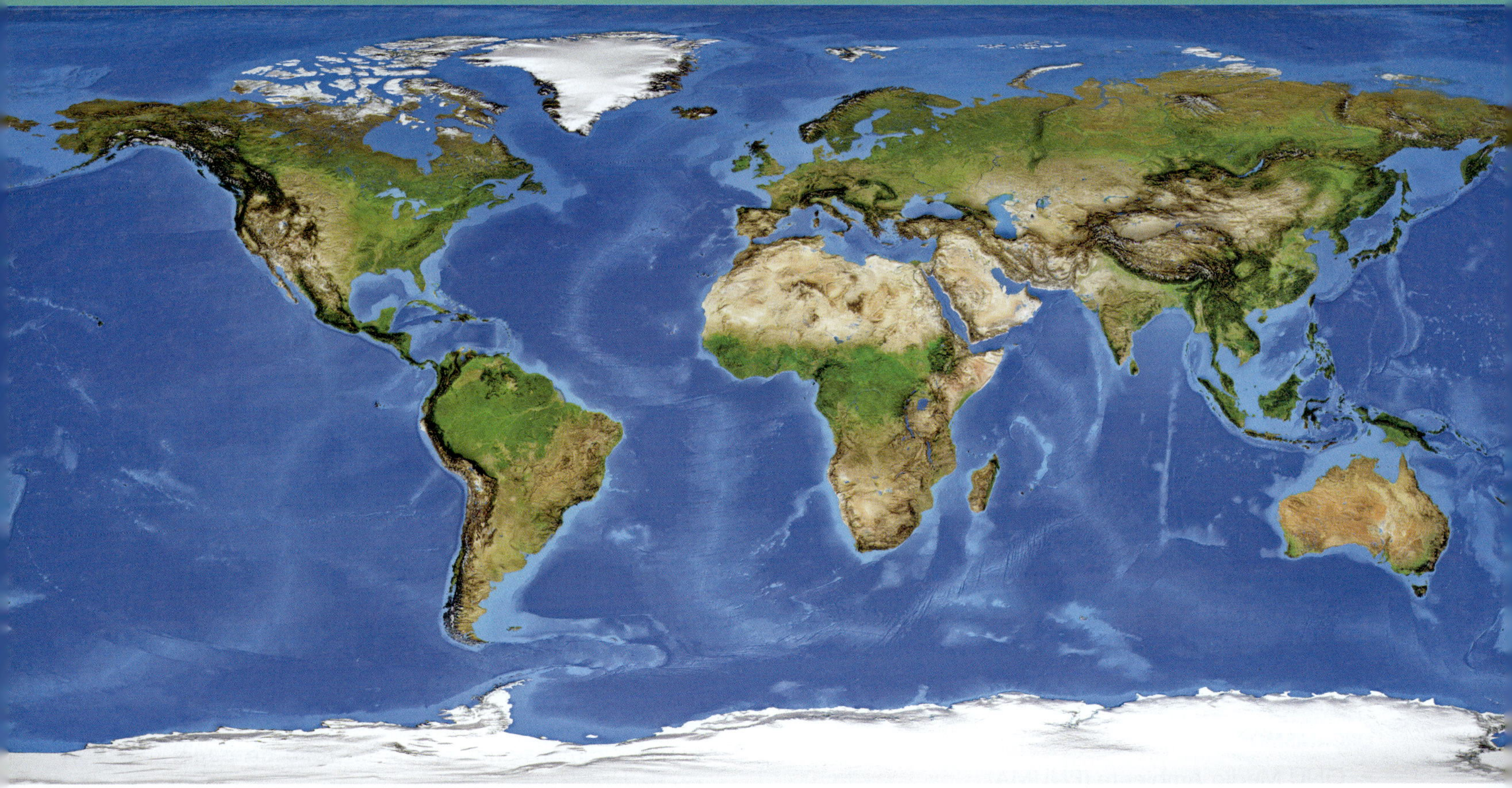

1. Europa Física
2. Europa Política
3. Asia Física
4. Asia Política
5. África Física
6. África Política
7. América del Norte y Central Física
8. América del Norte y Central Política
9. América del Sur Física
10. América del Sur Política
11. Oceanía Física y Política
12. Regiones Polares

Instituto Cartográfico Latino

1. Europa Física

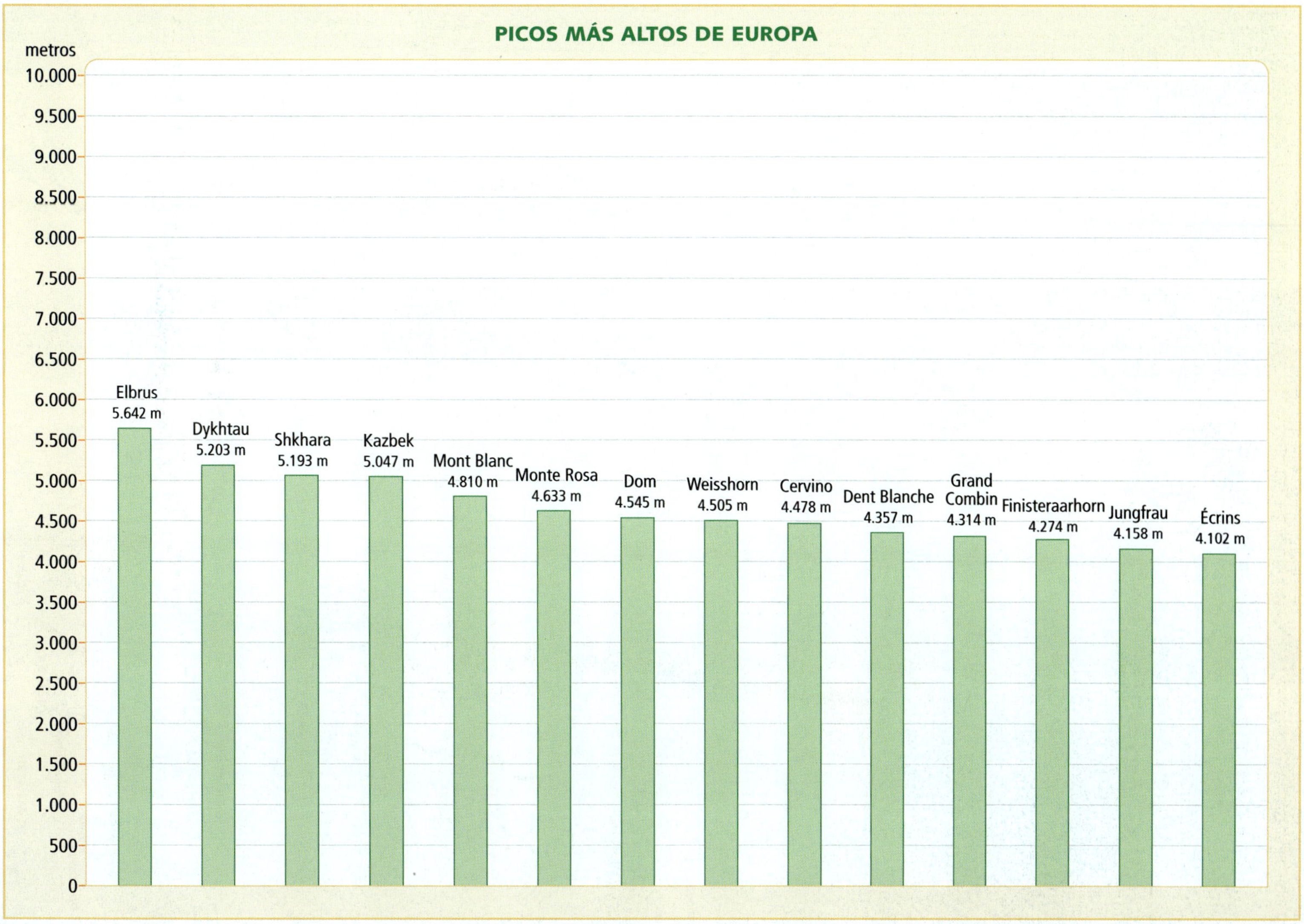

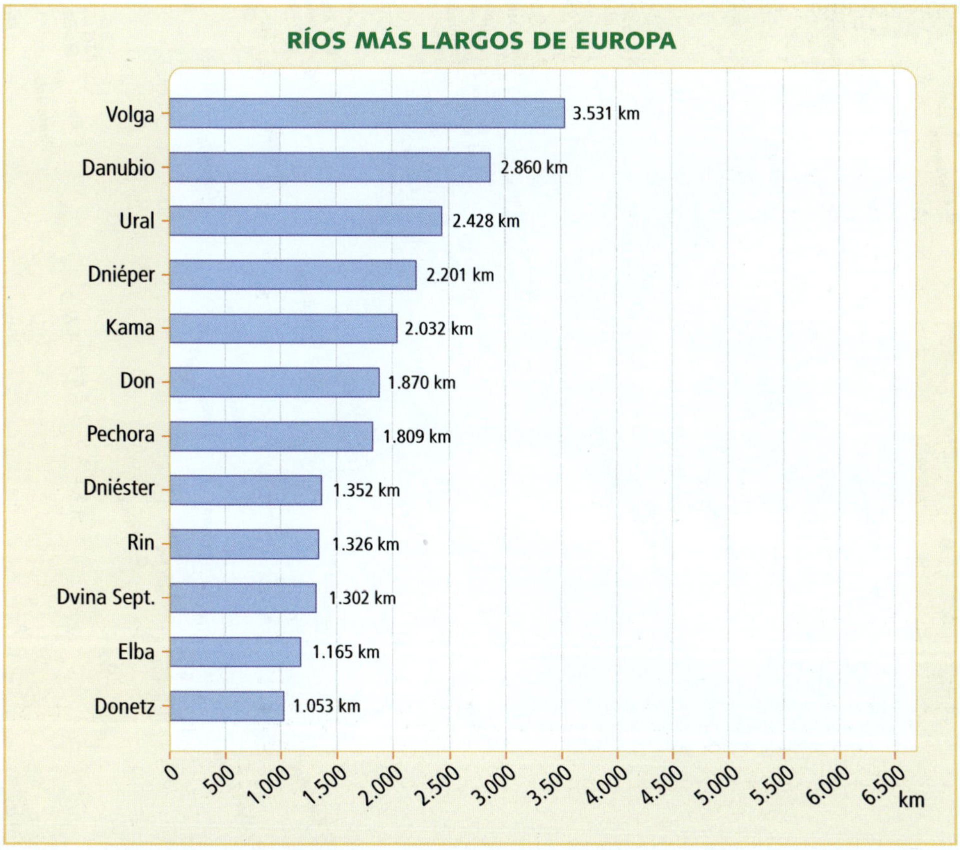

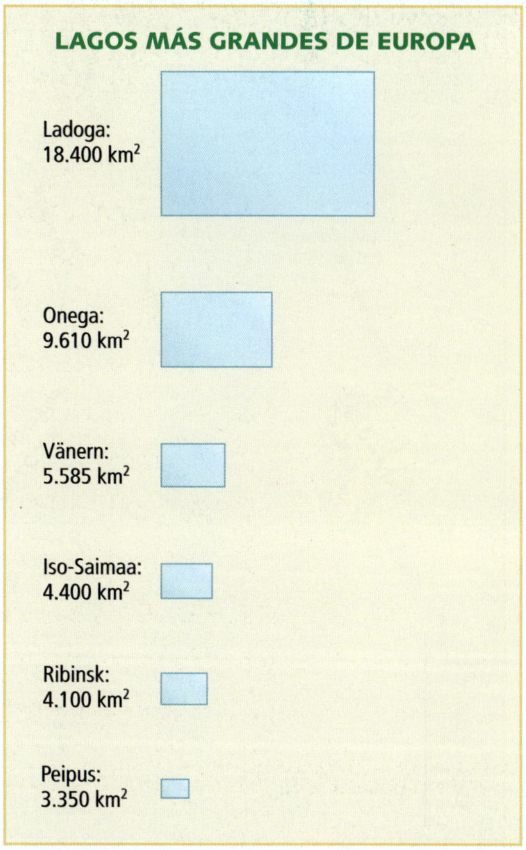

Europa Física

2. Europa Política

País	Capital	Superficie (en km^2)	Población	Tasa de natalidad (por 1 000 hab.)	Tasa de mortalidad (por 1 000 hab.)	Tasa de mortalidad infantil (por 1 000 hab.)	Esperanza de vida al nacer (en años)		PIB/hab. (en dólares)
							H	M	
ALBANIA	Tirana	29.000	2.877.000	11	7	12	77	80	4.203
ALEMANIA	Berlín	357.000	82.176.000	9	11	3	79	84	41.902
ANDORRA	Andorra la Vella	500	78.000	8	4	2	80	85	39.896
AUSTRIA	Viena	84.000	8.700.000	10	10	3	79	84	44.498
BÉLGICA	Bruselas	31.000	11.268.000	11	10	3	78	83	41.283
BIELORRUSIA	Minsk	208.000	9.505.000	12	13	3	69	79	5.143
BOSNIA-HERZEGOVINA	Sarajevo	51.000	3.518.000	8	11	5	74	79	4.308
BULGARIA	Sofía	111.000	7.102.000	9	15	6	71	78	7.369
C. DEL VATICANO	C. del Vaticano	0,44	196	–	–	–	–	–	–
CROACIA	Zagreb	57.000	4.204.000	9	13	4	74	80	12.095
CHECA, REPÚBLICA	Praga	79.000	10.579.000	11	10	3	76	83	18.286
CHIPRE	Nicosia	6.000	848.000	11	7	2	80	84	23.352
DINAMARCA	Copenhague	43.000	5.749.000	11	9	3	79	83	53.744
ESLOVAQUIA	Bratislava	49.000	5.435.000	10	10	6	73	80	16.499
ESLOVENIA	Liubliana	20.000	2.066.000	10	10	2	78	84	21.320
ESPAÑA	Madrid	506.000	46.386.000	9	9	3	81	86	26.609
ESTONIA	Tallinn	45.000	1.316.000	11	12	2	73	82	17.633
FINLANDIA	Helsinki	338.000	5.504.000	10	10	2	78	84	43.169
FRANCIA	París	544.000	64.605.000	12	9	4	79	85	38.128
GRECIA	Atenas	132.000	10.824.000	8	11	4	78	84	17.901
HUNGRÍA	Budapest	93.000	9.830.000	1	13	4	72	79	12.778
IRLANDA	Dublín	70.000	4.762.000	14	6	3	80	84	62.562
ISLANDIA	Reikiavik	103.000	338.000	12	7	2	81	84	59.629
ITALIA	Roma	302.000	60.589.000	8	10	3	81	85	30.507
LETONIA	Riga	65.000	1.969.000	11	14	7	70	79	14.060
LIECHTENSTEIN	Vaduz	160	38.000	9	7	2	81	83	169.492
LITUANIA	Vilnius	65.000	2.888.558	11	15	4	69	80	14.890
LUXEMBURGO	Luxemburgo	3.000	591.000	10	7	1	79	85	103.199
MACEDONIA DEL NORTE	Skopje	26.000	2.072.000	11	10	5	73	78	5.263
MALTA	Valletta	315	434.000	10	8	5	80	84	25.214
MOLDAVIA	Chişinău	30.000	2.998.000	11	11	10	68	76	1.901
MÓNACO	Mónaco	2	37.000	7	7	3	82	88	165.871
MONTENEGRO	Podgorica	14.000	622.000	12	10	2	75	79	6.629
NORUEGA	Oslo	324.000	5.258.000	11	8	2	81	84	70.392
PAÍSES BAJOS	Amsterdam	42.000	16.979.000	10	9	3	80	84	45.283
POLONIA	Varsovia	313.000	38.427.000	10	10	4	74	82	12.316
PORTUGAL	Lisboa	92.000	10.310.000	8	10	3	77	83	19.832
REINO UNIDO	Londres	243.000	65.648.000	12	9	4	80	84	40.096
RUMANIA	Bucarest	238.000	19.760.000	9	13	8	72	79	9.465
RUSIA (EUROPA)	Moscú	4.265.000	111.534.000	13	13	6	66	77	8.929
SAN MARINO	San Marino	61	33.000	8	8	3	82	87	46.447
SERBIA	Belgrado	78.000	7.076.000	9	15	5	73	78	5.376
SUECIA	Estocolmo	447.000	9.995.000	12	9	2	80	84	51.165
SUIZA	Berna	41.000	8.418.000	10	8	3	81	85	79.242
TURQUÍA (EUROPA)	Ankara	24.000	11.310.000	16	5	12	75	81	10.743
UCRANIA	Kiev	576.500	42.523.000	11	15	8	66	76	2.194
TOTAL	**–**	**10.213.307**	**718.442.291**	**10**	**10**	**4**	**76**	**82**	**34.462**

Fuente: *Calendario Atlante de Agostini*, 2018.

Europa Política

3. Asia Física

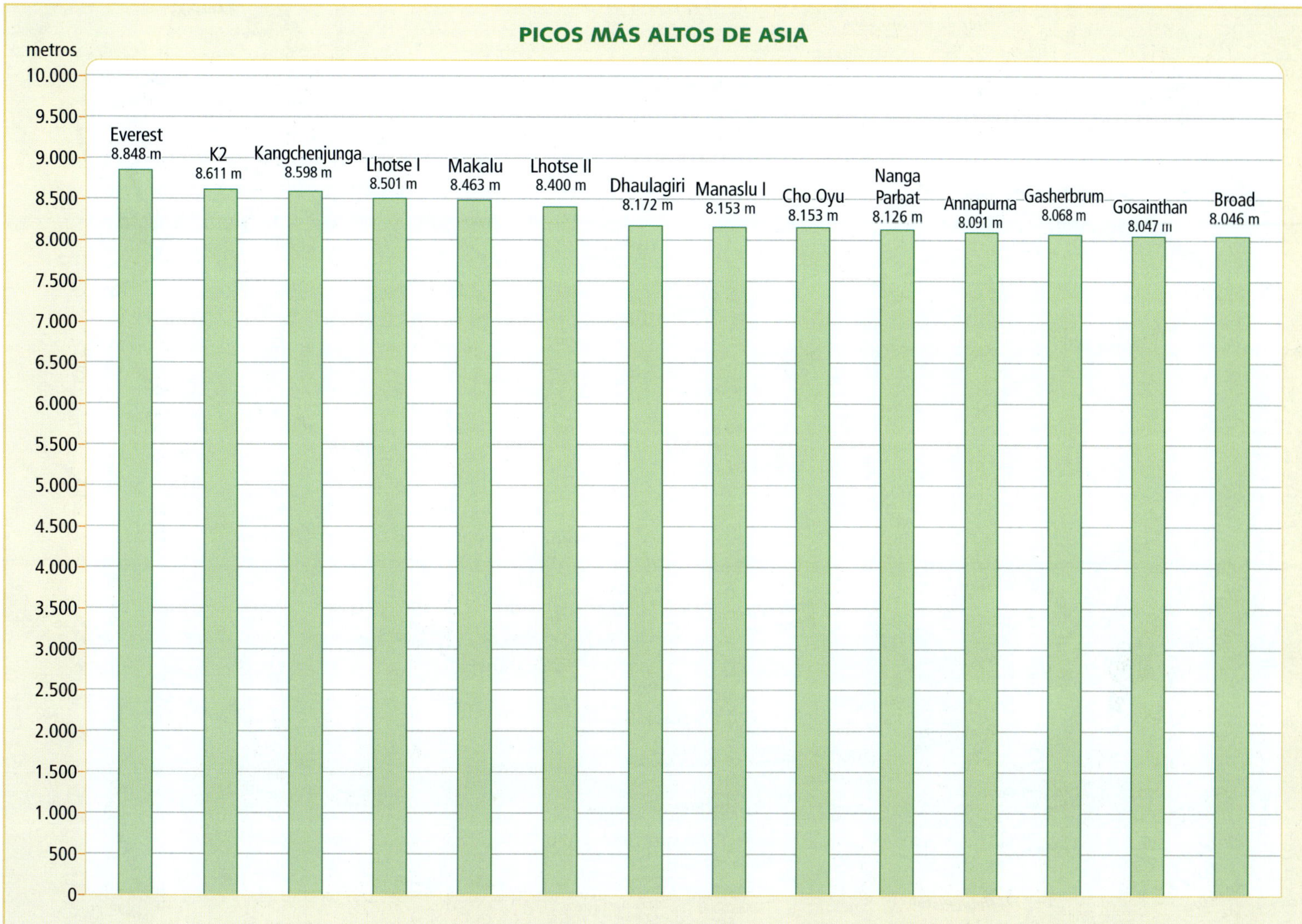

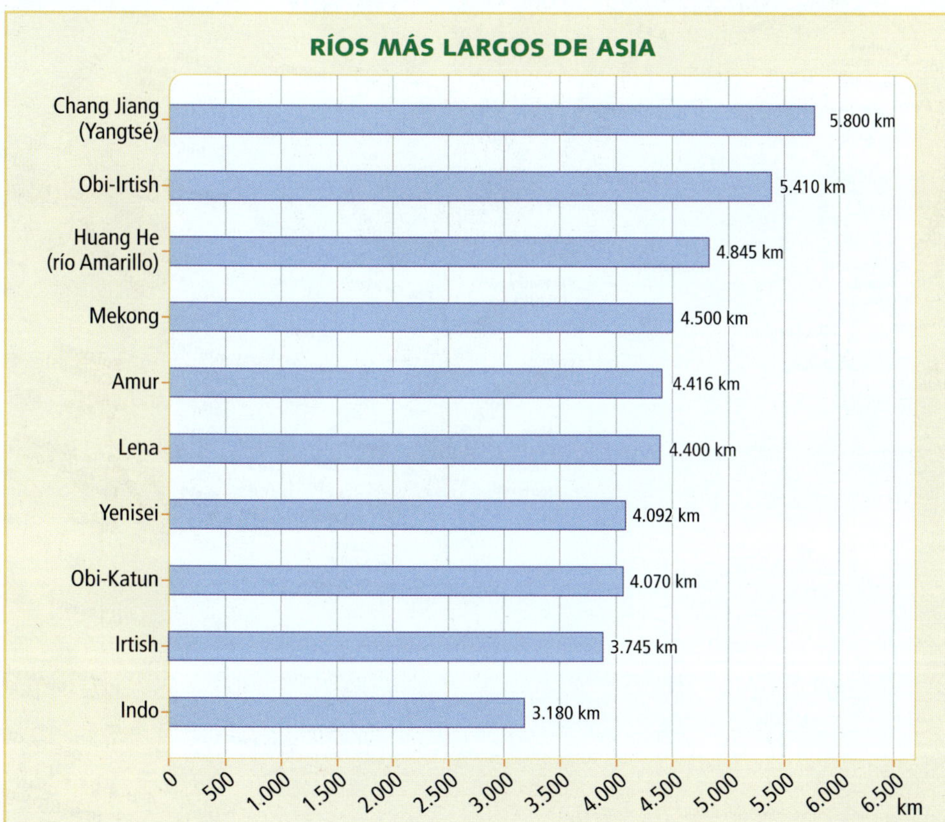

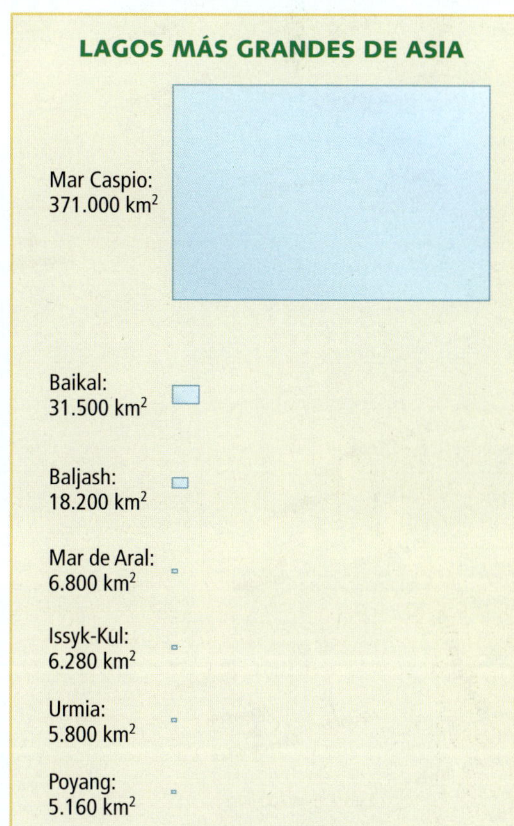

Asia Física

© I.C.L.
OCÉANO GLACIAL ÁRTICO
Polo Norte
OCÉANO ATLÁNTICO
Groenlandia
Islandia
Jan Mayen
Mar de Groenlandia
Círculo Polar Ártico
Mar de Noruega
Is. Shetland
Is. Feroe
ISLAS BRITÁNICAS
Irlanda
Gran Bretaña
Mar del Norte
Jutlandia
MTS. ESCANDINAVOS
Pen. Escandinava
G.º de Botnia
Mar Báltico
Laponia
Pen. de Kola
Pen. de Kanin
Mar de Barents
C. Norte
Islas Svalbard
Tierra de Francisco José
Nueva Zembla
Mar de Kara
Pen. de Yamal
Pen. de Guidán
Tierra del Norte
C. Cheliuskin
Mts. Birranga
Pen. de Taimir
Mar de Laptev
Is. de Nueva Siberia
Mar de Siberia Oriental
Wrangel
Estr. de Bering
San Lorenzo
Pen. de Chukotka
G.º de Anadyr
Meseta de Anadyr
C. Navarin
Mar de Bering
Is. Aleutianas
Mts. Koriakos
Pen. de Kamchatka
Kliuchevskaia Sopka 4.750 m
Is. del Comandante
C. Lopatka
Mts. de Kolyma
Pobeda 3.147 m
Mts. de Cherski
Mts. de Verjoiansk
Llanura de Siberia Septentrional
Mts. Putorana
Meseta de Siberia Central
Mar de Ojotsk
Mts. Dzhugdzhur
Sajalín
Islas Kuriles
Mts. Stanovoi
Siberia
Llanura de Siberia Occidental
Narodnaia 1.894 m
MONTES URALES
Mts. Timan
Uvales del Norte
Llanura Báltico
Llanura del Mar Báltico
Carelia
Llanura de Europa Oriental
Alturas de Rusia Central
Alturas del Volga
ALPES
CÁRPATOS
BALCANES
Danubio
Pen. de Crimea
Mar Negro
CÁUCASO
DEPRESIÓN DEL CASPIO
Elbrus 5.642 m
Mar Caspio
MTS. PÓNTICOS
Anatolia
TAURO
Erciyas 3.916 m
Ararat 5.165 m
Chipre
Kurdistán
Mesopotamia
Mar Mediterráneo
Meseta de Ustiurt
DEPR. TURANIA
DES. DE KIZIL KUM
DES. DE KARA KUM
Turkestán
Mts. Kopeh
Mts. Elburz
Damavand 5.671 m
DES. DE KAVIR
DES. DE LUT
Meseta del Irán
MTS. ZAGROS
Zard Kuh 4.547 m
Shir Kuh 4.075 m
Golfo Pérsico
DESIERTO DE NAFUD
DESIERTO DE DAHNA
Hejaz
Península Arábiga
Neyed
Mar Rojo
Asir
RUB AL KHALI
Hadramaut
Trópico de Cáncer
G.º de Omán
Ras al Hadd
Ras Madraka
Beluchistán
Golfo de Adén
Socotora
C. Guardafui
Pen. de Somalia
Mar Arábigo
Meseta de Kazajstán
Mts. Sayan
Munku Sardik 3.491 m
ALTAI
Beluja 4.506 m
Altai Mongol
Mts. Jangai
Mts. Yablonovi
Mongolia
Meseta de Mongolia
DESIERTO DE GOBI
Dzungaria
L. Baljash
TIAN SHAN
P. Pobedy 7.439 m
Depresión de Turfán
Mts. Alai
P. Ismail Samani 7.495 m
PAMIR
HINDUKUSH
K2 8.611 m
Broad 8.046 m
Gasherbrum 8.068 m
DES. DE TAKLA MAKAN
QILIANG SHAN
ALTUN SHAN
Muztag 7.723 m
Nanga Parbat 8.126 m
KARAKORUM
MONTES KUENLUN
Meseta del Tíbet
HIMALAYA
Mts. Sulaimán
Punjab
Cachemira
Manaslu 8.153 m
Annapurna 8.091 m
Dhaulagiri 8.172 m
Gosainthan 8.047 m
Cho Oyu 8.153 m
Everest 8.848 m
Lhotse I 8.501 m
Lhotse II 8.400 m
Makalu 8.463 m
Kangchenjunga 8.598 m
Namcha Barwa 7.756 m
Gongga 7.590 m
DES. DE THAR
Llanura del Ganges
Assam
Mts. Vindhya
Mts. Satpura
Pen. de Indostán
GHATES OCCIDENTALES
GHATES ORIENTALES
Deccan
Costa de Malabar
Costa de Coromandel
Anai Mudi 2.695 m
Estr. de Palk
Sri Lanka
C. Comorín
C. Dondra
Is. Laquedivas
Is. Maldivas
Golfo de Bengala
Bocas del Ganges
C. Negrais
Is. Andamán
Is. Nicobar
Mts. Arakan
Mts. Pegu
Mts. Dawna
Bocas del Irawady
Arch. Mergui
Mar de Andamán
ISTMO DE KRA
Pen. de Indochina
Annam
Cochinchina
Golfo de Siam
Bocas del Mekong
Pta. Ca Mau
G.º de Tonkín
Hainan
Nan Ling
Wuyi Shan
Gran Llanura China
Taibai 4.107 m
Shandong
Mts. Gran Jingan
Mts. Pequeño Jingan
Manchuria
Mts. Sijote Alin
Liaodong
Pen. de Corea
Mar Amarillo
Estr. de Corea
Mar del Japón o Mar del Este
Hokkaido
Taisetsu-Zan 2.290 m
Estr. de Soya
Estr. de Tsugaru
Honshu
Monte Fuji (Fujiyama) 3.776 m
On Take 3.064 m
Shikoku
Kyushu
ARCH. JAPONÉS
Mar de China Oriental
Okinawa
Is. Ryukyu
Yushan 3.997 m
Taiwan
Estr. de Taiwan
OCÉANO PACÍFICO
Estr. de Luzón
C. Engaño
ISLAS FILIPINAS
Luzón
Pulog 2.930 m
Mar de Filipinas
Mindoro
Palawan
Mindanao
Apo 2.954 m
Mar de Sulu
Mar de China Meridional
Estr. de Balabac
Kinabalu 4.101 m
Arch. de Sulu
Mar de Célebes
Halmahera
Kalimantan (Borneo)
Raya 2.278 m
Sulawesi (Célebes)
Rantekombola 3.455 m
Is. Molucas
Ceram
Mar de Banda
Is. Natuna
Is. Anambas
Tahan 2.190 m
Pen. de Malaca
Estr. de Malaca
Leuser 3.381 m
Sumatra
Nias
Islas Mentawai
Kerintji 3.800 m
Bangka
Belitung
Is. Mayores de la Sonda
Mar de Java
Java
Estr. de la Sonda
Slamet 3.418 m
Semeru 3.676 m
Raung 3.332 m
Agung 3.142 m
Rindjani 3.726 m
Bali
Lombok
Sumbawa
Flores
Is. Menores de la Sonda
Timor
Sumba
Mar de Timor
Ecuador
Is. Almirantes
Is. Seychelles
Is. Chagos
C. d'Ambre
Is. Agalega
Madagascar
Is. Cargados
Mauricio
Reunión
Is. Mascareñas
C. Sta. María
OCÉANO ÍNDICO
Is. Cocos
C. Leveque
Barrow
C. Noroeste
GRAN DESIERTO DE ARENA
DES. DE GIBSON
GRAN DESIERTO VICTORIA
Australia
Trópico de Capricornio
Escala 1: 44.500.000
0 500 1.000 km
Long. Este 90° de Greenwich

4. Asia Política

País	Capital	Superficie (en km^2)	Población	Tasa de natalidad (por 1000 hab.)	Tasa de mortalidad (por 1000 hab.)	Tasa de mortalidad infantil (por 1000 hab.)	Esperanza de vida al nacer (en años)		PIB/hab. (en dólares)
							H	M	
AFGANISTÁN	Kabul	653.000	27.657.000	33	8	66	60	62	565
ARABIA SAUDÍ	Riad	2.150.000	31.788.000	20	3	12	73	76	20.150
ARMENIA	Erevan	30.000	3.999.000	14	9	13	72	78	3.511
AZERBAIYÁN	Bakú	87.000	9.706.000	17	6	28	73	78	3.956
BAHREIN	Manama	778	1.424.000	14	2	5	76	78	24.183
BANGLADESH	Dacca	148.000	160.221.000	19	5	31	69	72	1.411
BRUNEI	Bandar Seri Begawan	6.000	417.000	16	4	9	77	78	26.424
BUTÁN	Thimbú	38.000	769.000	17	6	27	70	70	2.674
CAMBOYA	Phnom Penh	181.000	15.626.000	24	6	25	67	71	1.230
COREA DEL N.	Pyongyang	123.000	25.155.000	14	9	20	67	74	648
COREA DEL S.	Seúl	100.000	51.069.000	8	5	3	79	86	27.539
CHINA	Beijing (Pekín)	9.573.000	1.374.620.000	12	7	9	74	79	8.113
EMIRATOS ÁRABES UNIDOS	Abu Dhabi	84.000	5.927.000	11	2	6	76	79	37.678
FILIPINAS	Manila	300.000	100.981.000	23	7	22	65	72	2.924
GEORGIA	Tbilisi	57.000	3.720.000	16	13	9	69	77	3.842
INDIA	Nueva Delhi	3.287.000	1.311.050.000	20	7	38	67	70	1.723
INDONESIA	Yakarta	1.914.000	258.705.000	20	7	23	67	71	3.604
IRAK	Bagdad	434.000	36.933.000	34	5	26	67	72	4.631
IRÁN	Teherán	1.629.000	79.926.000	17	5	13	74	77	4.683
ISRAEL	Jerusalén	21.000	8.655.000	21	5	3	80	84	37.262
JAPÓN	Tokyo	378.000	127.933.000	8	10	2	81	87	38.917
JORDANIA	Ammán	89.000	9.789.000	23	6	17	73	74	5.554
KAZAJISTÁN	Astana	2.725.000	17.671.000	23	7	13	68	77	7.453
KIRGUIZISTÁN	Biskek	200.000	6.019.000	28	6	18	67	75	1.073
KUWAIT	Kuwait	18.000	4.132.000	15	2	8	74	76	26.005
LAOS	Vientiane	237.000	6.492.000	25	6	51	65	68	1.925
LÍBANO	Beirut	10.000	4.966.000	15	4	7	78	82	11.309
MALASIA	Kuala Lumpur	330.000	31.660.000	17	5	6	73	77	9.360
MALDIVAS	Malé	300	348.000	20	3	9	73	75	9.554
MONGOLIA	Ulan Bator	1.564.000	3.120.000	27	5	19	66	76	3.660
MYANMAR	Nay Pyi Taw	677.000	53.897.000	17	8	39	64	68	1.269
NEPAL	Katmandú	147.000	28.514.000	20	6	29	69	72	733
OMÁN	Mascate	309.000	4.414.000	19	3	10	75	79	15.964
PAKISTÁN	Islamabad	796.000	188.925.000	26	7	65	65	67	1.468
QATAR	Doha	12.000	2.700.000	11	1	7	78	80	60.787
RUSIA (ASIA)	Moscú	12.860.000	35.011.000	13	13	8	66	77	8.929
SINGAPUR	Singapur	719	3.934.000	9	5	2	80	85	52.961
SIRIA	Damasco	185.000	18.502.000	22	6	11	64	77	1.535
SRI LANKA	Sri Jayawardenapura Kotte, Colombo	66.000	20.966.000	16	6	8	72	78	3.887
TAYIKISTÁN	Dusambé	143.000	8.551.000	28	4	38	72	76	800
TAIWAN	Taipei	36.000	23.540.000	9	7	4	77	84	22.453
THAILANDIA	Bangkok	513.000	67.458.200	10	8	10	71	78	5.899
TIMOR ORIENTAL	Dili	15.000	1.184.000	36	9	44	67	70	2.102
TURKMENISTÁN	Asjabad	491.000	5.373.000	21	8	44	62	70	6.622
TURQUÍA (ASIA)	Ankara	756.000	68.505.000	16	5	12	75	81	10.743
UZBEKISTÁN	Taskent	444.000	31.575.000	24	5	34	71	76	2.122
VIETNAM	Hanoi	331.000	91.713.000	16	7	15	71	76	2.173
YEMEN	San'a	528.000	26.832.000	32	7	34	63	65	938
TOTAL	–	**44.713.097**	**4.418.794.457**	**19**	**6**	**20**	**71**	**76**	**11.103**

Fuente: *Calendario Atlante de Agostini*, 2018.

Asia Política

5. África Física

PICOS MÁS ALTOS DE ÁFRICA

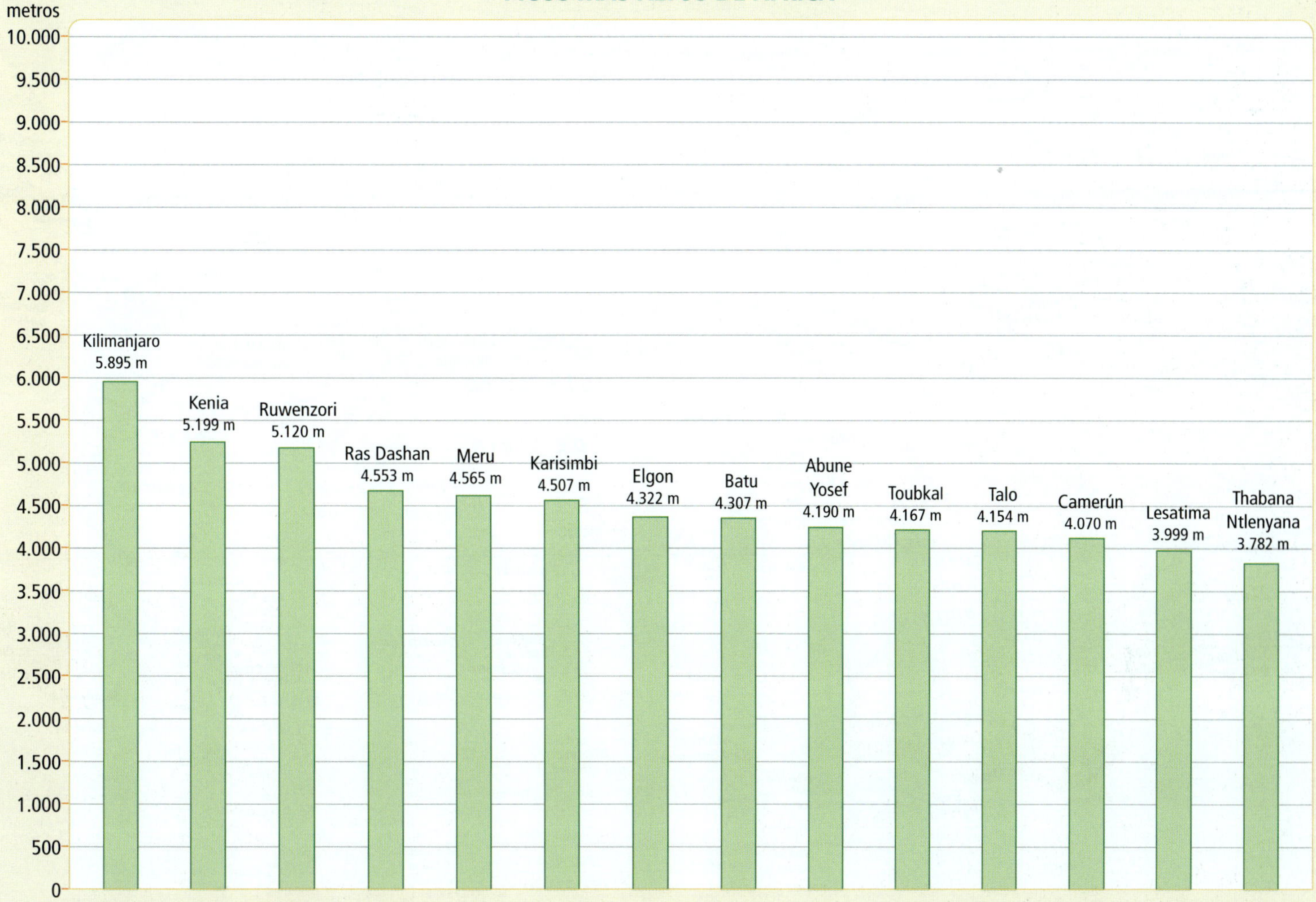

RÍOS MÁS LARGOS DE ÁFRICA

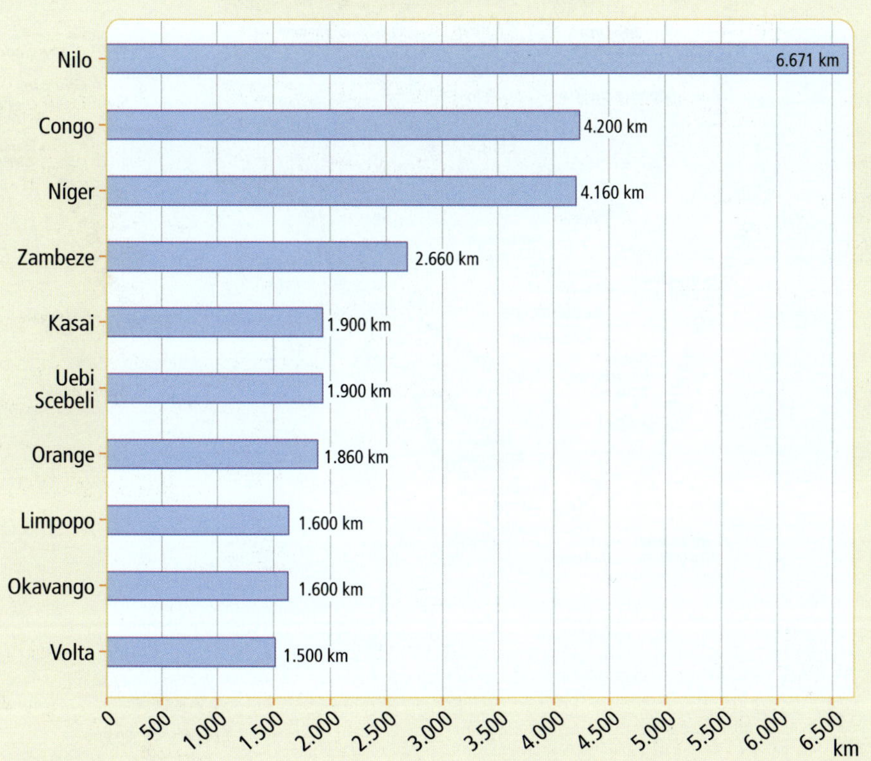

LAGOS MÁS GRANDES DE ÁFRICA

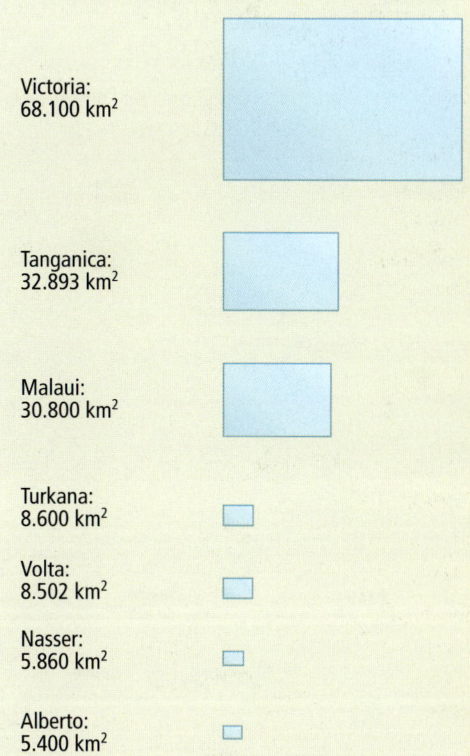

África Física

6. África Política

País	Capital	Superficie (en km²)	Población	Tasa de natalidad (por 1000 hab.)	Tasa de mortalidad (por 1000 hab.)	Tasa de mortalidad infantil (por 1000 hab.)	Esperanza de vida al nacer (en años)		PIB/hab. (en dólares)
							H	M	
ANGOLA	Luanda	1.247.000	28.360.000	45	13	96	51	54	3.502
ARGELIA	Argel	2.382.000	40.836.000	26	4	21	77	78	3.944
BENIN	Porto-Novo	115.000	10.880.000	36	9	64	58	61	771
BOTSUANA	Gaborone	582.000	2.231.000	25	7	35	62	67	6.972
BURKINA FASO	Ouagadougou	271.000	19.035.000	40	9	61	58	60	2.400
BURUNDI	Bujumbura	28.000	9.984.000	43	11	54	55	59	120
CABO VERDE	Praia	4.000	531.000	21	5	21	72	75	3.078
CAMERÚN	Yaoundé	476.000	22.507.000	36	11	57	55	57	1.238
CENTROAFRICANA, REP.	Bangui	622.000	4.900.000	33	14	91	50	53	364
COMORES	Moroni	1.900	806.000	33	7	55	62	65	753
CONGO	Brazzaville	342.000	4.620.000	36	8	33	61	64	1.784
CONGO, REP. DEM. DEL	Kinshasa	2.345.000	86.026.000	41	10	74	58	60	495
COSTA DE MARFIL	Yamoussoukro	322.000	22.701.000	37	13	67	51	53	1.459
CHAD	N'Djamena	1.284.000	14.037.000	45	14	85	51	53	852
YIBUTI	Yibuti	23.200	993.000	25	9	54	61	64	1.908
EGIPTO	El Cairo	1010.000	92.128.000	30	6	16	70	73	3.685
ERITREA	Asmara	121.100	5.110.000	33	6	34	62	66	823
ETIOPÍA	Addis Abeba	1.064.000	90.078.000	32	7	41	63	67	795
GABÓN	Libreville	268.000	1.726.000	30	8	36	64	66	7.587
GAMBIA	Banjul	11.000	1.991.000	42	9	48	59	62	469
GHANA	Accra	239.000	28.308.000	32	9	43	60	62	1.569
GUINEA	Conakry	246.000	11.703.000	36	10	61	59	60	515
GUINEA-BISSAU	Bissau	36.000	1.545.000	37	12	69	54	57	694
GUINEA ECUATORIAL	Malabo	28.000	1.222.000	35	11	68	57	59	14.174
KENIA	Nairobi	610.000	44.157.000	34	8	35	60	64	1.516
LESOTHO	Maseru	30.000	2.135.000	28	15	69	50	50	1.170
LIBERIA	Monrovia	111.000	4.503.000	35	8	53	60	62	480
LIBIA	Trípoli	1.676.000	6.278.000	20	5	11	69	75	5.193
MADAGASCAR	Antananarivo	587.000	24.325.000	34	6	36	64	67	391
MALAUI	Lilongwe	119.000	16.933.000	38	7	43	63	65	295
MALI	Bamako	1.249.000	18.084.000	43	10	74	59	58	830
MARRUECOS	Rabat	442.000	33.968.000	20	6	24	73	75	3.063
MAURICIO	Port Louis	2.048	1.264.000	10	8	12	71	78	9.424
MAURITANIA	Nouakchott	1.030.700	3.720.000	33	8	65	62	65	1.243
MOZAMBIQUE	Maputo	799.000	26.424.000	39	12	57	52	56	392
NAMIBIA	Windhoek	824.000	2.324.000	29	7	33	62	68	4.630
NÍGER	Niamey	1.267.000	19.865.000	49	9	57	61	63	411
NIGERIA	Abuja	924.000	193.500.000	39	13	69	53	53	2.211
RUANDA	Kigali	26.000	11.533.000	31	7	32	64	67	729
SANTO TOMÉ Y PRÍNCIPE	Santo Tomé	1.000	190.000	33	7	35	64	69	1.687
SENEGAL	Dakar	197.000	15.256.000	37	6	42	65	69	960
SEYCHELLES	Victoria	500	95.000	17	8	12	69	80	14.938
SIERRA LEONA	Freetown	73.000	7.092.000	35	13	87	51	52	618
SOMALIA	Mogadiscio	638.000	12.317.000	43	12	85	54	57	145
SUDAFRICANA, REPÚBLICA	Ciudad del Cabo, Tshwane, Bloemfontein	1.221.000	55.909.000	22	10	34	60	65	5.261
SUDÁN	Jartum	1.845.000	39.599.000	33	8	48	62	65	2.384
SUDÁN DEL SUR	Juba	644.000	11.425.000	37	11	60	55	57	233
SUAZILANDIA	Mbabane	17.000	1.287.000	30	14	44	50	48	3.330
TANZANIA	Dodoma	947.000	50.145.000	38	7	73	64	67	970
TOGO	Lomé	57.000	7.305.000	35	9	52	59	61	590
TÚNEZ	Túnez	164.000	11.154.000	20	6	12	73	77	3.730
UGANDA	Kampala	242.000	36.593.000	42	9	38	57	61	638
ZAMBIA	Lusaka	753.000	15.934.000	40	9	43	59	63	1.275
ZIMBABUE	Harare	391.000	14.480.000	34	9	47	58	61	977
TOTAL	**–**	**30.177.598**	**1.191.546.149**	**33**	**9**	**49**	**60**	**63**	**2.401**

Fuente: *Calendario Atlante de Agostini*, 2018.

África Política

7. América del Norte y Central Física

PICOS MÁS ALTOS DE AMÉRICA DEL NORTE Y CENTRAL

RÍOS MÁS LARGOS DE AMÉRICA DEL NORTE Y CENTRAL

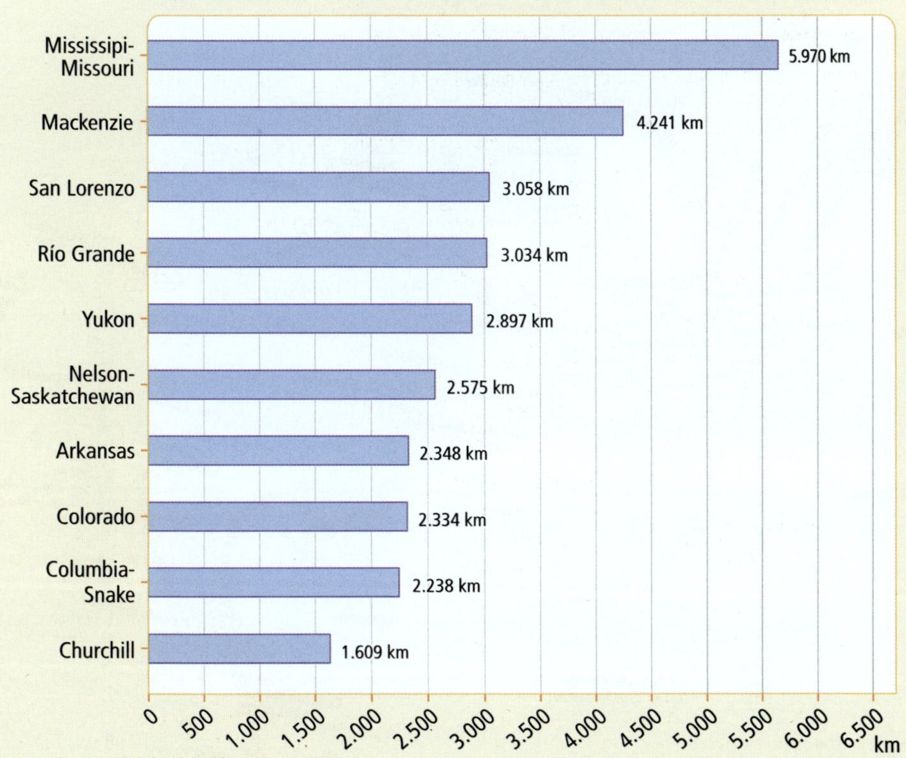

LAGOS MÁS GRANDES DE AMÉRICA DEL NORTE Y CENTRAL

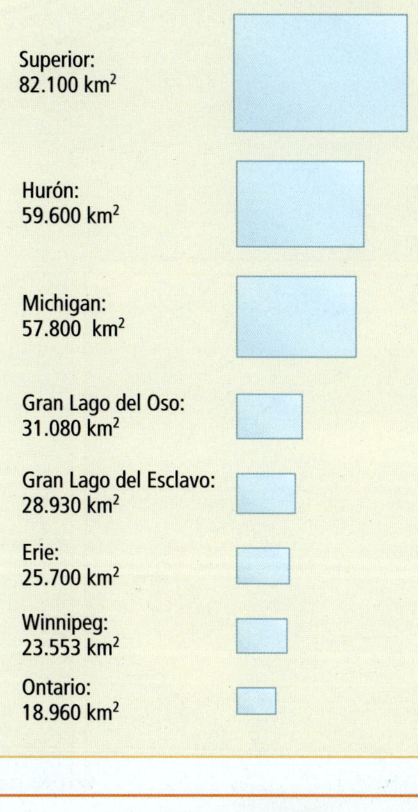

América del Norte y Central Física

8. América del Norte y Central Política

AMÉRICA DEL NORTE

País	Capital	Superficie (en km²)	Población	Tasa de natalidad (por 1000 hab.)	Tasa de mortalidad (por 1000 hab.)	Tasa de mortalidad infantil (por 1000 hab.)	Esperanza de vida al nacer (en años)		PIB/hab. (en dólares)
							H	M	
CANADÁ	Ottawa	9.987.000	37.503.000	11	8	4	80	84	42.210
ESTADOS UNIDOS	Washington	9.371.000	323.128.000	12	8	6	76	81	57.436
MÉXICO	Ciudad de México	1.964.000	119.938.000	18	6	11	75	79	8.555
TOTAL	**–**	**23.382.098**	**478.196.386**	**14**	**7**	**7**	**77**	**81**	**36.067**

Fuente: *Calendario Atlante de Agostini*, 2018.

AMÉRICA CENTRAL

País	Capital	Superficie (en km²)	Población	Tasa de natalidad (por 1000 hab.)	Tasa de mortalidad (por 1000 hab.)	Tasa de mortalidad infantil (por 1000 hab.)	Esperanza de vida al nacer (en años)		PIB/hab. (en dólares)
							H	M	
ANTIGUA Y BARBUDA	Saint John's	444	92.000	16	6	6	74	79	15.488
BAHAMAS	Nassau	14.000	388.000	15	6	10	72	78	24.272
BARBADOS	Bridgetown	431	284.000	12	11	12	73	78	16.363
BELICE	Belmopan	23.000	378.000	23	6	14	67	73	4.636
COSTA RICA	San José	51.000	4.890.000	15	4	4	76	81	11.835
CUBA	La Habana	110.000	11.239.000	11	9	4	78	82	7.657
DOMINICA	Roseau	750	73.000	15	8	20	76	79	7.356
DOMINICANA, REPÚBLICA	Santo Domingo	48.000	9.980.000	20	4	23	71	76	7.159
EL SALVADOR	San Salvador	21.000	6.521.000	17	7	14	69	78	4.343
GRENADA	Saint George's	344	107.000	19	7	11	71	76	9.585
GUATEMALA	Guatemala	109.000	16.548.000	24	5	24	68	76	4.089
HAITÍ	Port-au-Prince	27.000	10.912.000	25	9	52	61	65	761
HONDURAS	Tegucigalpa	112.000	8.721.000	21	5	17	71	76	2.609
JAMAICA	Kingston	11.000	2.731.000	17	7	13	74	78	4.931
NICARAGUA	Managua	130.000	6.328.000	23	4	19	72	78	2.120
PANAMÁ	Panamá	74.000	3.975.000	19	5	12	75	81	13.654
SAINT KITTS Y NEVIS	Basseterre	272	56.000	14	8	8	73	78	16.058
SAN VICENTE Y GRANADINAS	Kingstown	389	110.000	16	7	17	71	75	7.038
SANTA LUCÍA	Castries	617	185.000	15	7	13	72	78	7.940
TOTAL	**–**	**748.292**	**88.110.601**	**18**	**7**	**15**	**72**	**77**	**8.836**

Fuente: *Calendario Atlante de Agostini*, 2018.

América del Norte y Central Política

9. América del Sur Física

PICOS MÁS ALTOS DE AMÉRICA DEL SUR

RÍOS MÁS LARGOS DE AMÉRICA DEL SUR

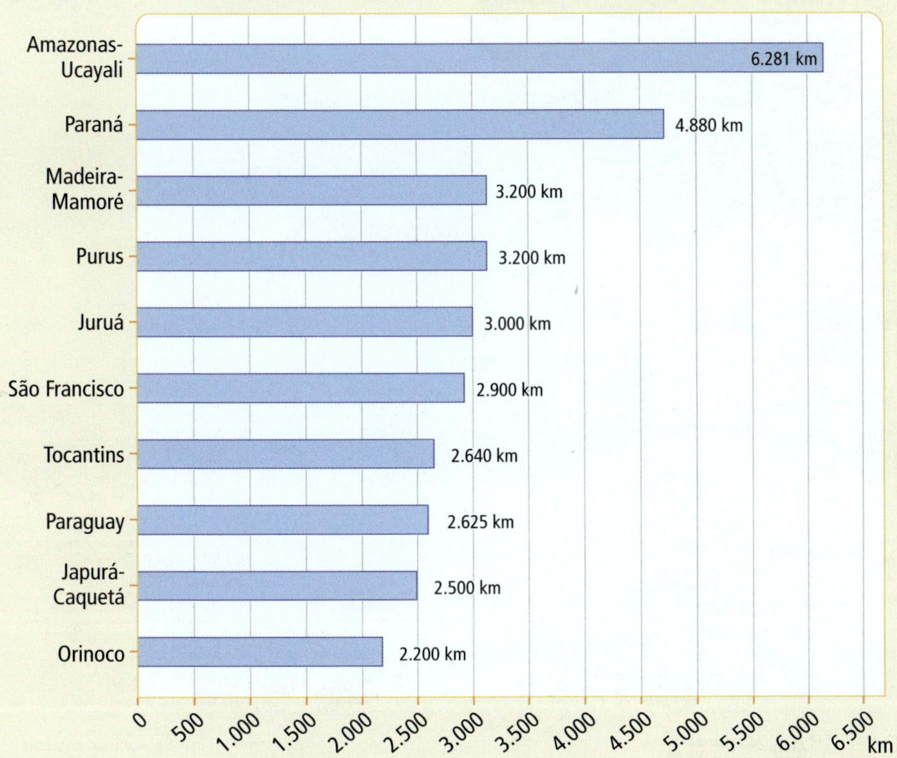

LAGOS MÁS GRANDES DE AMÉRICA DEL SUR

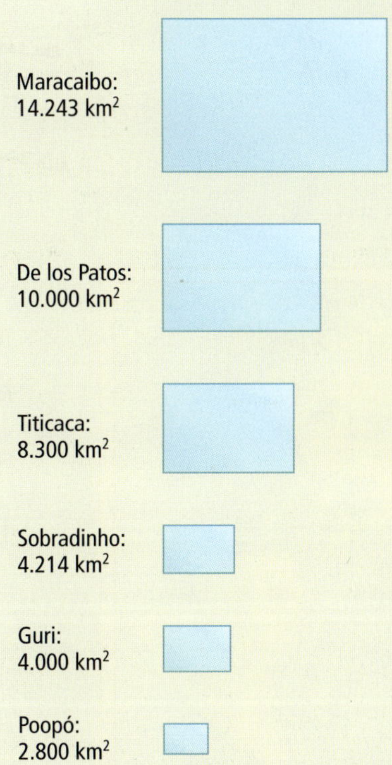

América del Sur Física

10. América del Sur Política

País	Capital	Superficie (en km²)	Población	Tasa de natalidad (por 1000 hab.)	Tasa de mortalidad (por 1000 hab.)	Tasa de mortalidad infantil (por 1000 hab.)	Esperanza de vida al nacer (en años)		PIB/hab. (en dólares)
							H	M	
ARGENTINA	Buenos Aires	2.780.000	43.590.000	17	8	11	73	80	12.503
BOLIVIA	Sucre, La Paz	1.100.000	10.985.000	24	7	31	66	71	3.197
BRASIL	Brasilia	8.516.000	206.081.000	15	6	15	71	78	8.727
COLOMBIA	Bogotá	1.142.000	48.748.000	14	4	14	71	78	5.792
CHILE	Santiago	756.000	18.192.000	13	5	7	79	85	13.576
ECUADOR	Quito	256.000	16.529.000	17	4	18	73	79	5.930
GUYANA	Georgetown	215.000	767.000	19	8	32	64	69	4.475
PARAGUAY	Asunción	407.000	6.855.000	21	6	17	71	75	4.003
PERÚ	Lima	1.285.000	31.489.000	20	6	13	72	78	6.199
SURINAM	Paramaribo	164.000	543.000	18	7	19	68	75	9.333
TRINIDAD Y TOBAGO	Puerto España	5.000	1.354.000	13	8	18	67	74	15.342
URUGUAY	Montevideo	176.000	3.467.000	13	9	7	74	81	15.679
VENEZUELA	Caracas	916.000	31.029.000	19	6	13	70	79	9.258
TOTAL	**–**	**17.834.062**	**420.186.249**	**17**	**6**	**17**	**71**	**77**	**8.770**

Fuente: *Calendario Atlante de Agostini*, 2018.

Cataratas del Iguazú en la frontera entre Argentina, Brasil y Paraguay.

Meandros del río Amazonas en su recorrido por el centro de Brasil.

América del Sur Política

11. Oceanía Física y Política

País	Capital	Superficie (en km²)	Población	Tasa de natalidad (por 1000 hab.)	Tasa de mortalidad (por 1000 hab.)	Tasa de mortalidad infantil (por 1000 hab.)	Esperanza de vida al nacer (en años) H	Esperanza de vida al nacer (en años) M	PIB/hab. (en dólares)
AUSTRALIA	Canberra	7.700.000	23.398.000	13	7	3	80	84	51.850
FIYI	Suva	18.300	869.000	20	7	19	67	73	5.182
KIRIBATI	Bairiki	726	110.000	28	7	44	63	70	1.437
ISLAS MARSHALL	Majuro	181	53.000	30	4	30	70	75	3.338
MICRONESIA, ESTADOS FEDERADOS DE	Palikir	701	104.000	24	6	29	68	70	3.150
NAURU	Yaren	21	11.000	30	8	35	57	64	18.469
NUEVA ZELANDA	Wellington	267.000	4.693.000	13	7	4	80	83	38.345
PALAOS	Ngerulmud	489	18.000	14	8	17	69	76	16.222
PAPÚA NUEVA GUINEA	Port Moresby	463.000	7.619.000	28	8	44	61	65	2.528
ISLAS SALOMÓN	Honiara	30.000	639.000	29	6	24	67	70	1.971
SAMOA	Apia	3.000	192.000	25	5	15	71	77	4.035
TONGA	Nuku'alofa	748	106.000	24	6	14	70	76	3.856
TUVALU	Funafuti	26	10.000	24	9	23	64	68	3.157
VANUATU	Port Vila	12.000	272.000	26	5	23	70	74	2.815
TOTAL	**–**	**8.503.289**	**39.820.772**	**23**	**7**	**23**	**68**	**73**	**11.168**

Fuente: *Calendario Atlante de Agostini*, 2018.

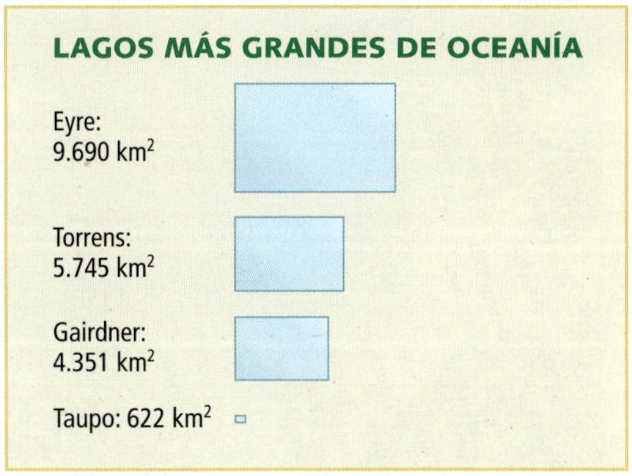

Oceanía Física y Política

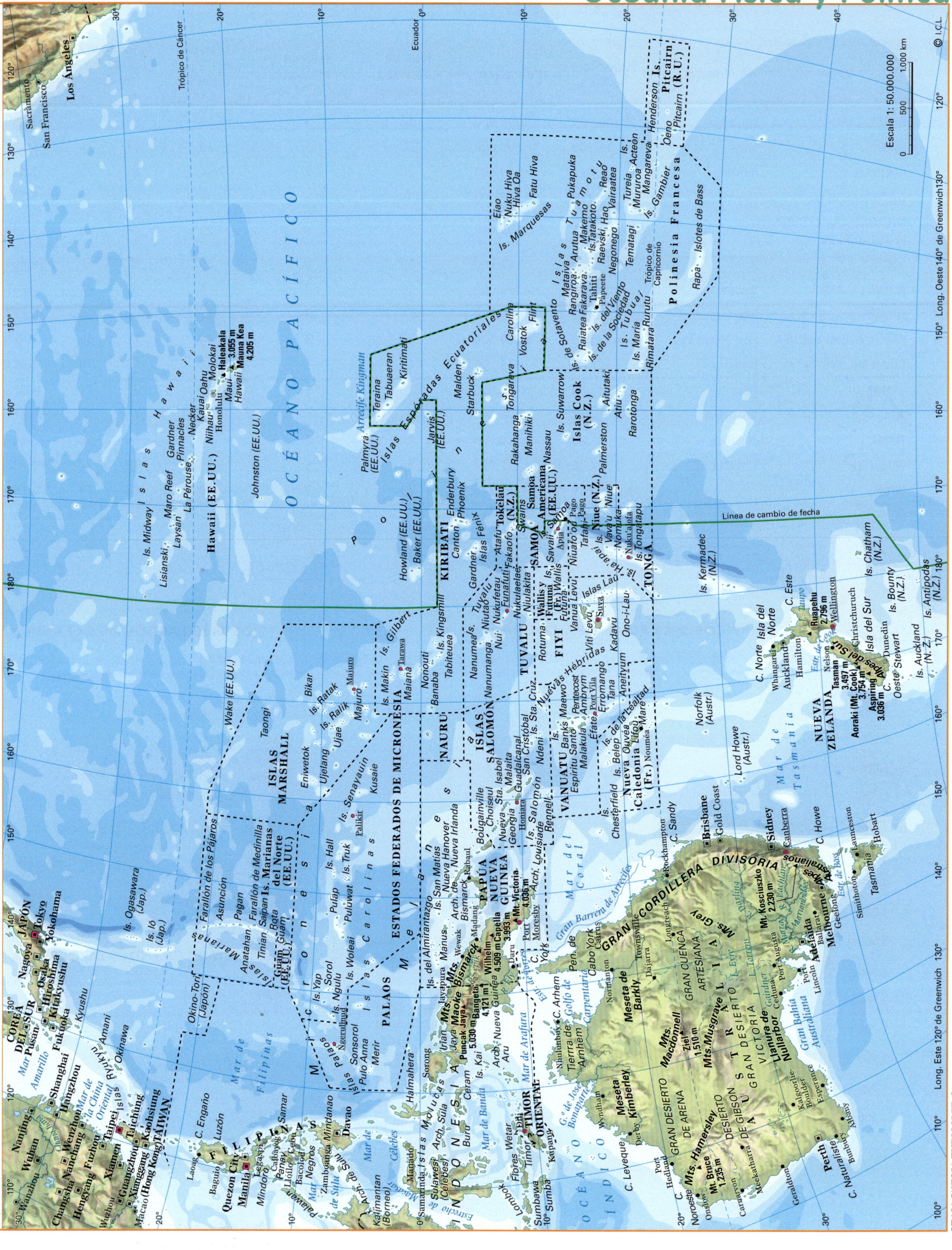

12. Regiones Polares

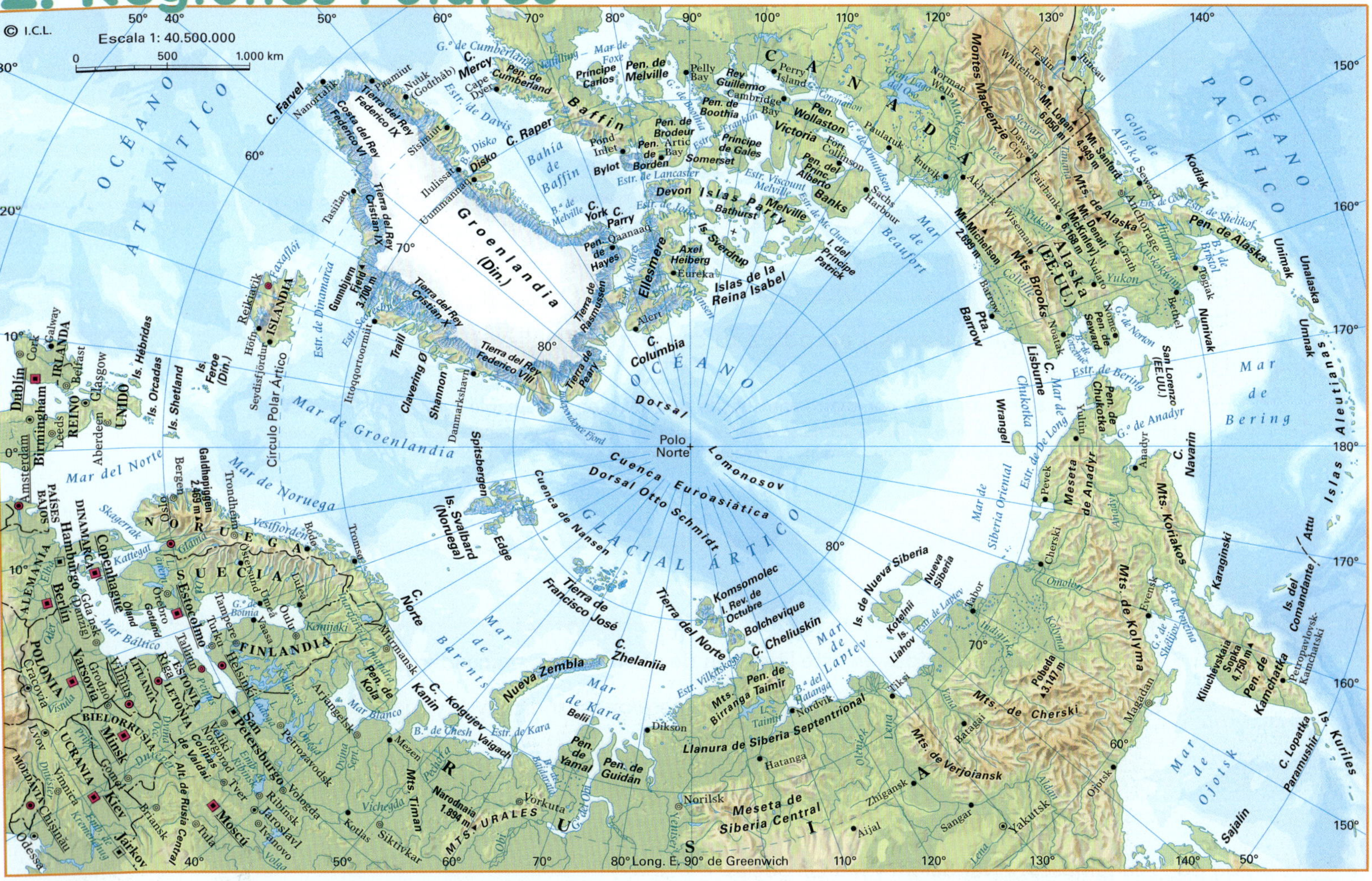

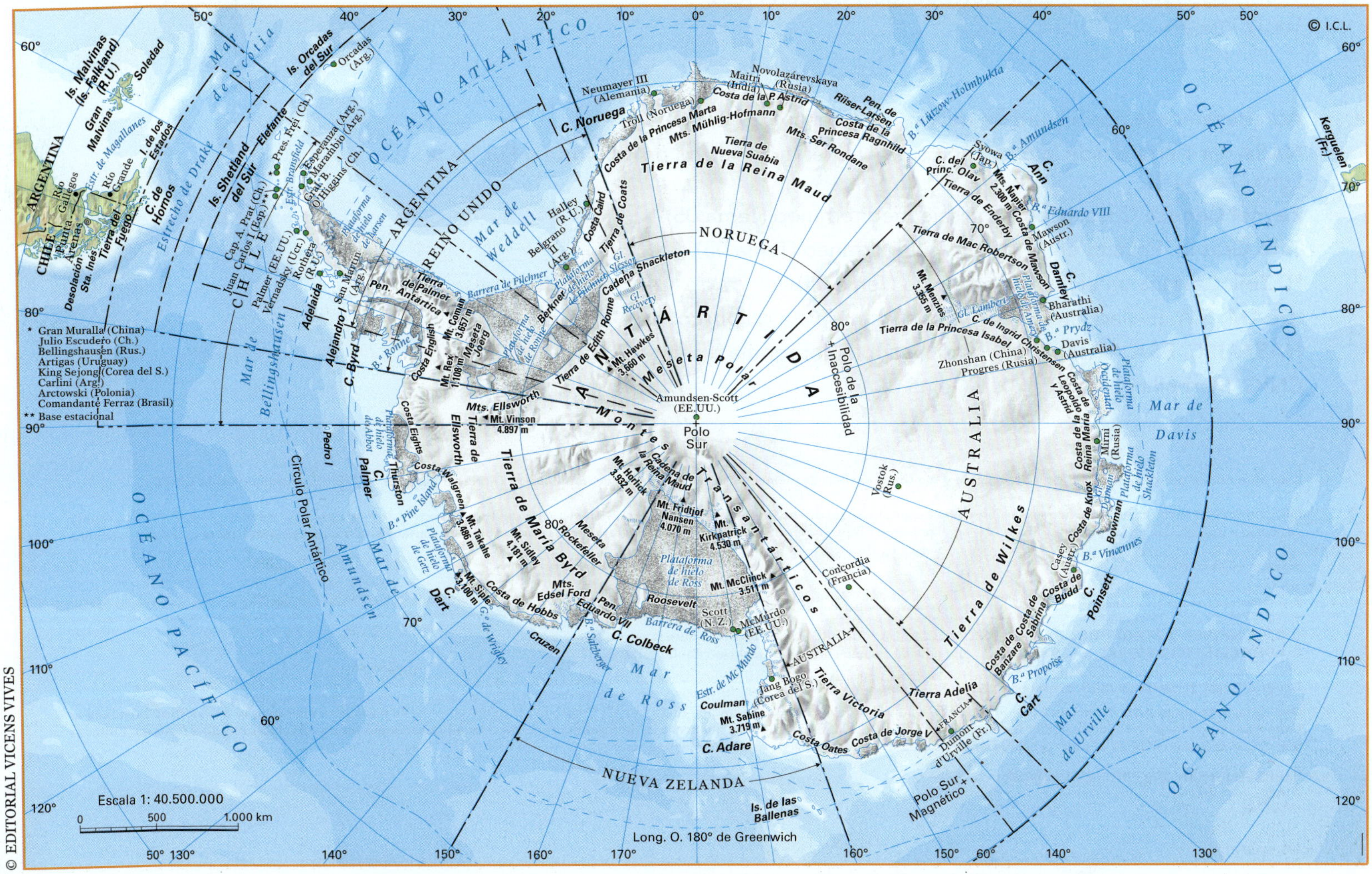

CÓDIGO DE LICENCIA*
USWDFE7B

edubook
BASIC

1. Entra en la web: **activa.vicensvives.com**
2. Introduce el **código de licencia** de tu libro

   Introduce tu licencia

3. **Sigue los pasos** y accede a tu cuenta de Edubook

* Licencia gratuita válida por cuatro años desde su activación. Disponible a partir del 1-9-2020
En caso de que la disponibilidad y activación de la licencia no sea posible por cualquier causa, el usuario no podrá reclamar a EDUBOOK por ningún concepto relacionado con la misma.

- Las actividades contenidas en este libro han de realizarse en un cuaderno aparte.
- Los espacios incluidos en las actividades son meramente indicativos y su finalidad es didáctica.

Ilustrado por: Alademosca, Àlvar Salom y Marcel Socias.
123RF, age fotostock, iStock-Getty Images, Cordon Press, Getty Images.

Agradecemos la posibilidad de utilizar su material fotográfico a:

NASA. La Tierra desde la Estación Espacial Internacional; los polos Norte y Sur de la Luna (Tema 01).

Zeynel Cebeci. Coscoja en el paisaje mediterráneo (Tema 05).

Tato Grasso. Palmito en el paisaje mediterráneo (Tema 05).

H. Zell. Castaña en el paisaje oceánico (Tema 05).

IDEAM, S.A. El viaducto de Ipiñarri en la autopista guipuzcoana A-1 (Tema 05).

NASA/JSC, ESA Astronauta Paolo Nespoli. Fotografía satélite de Canarias (Tema 06).

CNIG. Marbella en 1956 y 2016 (Tema 06).

Este libro está impreso en papel ecológico reciclable y con tintas exentas de elementos pesados solubles contaminantes. Directiva Europea 88/378/UE, norma revisada EN/71.

Los editores han hecho todos los esfuerzos posibles para asegurar que las direcciones web son las correctas en el momento de la impresión de este libro y no serán responsables de cualquier variación o imprecisión en las páginas web citadas en el presente Libro. Los Titulares del © y la Editorial no serán responsables del contenido de ningún sitio web mencionado en este libro.

Primera edición, 2020

1 2 3 4

Depósito Legal: B. 936-2020/ ISBN: 978-84-682-7129-3/ N.º de Orden V.V.: OH70.

IMPRESO EN ESPAÑA. PRINTED IN SPAIN.